LE
CONSEIL D'ÉTAT

ORGANISATION — FONCTIONNEMENT

PAR

Léon BÉQUET

Conseiller d'État.

PARIS

SOCIÉTÉ D'IMPRIMERIE ET LIBRAIRIE ADMINISTRATIVES ET CLASSIQUES

PAUL DUPONT, Éditeur

4, RUE DU BOULOI, 4

1891

LE CONSEIL D'ÉTAT

ORGANISATION — FONCTIONNEMENT

EXTRAIT DU RÉPERTOIRE DU DROIT ADMINISTRATIF

PUBLIÉ SOUS LA DIRECTION DE

M. LÉON BÉQUET, Conseiller d'État

Avec le concours de M. PAUL DUPRÉ, Conseiller d'État honoraire
Conseiller à la Cour de cassation.

Paris. — Soc. d'Imp. Paul Dupont, 4, rue du Bouloi (Cl.) 8.3.91.

LE

CONSEIL D'ÉTAT

ORGANISATION — FONCTIONNEMENT

PAR

Léon BÉQUET

Conseiller d'État

PARIS

SOCIÉTÉ D'IMPRIMERIE ET LIBRAIRIE ADMINISTRATIVES

ET DES CHEMINS DE FER

PAUL DUPONT

4, RUE DU BOULOI, 4

1891

LE

CONSEIL D'ÉTAT

SOMMAIRE :

CHAPITRE PREMIER.

HISTORIQUE.

1. Certains historiens font remonter l'origine du Conseil d'Etat aux temps antiques de la monarchie mérovingienne. Que les premiers rois mérovingiens ou carlovingiens aient eu des conseillers, cela n'est pas douteux; mais rien n'établit qu'une compagnie ou un corps ayant l'apparence d'un *Conseil* organisé ait existé avant Philippe-Auguste. En tout cas, si ce conseil d'Etat a fonctionné, en France, en ces siècles reculés, l'historien l'a si peu remarqué que son existence réelle même peut sembler douteuse.

2. Sous Philippe-Auguste on commença à former un conseil régulier entourant le roi. La célèbre ordonnance connue sous le nom de Testament, est signée, avec le roi, par le sénéchal, le bouteiller et le connétable, la Chancellerie étant vacante (1) 25 mars 1190.

Mais Philippe Auguste, qui voulait être le roi au-dessus des grands vassaux, rêvait la formation d'un conseil composé des plus grands parmi ceux-ci, qui lui permit, avec leur secours collectif, de faire sentir à chacun sa supériorité personnelle. Le crime que commit Jean sans Terre, roi d'Angleterre, dont il était le suzerain, en assassinant ou faisant assassiner, à Rouen, son neveu, Arthur, duc de Bretagne, lui fournit une occasion éclatante. Il l'assigna devant la Cour des pairs. C'était une opinion commune dans les romans de chevaleri que Charlemagne avait douze pairs. Philippe-Auguste, en·com-

---

(1) De Vidaillon, t. I, p. 66.

posant son tribunal spécial, prit la qualification traditionnelle et le nombre symbolique. Il désigna les pairs en choisissant six pairs ecclésiastiques et six pairs laïques.

La Cour des pairs formait à cette époque tout à la fois le tribunal suprême de la féodalité et le conseil supérieur du royaume. Mais à côté du roi se trouvait un conseil composé des principaux seigneurs et de ceux en qui il mettait sa confiance. Les manuscrits du temps l'appellent *Conseil*, *Grand Conseil*, *Cour du roi;* les sessions constituaient autant de *parlements*. La présence de ce conseil est signalée dans presque tous les actes, et sous Louis IX on peut, grâce aux récits du sire de Joinville, en suivre les délibérations. Etait-il régulier en ses formes et en ses séances? Il est difficile de le dire; cependant il devait suivre des règles dans ses délibérations et compter des fonctionnaires réguliers. Le sire de Joinville nous apprend qu'à Jaffa, dans une séance où fut délibérée la question du retour du roi en France, il était le quatorzième à opiner, et nous savons que le roi prenait d'ordinaire l'avis de Pierre de Fontaine et de Geoffroi Villette, maîtres des requêtes (*Magistri requestorum*) (1).

3. Sous Philippe le Bel, l'institution du conseil prit, par les ordonnances de 1291 et du 23 mars 1302, une consistance plus officielle. La première, en constituant une cour de justice qui est devenue le *Parlement*, et la seconde, en partageant les attributions du conseil proprement dit, selon la nature des affaires, entre un *conseil commun* et un *grand conseil*.

4. Mais les parlements et les conseils étaient encore des cours de justice. Philippe le Long, par l'ordonnance du 16 novembre 1318, établit définitivement la distinction des choses de justice et de celles d'administration et de gouvernement. L'ordonnance règle, en effet, la compétence et les formes de procéder du conseil, divisé en *conseil étroit* et *grand conseil*. En même temps deux ordonnances réglementaient les attributions et la discipline intérieure du parlement et de

---

(1) Lescalopier, p. 107.

la chambre des comptes (1). Dès lors nous distinguons et nous suivons, dans l'histoire de l'ancienne monarchie, l'action du roi, l'action du grand conseil, celle de l'étroit conseil, celle du parlement et celle de la chambre des comptes.

Le Conseil d'Etat était formé, en 1318, de conseillers, de maîtres des requêtes et d'un notaire ou secrétaire chargé de tenir un procès-verbal ou journal et de dresser pour chaque séance un ordre du jour; jusqu'à la fin de la monarchie, il conservera, dans ses traits généraux, cette organisation.

Il était alors divisé en *étroit conseil*, où étaient probablement appelés les conseillers ordinaires du roi seuls, légistes pour la plupart, et en *grand conseil* où se joignaient, sans doute, aux membres de l'étroit conseil un certain nombre de hauts prélats, d'officiers de la Couronne et de puissants feudataires (2).

Le parlement, devenu exclusivement cour de justice, sié-

---

(1) Ord., 17 novembre 1318.

(2) On a soutenu que le *conseil étroit* et le *grand conseil* désignaient une seule et même institution. (En ce sens, Du Tillet, Joly, Guillard et Merlin, Pardessus, etc.)

Le texte de l'ordonnance de 1318 ne permet pas de faire cette confusion. Il distingue entre les attributions du grand conseil et celles de l'étroit conseil, et en termes formels qui excluent toute équivoque.

Nous nous contentons de reproduire les termes des articles 6, 7 et 27.

Ord., 16 novembre 1318. — Philippe, etc. Si pour ce que eue grant délibération en notre grant conseil. Nous avons ordené sur les choses dessusdites et ordenons en la manière qui s'ensit...

6° *item* que pour les dons outrageus qui ont été faiz ça en arrières, par nos prédécesseurs, li domaine dou royaumes sont moult apetitié. Nous qui désirons moult le bon état et accroissement de notre royaume et de nos subgiez, nous entendons dores et avant garder de tels dons, au plus que nous pourrons bonement et deffendons que nul de nous ose faire supplication, de faire dons à héritage, si ce n'est en la présence de notre grant conseil.

7° *item*. Nous ordenons que notre estroit conseil s'assemble tous les mois en un lieu où il nous semblera, et que tout ce qui lors sera conseillé, sera régistré par un de nos notaires, liquel nous députerons à ce, liquels notaires aura cure de demander à nostre chancelier, ou à un autre de qui nous li dirons, au cas que li chancelier ni serait, quand l'on istra du conseil, se par avanture il n'y avait esté, s'il y a riens conseillé qu'il doie enregistrer. Et ce que l'en li dira, il arrestera par devers li. Et quand li conseils se partira, il nous baillera copie de ce qu'il aura par devers soi, et baillera aussi copie à ceux à qui appartiendra d'accomplir les choses, qui auront esté conseillées, si que quand nostre estroit conseil assemblera à l'autrefois, chacuns puisse rendre

gera à Paris et dans les diverses villes où il transportera ses assises, selon les besoins des plaideurs ; le Conseil, demeuré le conseil du prince, restera attaché à sa personne et le suivra dans ses déplacements (1) ; il est, à partir de ce jour, plus spécialement appelé à se prononcer sur les questions de législation, de gouvernement et de finances (2). Mais, en outre, il exerce encore, sous l'autorité du roi, un contrôle sur les décisions des autorités judiciaires indépendantes, ou même se substituera au parlement, quand la politique ou l'intérêt du Trésor seront engagés dans une affaire (3).

5. Nous n'avons pas à raconter les détails de l'histoire du conseil du roi. Cette histoire est celle de la monarchie elle-même, dont il a été pendant cinq siècles le principal appui. Jusqu'au dix-septième siècle son influence fut tellement dominante que toutes les ambitions des particuliers, hauts seigneurs, prélats, courtisans ou légistes ne tentèrent jamais rien au delà d'y avoir entrée, et que les efforts principaux des Etats généraux que les malheurs de la France contraignirent plusieurs fois les rois à réunir se portèrent toujours sur les moyens d'y introduire leurs délégués.

6. Tout, pendant ces temps, était de la compétence du Conseil. Les ordonnances des rois qui mentionnent souvent ses délibérations, attestent que la législation du royaume y était arrêtée ; l'administration, dévolue depuis aux secrétaires d'Etat, lui était subordonnée ; les armées que le connétable commandait, la justice, dont le chancelier était le chef, rece-vaient de lui leurs décisions (4).

---

reson, s'il aura bien fait ce qui a li en appartiendra, ou que l'on puisse connaître sa qui a diffaut sera...

Art. 27. Cil qui s'ensuient poent commander Lettres. Et sont tenus nos notaires de obéir et non à autres, exceptée notre personne...

Lettres de don à héritage et se doient commander, fors que par nous en nostre conseil.

Lettre d'autres graces que nous ferions, se pourront commander par nous, à la relation de ceux de nostre estroit conseil..

(1) Aucoc., p. 33 ; Lescalopier, p. 102 et suiv.
(2) Ord., 16 novembre 1318.
(3) Aucoc., p. 29.
(4) Lescalopier, p. 24.

7. L'organisation du conseil fut plusieurs fois modifiée. Le nombre de ses membres tantôt diminué et tantôt augmenté ; les conditions de leur nomination souvent changées. Qu'il nous suffise de dire ici que les principales de ces mutations ont été consignées dans les ordonnances de Philippe de Valois, du 11 mars 1344; de Philippe de Valois, du 15 février 1345 ; de Jean le Bon, de mars 1356; de Charles VII, du 30 novembre 1380 ; du 5 février 1388; du 7 janvier 1400 ; du 26 avril 1403 ; du 7 janvier 1407; du 28 avril 1407: du 25 mars 1413 ; de Charles VIII, du 11 décembre 1493 et du 2 août 1497; de Louis XII, du 13 juillet 1498; de François Ier, du 17 mai 1529 et de mars 1545; de Charles IX, du 23 octobre 1563 ; du 18 février 1586 ; du 28 juillet 1571 ; du 7 janvier 1573 ; de Henri III, du 17 septembre 1574 ; du 1er août 1575 ; du 11 août 1578; du 5 octobre 1579; du 20 janvier 1580 ; du 31 mai 1582; du 4 mai 1584; du 8 janvier 1585; de mai 1588; de Henri IV, du 25 novembre 1574; de janvier 1597; du 30 juin 1597; du 5 février 1598; de Louis XIII, du 21 mai 1615 ; du 3 janvier 1618; du 12 octobre 1622; du 22 mai 1624; du 1er juin 1624; du 26 juin 1627; du 3 janvier 1628; de janvier 1629; du 18 janvier 1630; de Louis XIV, de septembre 1643 ; du 16 juin 1644; du 13 mai 1654; du 5 mai 1657; du 27 février 1660; du 8 juillet 1661; du 15 septembre 1661; d'août 1669; du 30 mars 1670; du 3 janvier 1673: du 2 juillet 1676; du 10 janvier 1681; du 14 octobre 1684; du 17 juin 1687 ; du 14 mai 1697; du 29 juin 1700; du 5 juin 1708; de Louis XV, du 22 mai 1730; d'août 1737 ; du 28 juin 1738; du 3 février 1739; du 19 août 1769; de Louis XVI, du 26 février 1783; du 5 juin 1787; du 27 octobre 1787; du 2 février 1788.

8. Les secrétaires d'Etat étaient, à l'origine, les secrétaires du conseil ; mais leur influence allant sans cesse grandissant, ils devinrent, vers le milieu du XVIe siècle, et insensiblement, les chefs de l'administration. Sous Louis XIII, ils devinrent officiellement et par l'ordonnance du 11 mars 1626 les ministres du roi, administrant et gouvernant le royaume. Dès lors, le Conseil d'État perdit ses attributions actives, et devint simplement consultatif et judiciaire. Et il subit alors

une division réglementaire en sections ou comités appropriés chacun à une besogne gouvernementale ou administrative déterminée.

9. C'est sous le règne de Louis XIV et par les soins de Colbert que le Conseil d'Etat reçut enfin l'organisation définitive qu'il conserva jusqu'aux derniers jours de la monarchie. Richelieu, par les ordonnances du 12 octobre 1622 et du 1er juin 1624, avait fait dominer dans la composition du conseil l'élément laïque et juridique, et créé un véritable corps de conseillers d'État, limité et divisé en classes *d'ordinaires semestres* et de *quatrimestres* ; mais les troubles de la Fronde n'avaient pas permis à son œuvre de subsister. Les règlements du 1er mai 1567, du 15 septembre 1661 et du 9 janvier 1673 la reprirent et la développèrent.

A la tète du Conseil du roi était placé le chancelier ou le garde des sceaux, quand le chancelier ne détenait pas les sceaux.

Le Conseil était formé des ministres d'État, des secrétaires d'État, des conseillers d'État ordinaires de semestre et de maîtres des requêtes.

Il comprenait : le Conseil d'État ou de cabinet, où assistaient le roi et les ministres d'État. Il s'y traitait les plus secrètes et importantes affaires de la paix, de la guerre, des alliances et tout ce qui avait trait au corps de l'État en général.

Le Conseil des dépêches, établi en 1617, où siégeaient le roi, les membres du Conseil d'État, les secrétaires d'État et le chef du conseil royal. Ils connaissaient des plus importantes affaires du dedans du royaume, regardant les grandes maisons, les communautés régulières et séculières (les villes), de celles pour l'expédition desquelles des lettres patentes du roi étaient nécessaires ; enfin des privilèges des officiers des maisons royales.

Le Conseil des finances, créé en 1661, ou étaient le roi, le chancelier, trois conseillers et des intendants de finances dont le nombre a varié. Il examinait toutes les affaires de finances.

Enfin le Conseil des parties ou conseil privé. Il pouvait être présidé par le roi, mais celui-ci était presque toujours remplacé par son *fauteuil* devant lequel on plaçait une table couverte par un tapis de velours vert. A défaut du roi, le Conseil était dirigé par le chancelier. Il comptait 21 conseillers d'État ordinaires, dont trois d'église, trois d'épée, douze conseillers semestre, le contrôleur général, deux intendants, le doyen des maîtres des requêtes ayant rang de conseiller, les quatre doyens de quartier des maîtres des requêtes ayant rang de conseiller pendant trois mois de l'année, et les maîtres des requêtes.

Le Conseil des parties était un véritable tribunal, dont la compétence s'étendait à toutes les affaires soumises au roi par requêtes, à toutes celles qui ne concernaient que des particuliers comme évocations sur parentés, règlements de juges, cassations d'arrêts de cour et même du Conseil, évocations, dénis de justice; enfin il vérifiait l'exécution des édits.

Les conseillers d'État opinaient et délibéraient quand le roi était absent ; ils opinaient seulement en sa présence. Ils siégeaient assis et couverts.

Les maîtres des requêtes, qui étaient qualifiés de conseillers du roi, en ses conseils (1), remplissaient le rôle de rapporteurs ; ils siégeaient debout et découverts et ne délibéraient que dans les affaires qu'ils rapportaient. Ils exerçaient, en outre, une juridiction spéciale, connue sous le nom de requêtes de l'hôtel, par opposition aux requêtes du Palais, et assistaient le chancelier dans le service du sceau. Ils faisaient partie, en même temps que des conseils du roi, du parlement et du Grand Conseil. Leur nombre, qui était sous Louis IX de deux seulement, s'était élevé à la fin du xviiie siècle à plus de quatre-vingts.

Près du Conseil d'État existaient plusieurs compagnies d'officiers publics : des inspecteurs généraux des domaines de la Couronne, des avocats aux conseils, des greffiers et des huissiers.

---

(1) Il ne faut pas confondre les titres de conseillers d'Etat et de conseillers du roi en ses conseils avec celui de conseiller du roi, qui était attribue à un grand nombre d'offices, dont quelques-uns de fort minime importance.

10. La constitution des conseils du roi, telle qu'elle avait été organisée par l'ordonnance de 1673, existait à peu près intégralement en 1789. On avait seulement ajouté aux Conseil privé des dépêches des finances et d'État, le conseil ou comité intime de la guerre formé du roi, du secrétaire d'État de la guerre, des quelques ministres d'État et de membres du Conseil de la guerre appelés au Conseil intime. Dans l'intervalle, un conseil de commerce créé le 29 juin 1700, après avoir fonctionné comme section du Conseil d'État, avait été réuni en 1787 au Conseil des finances.

Le Conseil du roi avait des fonctions politiques, législatives, administratives et juridiques. M. de Vidaillan, dans les deux volumes qu'il a consacrés à son histoire, a relevé les principales ordonnances qu'il a délibéré et a raconté les actes notables auxquels il a pris part. Cette étude spéciale ne saurait nous intéresser. Qu'il suffise de dire que le Conseil du roi réunissait incontestablement dans l'ancienne monarchie la plupart des attributions actuellement placées entre les mains des chambres législatives, du gouvernement, du Conseil d'Etat et de la Cour de cassation, en faisant remarquer seulement que les délibérations qu'il prenait étaient, en droit, sinon en réalité, purement consultatives. Le roi, *en son* Conseil, ou *après avoir entendu son Conseil*, légiférait, ordonnait et jugeait.

11. L'Assemblée constituante de 1789, qui devait faire table rase de toutes les anciennes constitutions du royaume, ne pouvait respecter le Conseil d'État. Déjà, après les premiers actes de l'Assemblée, le Conseil avait subi, par les ordres du roi, de profondes modifications. Un règlement du 9 août 1789 avait réuni en un seul conseil les conseils du cabinet des dépêches du commerce et des finances. Le roi décidait que désormais toutes les nominations auxquelles jusqu'alors il s'était réservé de pourvoir directement seraient faites en Conseil d'État. Un conseil de contentieux des départements, formé de quatre conseillers d'État et de quatre maîtres de requêtes, devait statuer sur les affaires contentieuses administratives. Il n'était pas touché au conseil privé.

12. Mais la loi des 27 novembre-1er décembre 1790, en créant

la Cour de cassation, enleva au Conseil des parties toutes ses attributions en matière juridique civile ou criminelle. Et celle des 27 avril-25 mai 1791, porta le dernier coup aux conseils du roi en donnant le titre de Conseil d'État et toutes les fonctions administratives et contentieuses au conseil des ministres, chargés d'assister le roi.

13. La Constitution consulaire du 22 frimaire an VIII devait rétablir et réorganiser le Conseil d'État. L'article 52 le constituait et le chargeait, sous la direction des Consuls, de rédiger les projets de loi et les règlements d'administration publique, et de résoudre les difficultés qui s'élèveraient en matière administrative.

Les détails de l'institution furent fixés par un arrêté du 5 nivóse an VIII. Le Conseil d'État était composé de trente à quarante membres, qui se formaient en assemblée générale et se divisaient en sections des finances, de législation civile et criminelle, de la guerre, de la marine et de l'intérieur.

L'assemblée générale était présidée par le premier consul ou l'un des consuls ; les sections par l'un des consuls ou un conseiller d'État.

Les ministres pouvaient prendre part, mais sans voix délibérative, aux travaux de l'assemblée générale et des sections.

Les principales attributions du Conseil consistaient dans la préparation des lois et des règlements d'administration publique. Les règlements étaient approuvés par les consuls ; les projets de loi envoyés au Tribunat et au Corps dégislatif, et la discussion était soutenue par les conseillers d'État désignés à cet effet.

En outre, le Conseil devait prononcer sur les conflits pouvant s'élever entre l'administration et les tribunaux civils, et sur les affaires contentieuses dont la décision avait été remise par la loi du 27 avril, 25 mai 1791 au conseil des ministres.

Enfin le Conseil était chargé de développer le sens des lois, sur le renvoi qui était fait par les consuls des questions qui leur étaient présentées. Cette attribution lui donnait un véritable pouvoir législatif indirect. En effet, les avis du Conseil, une fois approuvés par le premier consul et publiés au *Bulletin des lois*, avaient force de loi s'ils n'avaient pas été attaqués dans les dix jours pour inconstitutionnalité (1).

14. Le Conseil d'État était devenu, en fait, le principal corps de l'État. Ses fonctions ne cessèrent de s'accroître pendant le Consulat et l'Empire. L'article 75 de la Constitution de l'an VIII le chargea de statuer sur les demandes formées à l'effet d'obtenir l'autorisation de poursuivre, devant les tribunaux, les agents du gouvernement autres que les ministres. La loi du 18 germinal an X lui confia le soin de statuer sur les recours pour abus en matière ecclésiastique ; le décret du 11 juin 1806 l'appela à connaître des affaires de haute police administrative, c'est-à-dire de prononcer sur la conduite des fonctionnaires déférés à son examen, et à juger de la validité des prises maintenues. La loi du 16 septembre 1807 lui donna le droit de préparer les décrets interprétatifs des lois dans le cas où un arrêté de la Cour de cassation n'avait pas ramené les tribunaux à une même explication d'un texte législatif.

15. En même temps que se développaient les pouvoirs du Conseil d'État, son personnel s'accroissait et se modifiait. L'arrêté du 5 nivôse an VII n'avait composé le Conseil que de conseillers au nombre de trente à quarante. L'arrêté du 7 fructidor an VII divisa les services en deux catégories : celle du service ordinaire et celle du service extraordinaire ; ces derniers n'avaient qu'un titre qui ne les appelait pas à délibérer au Conseil. Parmi les membres du Conseil en service ordinaire, certains étaient chargés de la direction des grands services publics, les uns participaient aux travaux de sections ; d'autres ne prenaient part qu'aux discussions des assemblées générales.

Les ministres, qui n'avaient à l'origine que voix consultative, obtinrent voix délibérative par le sénatus-consulte du 18 fructidor an X.

Aux conseillers d'État en service ordinaire et aux ministres,

---

(1) L. 22 frimaire an VIII, art. 38, 40, 42, 44.

un arrêté du 19 germinal an XI donna pour auxiliaires des
auditeurs, dont le nombre, fixé originairement à onze, s'éleva
par le décret du 26 novembre 1809 à 160, et par celui du
7 avril 1811 à 350. Les auditeurs étaient divisés en service
ordinaire et service extraordinaire.

16. En 1806, par le décret du 11 juin, une modification
importante fut apportée à l'organisation du Conseil par le
rétablissement des maîtres des requêtes, qui prenaient séance
après les conseillers d'Etat. Les maîtres des requêtes, comme
les anciens titulaires de cette fonction, avaient voix délibérative dans les affaires dont ils étaient rapporteurs et voix consultative en toutes les autres. Le même décret créait une
commission de contentieux présidée par le grand juge, ministre de la justice, et formée de six maîtres des requêtes et
de six auditeurs, et reconstituait l'ordre des avocats au
Conseil.

La section du contentieux devait former une septième section au Conseil d'Etat un sénatus-consulte du 28 floréal an XIII ;
ayant ajouté aux cinq sections primitives du 5 nivôse
an VII une section du commerce, mais cette dernière n'ayant
jamais existé en fait, le Conseil d'Etat ne compta, en réalité,
jusqu'à la fin de l'Empire que six sections.

17. Nous n'avons pas à faire connaître ici le rôle prépondérant que remplit, depuis sa création jusqu'à la chute de
l'Empire, le Conseil d'Etat dans le système de gouvernement
de Napoléon. L'éminent secrétaire général du Conseil, Locré,
le caractérisait ainsi dans le livre qu'il lui consacrait alors (1) :
« N'être séparé du souverain par aucun intermédiaire, tenir
de sa confiance et non de la volonté impérieuse de la loi,
la plus grande partie de ses attributions ; coopérer aux des-
seins qu'il forme pour la prospérité de ses peuples ; les dis-
cuter directement avec lui ; les réduire en projets ; être son
organe auprès des grands corps de l'Etat ; avoir la pensée de
la législation et en devenir ensuite le seul interprète ; tracer
à l'administration sa marche par des règles générales ; lever

---

(1) Locré, *le Conseil d'Etat*, t. I, p. 30.

par des projets de décrets ou par des avis les difficultés qui l'arrêtent; juger ses actes; exercer au degré le plus éminent la justice administrative; embrasser, dans ses délibérations, depuis les conceptions législatives les plus élevées jusqu'aux détails les plus minutieux de l'administration, depuis le Code Napoléon jusqu'à l'autorisation de couper quelques arbres sur un point presque imperceptible de la France; montrer au prince la vérité tout entière, et devenir ainsi pour le peuple une garantie bien plus sûre que ces anciens corps dont les remontrances, dangereuses sous un roi faible, étaient inutiles et méprisées sous un roi fort; telle est la brillante destination du Conseil d'Etat, tels sont les travaux dont il se trouve chargé. »

M. de Cormenin, qui avait assisté à ses dernières délibérarations, exprimait la même pensée quelques années plus tard en disant que « le Conseil d'Etat était alors le siège du gouvernement, la seule parole de la France, le flambeau des lois et l'âme de l'Empereur (1). »

18. L'Empire écroulé, une réaction devait se faire contre l'institution qui en avait été le principal agent. Le Conseil d'Etat, qui figurait dans la Constitution de l'an VIII et dans celle de l'an X et de l'an XII, ne fut pas mentionné dans la charte de 1814. Mais le Conseil, qui avait été un des organes importants de la monarchie absolue, était devenu l'un des organes essentiels de l'administration; il fut maintenu par une ordonnance du 29 juin 1814. Son organisation nouvelle, imprégnée de souvenirs de l'ancien régime, n'était pas d'un fonctionnement facile. Il était divisé en conseil d'en haut, ou des ministres, et en conseil privé, ou des parties, subdivisé lui-même en comités de législation, de contentieux, de l'intérieur, des finances et du commerce.

Le Conseil était formé du roi, des princes du sang, du chancelier de France, des ministres secrétaires d'Etat, des ministres d'Etat, des conseillers d'Etat, des maîtres des requêtes. Des conseillers d'État, d'église ou d'épée pouvaient,

---

(1) Cormenin, *Livre des Orateurs*, partie Ire, chap. v.

en outre, être créés. Les conseillers d'État ordinaires et les maîtres des requêtes avaient seuls voix délibérative.

Les auditeurs étaient supprimés.

19. L'existence du nouveau Conseil fut fort courte et, si l'on en croit un témoin oculaire et désintéressé, signalée seulement par de remarquables bévues (1). L'empereur, au retour de l'île d'Elbe, le balaya et rétablit l'ancien Conseil avec ses attributions (2).

20. Le Conseil d'État, réorganisé après les Cent-Jours par le gouvernement de la seconde Restauration, par l'ordonnance du 23 août 1815, était dégagé des traditions de l'ancien régime, qui avait attiré de si vives critiques contre l'institution de 1814. Voici quelles étaient les bases principales de son fonctionnement. Un tableau général était dressé de toutes les personnes auxquelles il avait plu au roi de conférer le titre de conseiller d'État et de maître des requêtes. Le nombre était illimité. Chaque année, au 1er janvier, le garde des sceaux proposait au roi les noms de trente conseillers et de quarante maîtres des requêtes pour ceux figurant dans le tableau général. Ceux-ci formaient, pendant l'année, le service ordinaire, c'est-à-dire le véritable Conseil d'État. Ils étaient répartis en cinq sections : de législation, du contentieux, des finances, de l'intérieur et du commerce, de la marine et des colonies. Les comités du contentieux et de législation étaient présidés par le garde des sceaux, les autres par un ministre ou par un conseiller d'État désigné par le ministre président.

Les comités divers préparaient les projets de loi, d'ordonnances et de règlements relatifs aux matières comprises dans les attributions des départements auxquels ils étaient attachés; ils connaissaient, en outre, des affaires administratives que les ministres jugeaient à propos de leur confier, et notamment de celles qui présentaient une opposition de droits, de prétentions ou d'intérêts divers.

Les avis sur les affaires contentieuses préparées par les sec-

---

(1) De La Rochefoucauld, p. 29 et 30.
(2) Déc., 31 mars 1815.

tions spéciales étaient délibérés et examinés en assemblée générale, et l'ordonnance les approuvant était présentée à la signature du roi par le garde des sceaux.

Le Conseil avait le droit de se réunir en assemblée générale sous la présidence du roi, et, en son absence, de celle du président du conseil des ministres ou du garde des sceaux. Plusieurs sections pouvaient être réunies sous la présidence du garde des sceaux ou d'un ministre.

21. Une ordonnance du 19 avril 1817, contenant un ressouvenir de l'état de choses antérieur à la Révolution, permit de former des conseils de cabinet, présidés par le roi et composés de ministres et de conseillers d'Etat, pour l'examen de certaines affaires.

Cette même ordonnance créait un comité de la guerre et autorisait les conseillers d'Etat, sous-secrétaires d'Etat ou directeur d'une administration générale à prendre part, avec voix délibérative, aux discussions du Conseil.

22. En 1824, une ordonnance, en date du 26 août, modifia encore le Conseil ; elle fixait les conditions d'âge et de fonctions que doivent remplir les individus nommés conseillers d'Etat ou maîtres des requêtes. Les uns et les autres ne pouvaient être révoqués qu'en vertu d'une ordonnance individuelle, ils ne pouvaient plus l'être par simple omission sur le tableau. Elle rétablissait l'auditorat et fixait le nombre des auditeurs à trente. Le service extraordinaire était régularisé. Une distinction était établie entre le titre et la fonction. Tous les membres du Conseil prêtaient un serment spécial dont le caractère distinctif était de garder secrètes les délibérations et d'avertir le roi de ce qui serait utile à son honneur, à sa personne et à son service.

Les membres du Conseil étaient répartis en cinq comités du contentieux, de la guerre, de la marine, de l'intérieur, des finances. Le comité de législation était supprimé. Le Conseil ne pouvait délibérer qu'autant que les deux tiers de ses membres étaient présents. La délibération était prise à la pluralité des suffrages. Le partage était vidé par la voix du président. Dans les affaires contentieuses, les conseillers en service extraordinaire avaient seulement voix consultative dans les affaires dépendant de leur administration.

23. Mais toutes les réformes successives dont le Conseil d'Etat était l'objet ne pouvaient lui donner l'autorité qui lui était due : l'ombre de l'Empire s'étendait sur ses actes, et les ministres qui entraient dans les conseils du roi et les amis trop ardents sur lesquels les Bourbons s'appuyaient dans les deux Chambres croyaient triompher de Napoléon en diminuant la légitime influence de la Compagnie sur laquelle il avait appuyé son gouvernement pendant son règne.

24. Dès les premiers jours de la Révolution de 1830, le Gouvernement de Juillet s'occupa d'organiser sur de nouvelles bases le Conseil d'Etat. Une commission, constituée le 20 août 1830, fut chargée de préparer un projet de loi sur les réformes à opérer dans son organisation et ses attributions.

En attendant, les ordonnances des 2 février et 12 mars 1831 introduisirent d'utiles modifications. Elles établirent la publicité des audiences de la section du contentieux, donnèrent aux avocats le droit d'ajouter des observations orales aux mémoires écrits qui jusque-là étaient l'unique moyen d'instruction ; elles modifièrent la composition du Conseil en excluant les conseillers d'Etat en service extraordinaire des délibérations contentieuses ; enfin elles constituèrent un ministère public, formé de trois commissaires maîtres des requêtes chargés de conclure, non pas au nom et dans l'intérêt de l'Etat, mais dans l'intérêt de la loi et de la justice. Pour faciliter l'expédition des affaires, le comité du contentieux était subdivisé en deux sections.

25. Le projet de loi rédigé par la commission spéciale instituée à cet effet, comme il a été dit ci-dessus, avait été présenté en 1833 à la Chambre des pairs. Adopté par celle-ci, il fut repoussé par la Chambre des députés. En 1834, en 1835, en 1836 et en 1837, la même dissidence s'étant renouvelée, le gouvernement se décida à organiser le Conseil par une ordonnance en date du 18 septembre 1839, suivie d'un règlement en date du 19 juin 1840. Ces deux ordonnances maintenaient, en la régularisant, la situation existante.

Mais la loi proposée par le Gouvernement fut enfin votée le 19 juillet 1845; elle réglait la composition, la session et la compétence du Conseil.

Le Conseil était composé des ministres, des conseillers d'Etat, des maîtres des requêtes et d'auditeurs. La présidence appartenait au garde des sceaux et, en son absence, à un vice-drésident nommé par le roi.

Le service était partagé en service ordinaire et service extraordinaire. Le premier composé de trente conseillers, de trente maîtres des requêtes, de quarante-huit auditeurs. Les auditeurs étaient partagés en deux classes, et étaient reçus à la suite d'un concours.

Le service extraordinaire se composait de trente conseillers et de trente maîtres des requêtes, les uns et les autres ayant rempli ou remplissant des fonctions publiques. Les conseillers en service extraordinaire, pour prendre part aux délibérations du Conseil, devaient, chaque année, y être autorisés.

Le Conseil pouvait être appelé à donner son avis sur les projets de loi ou d'ordonnances, et, en général, sur toutes les questions qui lui étaient soumises par les ministres. Il était nécessairement appelé à donner son avis sur toutes les ordonnances portant règlements d'administration publique. Il proposait enfin les ordonnances statuant sur les matières administratives ou contentieuses dont l'examen lui était déféré.

Le Conseil était divisé en comités correspondant à divers départements ministériels. La division était opérée par ordonnance royale. Un règlement déterminait les affaires qui devaient être examinées en assemblée générale et celles qui pouvaient recevoir une solution en comité. Les comités étaient présidés par six ministres des départements correspondants au comité, et, à leur défaut, par un vice-président nommé par le roi.

Indépendamment des comités dont il vient d'être question, un comité spécial était chargé de diriger l'instruction écrite et de préparer le rapport de toutes les affaires contentieuses. Des maîtres des requêtes remplissaient les fonctions de commissaires du roi; ils assistaient aux séances du comité de contentieux. Le rapport des affaires contentieuses était fait au Conseil d'Etat dans une séance publique où ne pouvaient

siéger que les conseillers d'Etat et les maîtres des requêtes
en service ordinaire. Les auditeurs pouvaient y assister. La
délibération du Conseil siégeant en matière contentieuse n'était
pas publique.

On avait discuté très vivement devant les Chambres et dans
le public la question de savoir si la juridiction administrative
du Conseil devait être retenue ou déléguée, c'est-à-dire si les
ordonnances devaient émaner du roi ou du Conseil. La loi se
prononçait pour la juridiction retenue. En conséquence, toute
ordonnance rendue par le Conseil en matière contentieuse,
si elle était conforme à la délibération prise, devait être signée
par le roi et contresignée par le garde des sceaux ; si elle
n'était pas conforme, elle ne pouvait être rendue que de l'avis
du conseil des ministres, et, dans ce cas, elle devait être motivée
et insérée au *Bulletin des lois*. En tout cas, elle était lue en
séance publique.

26. La République de 1848 devait amener de grands changements dans le fonctionnement du Conseil d'Etat. Le gouvernement provisoire avait diminué le nombre des conseillers
d'Etat et supprimé le service extraordinaire par les décrets
du 12 mars 1848 et du 18 avril 1848 ; mais l'institution reçut
de la Constitution républicaine du 4 novembre 1848 une con-
sécration particulière. L'article 71 créait un Conseil d'Etat
dont le vice-président de la République était de droit président, et dont les membres devaient être élus pour six ans par
l'Assemblée nationale. Ceux-ci ne pouvaient être révoqués
que par l'Assemblée et sur la proposition du président de la
République.

Le Conseil d'Etat devait être consulté sur les projets de loi
du Gouvernement, qui, d'après la loi, devaient être soumis à
son examen préalable, et sur les projets d'initiative parlementaire que l'Assemblée lui aurait renvoyés. Il préparait les
règlements d'administration publique et faisait ceux de ces
règlements à l'égard desquels l'Assemblée nationale lui donnait une délégation spéciale.

Il exerçait à l'égard des administrations publiques tous les
pouvoirs de contrôle et de surveillance qui lui devaient être
déférés par une loi spéciale.

27. Cette loi spéciale intervint le 9 mars 1849. On rompait complètement avec la tradition, aussi bien pour la nomination des principaux membres du Conseil que pour son organisation antérieure. En outre des pouvoirs qui lui étaient conférés par la loi constitutionnelle dont les dispositions étaient développées dans la loi spéciale, le Conseil était chargé de servir d'arbitre entre les ministres relativement aux difficultés auxquelles donnaient lieu leurs attributions réciproques et l'application des lois ; et il conservait tous les pouvoirs spéciaux qui lui avaient été donnés par les lois antérieures.

Ce Conseil se composait de quarante conseillers d'Etat, et il y avait *auprès de lui* vingt-quatre maîtres des requêtes, vingt-quatre auditeurs et un secrétaire général.

Il était partagé en trois sections : de législation, d'administration et du contentieux. La section d'administration était subdivisée en comités correspondant aux divers départements ministériels.

La juridiction de la section du contentieux n'était plus *retenue*, mais déléguée. En conséquence, celle-ci était chargée du *jugement* des affaires contentieuses.

Les trois sections pouvaient se réunir en assemblée générale, chargée de délibérer sur tous les projets de loi et de règlements d'administration publique, sur les projets de décrets que le règlement du Conseil ordonnerait de renvoyer à l'assemblée générale, et enfin sur tous les pouvoirs formés par le ministre de la justice contre les décisions de la section du contentieux pour excès de pouvoir ou violation de la loi.

Le service extraordinaire étant supprimé, les ministres n'avaient plus qu'*entrée* au Conseil et dans les sections. Le Conseil et les sections avaient, en outre, le droit d'appeler à donner des explications ou à assister aux délibérations les chefs de service, les fonctionnaires et tous autres citoyens qui leur paraissaient pouvoir éclairer leur avis par leurs connaissances spéciales.

Les auditeurs du Conseil étaient nommés au concours.

Le Conseil d'Etat était ainsi devenu un rouage politique plutôt qu'administratif du Gouvernement. Il fut à la hauteur de ses nouvelles fonctions. Au moment où fut commis le coup d'Etat de 1851, il avait préparé plus de soixante projets

importants, dont les exposés de motifs et le contrôle des articles sont remarquablement rédigés, et font le plus grand
honneur à la science juridique et à l'expérience des rapporteurs. Parmi ces projets de loi nous citerons : le projet sur
l'administration intérieure, sur l'assistance judiciaire, sur le
contrat d'apprentissage, sur la police du roulage, sur la propriété en Algérie, sur les banques de Crédit foncier, etc.

28. La Constitution du 14 janvier 1842 devait faire reprendre les traditions du premier empire.

Par décret du 2 décembre 1851, le Conseil d'Etat avait été
dissous. La proclamation adressée alors par le président de
la République au peuple français annonçait qu'il devrait être
institué, dans le plus bref délai, « un Conseil d'Etat formé
des hommes les plus distingués, préparant les lois et en sou-
tenant la discussion devant le Corps législatif. »

Bientôt après, le titre VI de la Constitution du 14 janvier
1852 posa sur l'organisation du Conseil d'Etat les règles fon-
damentales que reproduisit, en les développant, le décret
organique du 25 janvier 1852.

Le Conseil d'Etat, sous la direction de l'empereur, rédigeait
les projets de loi et en soutenait la discussion devant le Corps
législatif. Il proposait les décrets qui statuaient : 1° sur les
affaires administratives dont l'examen lui était déféré par des
dispositions législatives ou réglementaires ; 2° sur le contentieux administratif ; 3° sur les conflits d'attributions entre
l'autorité administrative et l'autorité judiciaire. Il était nécessairement appelé à donner son avis sur tous les décrets por-
ant règlement d'administration publique, ou qui devaient
être rendus dans la forme de ces règlements. Il connaissait
des affaires de haute police administrative à l'égard des fonctionnaires dont les actes étaient déférés à sa connaissance
par le président de la République. Enfin, il donnait son avis
sur toutes les questions qui lui étaient soumises par le président de la République ou par les ministres.

Le Conseil d'Etat était composé : 1° d'un vice-président du
Conseil d'Etat, nommé par l'empereur ; 2° de quarante à cinquante conseillers d'Etat en service ordinaire ; 3° de conseillers d'Etat en service ordinaire hors sections, dont le nombre

ne pouvait excéder celui de quinze; 4° de conseillers d'Etat en service extraordinaire, dont le nombre ne pouvait s'élever au delà de vingt; 5° de quarante maîtres des requêtes, divisés en deux classes de vingt chacune; 6° de quarante auditeurs, divisés en deux classes de vingt chacune. Un secrétaire général ayant titre et rang de maître des requêtes est attaché au Conseil d'Etat.

Les ministres avaient rang, séance et voix délibérative au Conseil d'Etat.

L'empereur nommait et révoquait les membres du Conseil d'Etat.

Le Conseil d'Etat était présidé par l'empereur, ou, en son absence, par le vice-président du Conseil d'Etat. Celui-ci présidait également, lorsqu'il le jugeait convenable, les différentes sections administratives, et l'assemblée du Conseil d'Etat délibérant au contentieux.

Les conseillers d'Etat en service ordinaire et les maîtres des requêtes ne pouvaient être sénateurs ni députés au Corps législatif; leurs fonctions étaient incompatibles avec toutes autres fonctions publiques salariées. Néanmoins, les officiers généraux de l'armée de terre et de mer pouvaient être conseillers d'Etat en service ordinaire. Dans ce cas, ils étaient, pendant toute la durée de leurs fonctions, considérés comme étant en mission hors cadre, et ils conservaient leurs droits à l'ancienneté.

Les conseillers d'Etat en service ordinaire hors section étaient choisis parmi les personnes qui remplissaient de hautes fonctions publiques. Ils prenaient part aux délibérations de l'assemblée générale du Conseil d'Etat, et y avaient voix délibérative. Ils ne recevaient, comme conseillers d'Etat, aucun traitement ou indemnité.

L'empereur pouvait conférer le titre de conseiller d'Etat en service extraordinaire aux conseillers d'Etat en service ordinaire ou hors sections qui cessent de remplir ces fonctions.

Les conseillers d'Etat en service extraordinaire assistaient et avaient voix délibérative à celles des assemblées générales du Conseil d'Etat, auxquelles ils étaient convoqués par un ordre spécial de l'empereur.

Le Conseil d'Etat était divisé en sections, savoir : section de législation, justice et affaires étrangères; section du contentieux; section de l'intérieur, de l'instruction publique et des cultes; section des travaux publics, de l'agriculture et du commerce; section de la guerre et de la marine; section des finances. Cette division pouvait être modifiée par décret du pouvoir exécutif.

Chaque section était présidée par un conseiller d'Etat en service ordinaire nommé, par le président de la République président de section.

Les attributions du Conseil d'Etat étaient profondément augmentées en matière législative; d'après la Constitution de 1852, tous les projets de loi étaient soumis au Conseil d'Etat, y compris les lois de finances. Les députés n'avaient pas l'initiative des lois, et leurs amendements ne pouvaient être admis en discussion que s'ils avaient été adoptés par le Conseil. Les projets de loi étaient tous présentés et soutenus par des conseillers d'Etat. A cet effet, l'empereur désignait trois conseillers d'Etat pour soutenir la discussion de chaque projet de loi présenté au Corps législatif ou au Sénat. L'un de ces conseillers pouvait être pris parmi les conseillers en service ordinaire hors sections.

Cette organisation fut modifiée dans quelques points secondaires par des décrets divers. Un décret du 10 décembre 1852 créa une présidence du Conseil d'Etat; un décret du 6 novembre 1858 porta de 15 à 18 le nombre des conseillers en service ordinaire hors sections, nombre qui fut élevé à 19 le 16 mai 1863, et à 20 le 4 novembre 1865. Le nombre des auditeurs fut porté, en 1853, de 40 à 80, divisés, le 1er octobre 1860, en deux classes. Le nombre des vice-présidents fut porté à trois le 18 octobre 1863.

Mais les attributions du Conseil ne furent sérieusement modifiées que par le sénatus-consulte du 8 septembre 1869, qui rendit au Corps législatif l'initiative des lois, et qui soumit les amendements présentés par les députés à un simple avis du Conseil.

29. Le 15 septembre 1870, tous les membres du Conseil d'Etat de l'Empire furent suspendus de leurs fonctions, par un décret du gouvernement de la Défense nationale, jusqu'à

ce que le Conseil fût réorganisé par l'Assemblée nationale ; en même temps une commission provisoire fut chargée d'expédier les affaires administratives et contentieuses urgentes. Et le 19 septembre le personnel de cette commission fut constitué.

Elle fonctionna jusqu'au 24 mai 1872, où l'Assemblée nationale vota la loi réorganisant d'une façon régulière le Conseil. L'Assemblée s'était réservé la nomination des conseillers d'Etat, conformément aux dispositions de la loi de 1848 ; mais les fonctions qu'elle attribuait au Conseil n'étaient pas celles que la Constitution du 4 novembre lui avait données ; elles se rapprochaient sensiblement de celles qui avaient été déterminées par la loi du 19 juillet 1845. Le Conseil était formé de 22 conseillers d'Etat en service ordinaire et 13 conseillers en service extraordinaire. Il était partagé en quatre sections, dont trois d'administration pure et une du contentieux.

30. La loi du 24 mai 1872 est encore en partie en vigueur ; mais la loi constitutionnelle du 25 février 1875 a rendu au pouvoir exécutif la nomination des conseillers d'Etat, et une loi du 17 juillet 1879 a modifié la composition du Conseil en augmentant le nombre des conseillers en service ordinaire et extraordinaire, et en créant une section de législation. La loi du 13 juillet 1879 a été complétée par un décret en date du 2 août 1879, qui a réglé le service intérieur de l'assemblée générale et des assemblées des sections du Conseil. Elle a été modifiée en outre, en ce qui concerne les auditeurs, par une loi du 6 juillet 1887, qui a porté de quatre années à huit années la durée possible des services de l'auditorat de seconde classe.

Enfin la loi du 26 octobre 1888 et un règlement d'administration publique du 12 novembre 1888 ont créé au Conseil d'Etat une section temporaire du contentieux pour le jugement des affaires de contributions et d'élections.

———

CHAPITRE II.

31. Le Conseil d'Etat ou les Conseils du roi, dans l'ancienne monarchie, étaient les conseils particuliers du roi; celui-ci détenant entre ses mains tous les pouvoirs, exécutif, législatif et judiciaire; les conseils attachés à sa personne n'avaient pas d'attributions propres, ou plutôt avaient toutes les attributions que le roi leur confiait. Ils gouvernaient, administraient, légiféraient et jugeaient, mais avec la fiction que c'était le roi qui gouvernait, administrait, légiférait et jugeait. On exprimait cette pensée par la forme même des édits, des ordonnances et des jugements, qui était, en général, l'une des suivantes : *Le roi s'étant fait représenter en son Conseil;* ou *Sur la requête présentée en son Conseil, le roi,* etc.; ou *Le roi, étant en son Conseil, a ordonné et ordonne, a cassé et casse,* etc.

Lorsque le roi était réellement présent, les membres du Conseil opinaient, mais ne délibéraient pas; ils délibéraient, au contraire, et l'avis passait à la majorité des voix lorsque le roi était absent.

Le Conseil suivait le roi partout où il allait et n'avait d'autre résidence que celle du roi. Partout où il tenait ses séances, il était censé siéger *en la chambre du roi.*

32. On comprend que le Conseil du roi ait éternellement disparu avec les principes et les règles de l'ancien régime.

La Constitution du 22 frimaire an VIII, en établissant le Conseil d'Etat, en a fait un corps ayant une existence distincte, des attributions spéciales, une composition propre, en rapport avec les lois générales de gouvernement et d'administration consacrées par la Révolution française.

33. Nous savons que de la base au sommet de la hiérarchie administrative nos institutions ont placé, auprès des agents principaux qui ont la responsabilité de la direction des affaires, des conseils chargés d'éclairer leurs décisions. Le Conseil d'Etat représente la plus haute application de ce principe. D'une façon générale, il est le conseil du gouvernement central, comprenant le chef du pouvoir exécutif, les ministres et les chambres législatives. Il est, en outre, le régulateur de la juridiction administrative, le contrôle de la gestion de tous les dépositaires des pouvoirs ou des intérêts publics, et enfin le gardien de la liberté religieuse et de la liberté de conscience.

34. Comme conseil de gouvernement, le Conseil d'Etat n'a pas d'autorité qui lui soit propre; il n'agit que sur l'initiative et sous l'autorité du chef de l'Etat et des ministres responsables (1). On retrouve cette initiative dans la manière dont il est saisi, dans le mode de ses délibérations, dans le caractère de ses actes. Le Conseil, en effet, n'est saisi que par le président de la République ou par les ministres, et dans chaque affaire il faut un renvoi spécial. Cette nécessité d'une délégation est même rappelée dans chacun des projets et des avis que le Conseil arrète et qui commencent tous ainsi : *Le Conseil qui, sur le renvoi ordonné par..., a pris connaissance*, etc.

35. Le Conseil, ainsi saisi par un ordre du président de la République ou des ministres, ne peut étendre la mission qui lui a été donnée au delà de ses termes sans le consentement du gouvernement, et le résultat de ses délibérations est adressé au ministre responsable par l'intermédiaire ou les ordres de qui le Conseil a été consulté.

36. Enfin l'avis du Conseil n'est pas obligatoire pour le gouvernement; celui-ci peut le rejeter absolument ou n'en accepter que certaines parties.

37. Le Conseil, dans les limites qui viennent d'être déter-

---

(1) L. 24 mai 1872, art. 8. Locré, p. 17.

minées, peut être consulté sur toutes les questions que le gouvernement veut bien lui soumettre, que la matière soit législative, administrative ou judiciaire (1).

38. Nous avons dit que le gouvernement a le droit absolu de ne pas déférer aux délibérations du Conseil. S'ensuit-il que le gouvernement peut toujours se dispenser de consulter qu'on là seil? La négative n'est pas douteuse. Si le Conseil d'Etat n'est pas un pouvoir, il n'est pas cependant un Conseil *privé* d'administration, il est une institution, et sa délibération préalable est réclamée par les lois dans un très grand nombre de matières (2).

39. Comme régulateur de la juridiction administrative, le Conseil d'Etat a un pouvoir propre. Ce pouvoir, ainsi qu'on l'a dit *supra*, n° 38, a été contesté. On a longtemps décidé que le droit suprême qu'il exerçait, il ne l'avait que comme Conseil du souverain représenté par l'empereur ou le roi, dont il n'était, en quelque sorte, que l'inspirateur juridique. Mais cette doctrine, compatible avec le régime monarchique, et comme telle acceptée de l'an VIII à 1848 et de 1851 à 1870, a été repoussée sous le régime républicain de 1848, et sous celui des constitutions postérieures au 4 septembre 1870.

Le Conseil, en tant que régulateur de la justice administrative, agit en certaines matières comme juge définitif d'appel; en d'autres, comme juge de cassation.

40. Comme contrôleur de la gestion de tous les dépositaires des pouvoirs ou des intérêts publics, le Conseil est tantôt l'aide ou le délégué du chef de l'Etat, et tantôt le juge des recours divers adressés contre les actes de ces dépositaires. Dans le premier cas, et quelque obligatoire que soit son concours aux termes des lois spéciales, il n'émet cependant qu'un avis qui ne lie pas le chef d'Etat; dans le second, il est, au contraire, l'arbitre unique et suprême, chargé de statuer sur la validité de l'acte attaqué et d'en prononcer la

---

(1) L. 24 mai 1872, art. 8.
(2) L. 24 mai 1872, art. 8.

nullité à raison de l'excès de pouvoir qu'il peut renfermer (1).

41. Enfin, comme gardien de la liberté religieuse, il prononce souverainement sur le caractère de tous les actes qu'on lui signale comme portant atteinte soit à l'exercice légal des cultes, soit au respect de la liberté de conscience (2).

42. On voit par ce qui vient d'être dit que le rôle du Conseil d'Etat dans l'organisme politique et administratif établi en France est considérable et complexe. Il ne constitue pas sans doute un *pouvoir*, mais il n'est pas non plus une *administration*. Il est à côté des pouvoirs, il est au-dessus des administrations; il est indépendant des uns et des autres, et ne peut utilement rendre les services qu'on attend de lui qu'à la condition que cette indépendance soit reconnue et respectée (3).

43. Pour donner une idée de l'importance des travaux du Conseil d'Etat, nous ne pouvons mieux que de faire connaître le tableau des différentes affaires examinées par lui pendant la période quinquennale 1883-1887 : le Conseil a discuté 322 projets de loi ; 130,427 décrets, avis ou notes touchant à des matières administratives ont été délibérés soit dans le sein des sections, soit en assemblée générale ; au contentieux 8,652 affaires ont été examinées et 8,024 décisions ont été rendues.

---

(1) L. 24 mai 1872, art. 8 et 9.
(2) L. 24 mai 1872, art. 6, 7 et 8.
(3) M. Vivien, dans ses études administratives, a défini ainsi le fonctionnement du Conseil d'Etat : « Dans l'ensemble des travaux administratifs, il est pour les ministres un guide d'autant plus suivi qu'il sait leur résister; pour les citoyens, un défenseur d'autant plus écouté qu'il sait leur donner tort. Il tient la balance égale entre tous; il apaise les débats d'attributions qui s'élèvent entre les divers départements ministériels et introduit ainsi l'unité dans la pluralité. Il s'interpose entre les administrateurs et les administrés; il s'attache, sans jamais conseiller d'indignes concessions, à supprimer les frottements, à rendre la marche du pouvoir plus facile et plus douce, office nécessaire sous un gouvernement qui, reconnaissant le droit de chacun et donnant des organes à tous les intérêts, ne peut accomplir son œuvre qu'à force de ménagement, de conciliation et de respect inflexible de la loi. »

L'ensemble des fonctions accomplies par le Conseil d'Etat lui crée dans la hiérarchie des corps constitués de la France une situation particulière. Aide et conseiller du gouvernement, sa place est auprès de ses organes divers, c'est-à-dire le président de la République, le Sénat, la Chambre des députés, les ministres.

44. Les lois déterminant la suprématie réciproque des corps et des administrations ne lui a pas toujours fixé le rang qu'il devait occuper. Sous le premier empire où son influence dans le rouage gouvernemental était prédominante, le décret de messidor an XII l'avait classé immédiatement après le Sénat et avant le Corps législatif et le Tribunat (1) : ce règlement était peut-être en rapport avec l'autorité effective que l'empereur lui attribuait, mais il n'était pas justifié. Le Corps législatif et le Tribunat, même diminués par la Constitution, représentaient, en réalité, la nation, que la Constitution impériale reconnaissait, *en théorie*, être le véritable souverain.

Le décret du 19 avril 1852 a remis les choses en leur place en fixant ainsi la préséance entre les grands corps : le Sénat, le Corps législatif, le Conseil d'Etat.

---

(1) D. 24 messidor an XII, art. 1 et 2.

CHAPITRE III.

45. Le Conseil d'Etat est organisé en service ordinaire et service extraordinaire. La distinction entre les attributions des membres de l'un et l'autre service n'a pas toujours été rigoureusement faite, et sous le premier et le second empire on distinguait, dans le service ordinaire, le service ordinaire et le service ordinaire hors sections.

Le service ordinaire est formé aujourd'hui des membres du Conseil qui ont été *personnellement* choisis à cet effet; le service extraordinaire de ceux qui ont été choisis à cause des fonctions publiques qu'ils remplissent. Nous reviendrons plus loin sur les conséquences de cette distinction. (V. n° 106 et s.)

46. L'institution du service extraordinaire a été souvent l'objet de critiques très vives : la Constitution de 1848 l'avait supprimé. Mais il faut reconnaître que si le titre de service extraordinaire avait disparu, le service lui-même n'avait pas cessé, en réalité, de fonctionner; l'arrêté du 5 septembre 1848 ayant donné entrée au Conseil d'Etat à un certain nombre de chefs de service qui pouvaient prendre part aux délibératious du Conseil.

L'utile action du service extraordinaire a été, au contraire, établie à plusieurs reprises par les auteurs spéciaux. Elle a été notamment très vivement soutenue, en 1845, lors de la discussion de la loi organique du Conseil d'Etat par M. Dumon : « La tendance naturelle de l'administration, disait alors ce ministre, est de traiter chaque affaire en elle-même, de donner plus de crédit aux faits qu'aux principes, et de mieux aimer une facile solution d'expédient qu'une difficile solution de jurisprudence. La tendance naturelle du Conseil d'Etat est de rapporter chaque affaire à une règle générale, d'y chercher plutôt la question qui en découle que les intérêts qui y sont engagés, et d'assujettir la pratique de l'administration à l'exactitude des théories administratives. Chacune de ces tendances a ses dangers ; poussées à leur dernier terme, elles aboutissaient l'une à une administration sans règle, l'autre à une administration sans activité. Mais elles se corrigent l'une et l'autre en s'unissant. Rapprochez l'administrateur qui agit de l'administrateur qui délibère, l'action devient plus régulière et la délibération plus positive. Leur isolement est stérile, leur association est féconde. Tel est le véritable esprit de l'institution du service extraordinaire. Elle est le lien de l'administration et du Conseil d'Etat. Elle est l'instrument d'une réaction réciproque, qui donne aux faits administratifs une juste influence sur la jurisprudence du Conseil d'Etat, et qui rend à la jurisprudence du Conseil d'Etat une juste influence sur la pratique administrative. Cette communication si désirable ne s'établirait qu'imparfaitement par voie de correspondance ou par voie d'enquête : les informations écrites sont toujours incomplètes; les consultations orales plaçaient l'administration dans une situation d'infériorité ; cette mission serait éludée ou mal remplie. L'association du Conseil d'Etat et de l'administration ne se réalise entièrement que par la participation à une délibération commune. »

SECTION PREMIÈRE.

COMPOSITION DU CONSEIL.

47. D'après les lois des 24 mai 1872 et 13 juillet 1879, le Conseil d'Etat est composé de trente-deux conseillers d'Etat en service ordinaire, de dix-huit conseillers d'Etat en service extraordinaire, de trente maîtres des requêtes, de douze auditeurs de première classe et vingt-quatre auditeurs de seconde classe (1).

---

(1) L. 24 mai 1872, art. 2 ; — L. 13 juillet 1879, art. 1.

Les ministres ont, en outre, rang, séance et voix délibérative au Conseil.

Les ministres et conseillers d'Etat en service extraordinaire forment le service extraordinaire; les autres membres le service ordinaire.

En outre, d'anciens conseillers d'Etat et maîtres des requêtes figurent sur la liste des membres du Conseil d'Etat à titre de conseillers et maîtres des requêtes honoraires.

48. A la tête du Conseil d'Etat est placé un président. La présidence a été donnée selon le temps et les régimes, tantôt à un président spécial, tantôt au président du conseil des ministres, tantôt à un ministre spécial, tantôt au vice-président de la République. La loi du 24 mai 1872 l'a attribuée définitivement au garde des sceaux, ministre de la justice (1).

49. Le garde des sceaux préside, quand il y assiste, l'assemblée générale du Conseil d'Etat; il peut également présider les sections administratives, et il y a toujours voix délibérative.

50. Mais il ne peut jamais siéger quand le Conseil prononce en matière contentieuse (2). Le Conseil en ce cas rend de véritables jugements, et le garde des sceaux est écarté comme membre du gouvernement, toujours intéressé aux débats contentieux administratifs.

51. A côté du garde des sceaux, président, se trouve un vice-président, nommé par décret du président de la République. Le vice-président doit être choisi parmi les conseillers d'État en service ordinaire (3).

52. Le vice-président est, en réalité, le véritable président du Conseil d'Etat, le garde des sceaux ne dirigeant que fort rarement, en personne, les débats, soit de l'assemblée générale, soit des sections administratives.

---

(1) L. 24 mai 1872, art. 4.
(2) L. 24 mai 1872, art. 2 et 10.
(3) L. 24 mai 1872, art. 4.

53. Le vice-président préside, en l'absence du garde des sceaux, l'assemblée générale (1). Il peut aussi présider l'assemblée publique du Conseil d'Etat statuant au contentieux (2).

54. Le vice-président peut-il présider soit les sections réunies, soit l'une des sections administratives, soit la section du contentieux statuant en audience non publique ? La question peut être controversée. On fait observer dans le sens de la négative que l'article 2 de la loi du 24 mai 1872 ne donne expressément qu'au garde des sceaux voix délibérative dans toutes les sections administratives; que l'article 10 ne donne qu'à lui le droit de présider toutes les sections en lui refusant toutefois la présidence de la section du contentieux; que la loi du 1er août 1854, en instituant un président de la section du contentieux, ne lui prescrit de céder la présidence de cette section au vice-président que lorsque, réunie aux délégations des sections administratives, elle statue comme assemblée publique du Conseil d'Etat au contentieux; on fait observer également que les articles 10 de la loi du 24 mai 1872 et 4 de celle du 13 juillet 1879 ne font mention, dans la composition de chacune des sections statuant isolément, que des présidents de sections ou des conseillers d'Etat, et n'y comprennent pas le vice-président.

Mais, dans un sens contraire, on fait observer que si les textes paraissent justifier cette opinion, elle est absolument contraire aux déclarations qui ont été faites successivement en 1872 et en 1874, lors de la discussion des lois du 24 mai 1872 et du 1er août 1874. En 1872, on déclarait que le vice-président était institué pour remplacer le garde des sceaux, président, en cas d'empêchement; or, la loi donnait au garde des sceaux la présidence du Conseil et celle des sections administratives.

En 1874, M. Berthauld, rapporteur de la loi, s'exprimait ainsi : « La conséquence de la création d'un président spécial

***

(1) L. 24 mai 1872, art. 4.
(2) L. 1er août 1874, art. 1; — L. 13 juillet 1879, art. 5.

pour la section du contentieux, sera-t-elle de réduire le vice-président à la présidence, en l'absence du garde des sceaux, de l'assemblée générale du Conseil ? On pourrait incliner à le croire, parce que, d'une part, l'article 2 de la loi du 24 mai 1872 ne semble attribuer qu'au garde des sceaux le droit de présider, s'il le juge convenable, les diverses sections du Conseil, et que, d'autre part, l'article 17 de cette loi n'appelle .e vice-président à présider l'assemblée publique du Conseil du contentieux qu'à titre de président de la section du contentieux. La commission, si elle acceptait cette conséquence ou cette interprétation, craindrait d'amoindrir tout à la fois l'importance des fonctions du vice-président et l'autorité du Conseil d'Etat lui-même. La loi du 19 juillet 1845, à laquelle la loi de 1872 a emprunté la combinaison du garde des sceaux, président, et d'un vice-président, donnait à ce vice-président la faculté de présider chacune des diverses sections réunies, lorsque le garde des sceaux ne présidait pas lui-même. La même disposition était écrite dans l'article 5 du décret du 25 janvier 1852. Cette solution nous paraît encore s'imposer aujourd'hui pour les sections administratives. »

L'article 12 du décret du 2 août 1879 a adopté cette solution en attribuant expressément au vice-président du Conseil la présidence des sections réunies,

En ce qui concerne la présidence, soit des sections administratives, soit des sections du contentieux, la question n'a pas reçu de solution de droit ni de fait. Mais il n'est pas d'usage que ces sections soient jamais présidées par le vice-président.

55. Aux termes de l'article 2 de la loi du 24 mai 1872, les ministres ont rang et séance à l'assemblée générale du Conseil d'Etat; et chacun d'eux a voix délibérative, en matière non contentieuse, pour les affaires qui dépendent de son ministère. Les ministres font donc partie du Conseil d'Etat, quoique la loi du 13 juillet 1879 ne mentionne que les conseillers d'Etat, les maîtres des requêtes et les auditeurs.

56. Les ministres ont-ils entrée au Conseil d'Etat en dehors de l'assemblée générale ? Les lois de 1872 et de 1879 sont muettes à cet égard. Mais la pratique du Conseil d'Etat n'a

pas hésité à ouvrir à chacun des ministres la section spéciale à laquelle ressortit son ministère, en lui donnant la voix délibérative à laquelle il a droit en assemblée générale. Cette interprétation se justifie, en effet, par le texte des articles 2 et 14 de la loi du 24 mai 1872. En effet, aux termes du premier de ces articles, les ministres ont voix délibérative, *en matière non contentieuse*, pour les affaires qui dépendent de leur ministère. Ces mots, *en matière non contentieuse*, indiquent évidemment qu'il ne s'agit pas seulement de l'*assemblée générale* du Conseil d'Etat, c'est-à-dire de l'assemblée des sections réunies, puisque l'assemblée générale ne connait jamais des affaires contentieuses, qui sont réservées à l'examen de la *section du contentieux ou de l'assemblée publique du Conseil statuant au contentieux.* En outre, l'article 14 permet au Gouvernement d'appeler à prendre part aux séances de l'assemblée ou des sections, avec voix consultative, les personnes qu'il a jugé utile d'y appeler. Rien n'empêche les ministres de se désigner eux-mêmes, et ils ne peuvent évidemment le faire qu'à la condition d'y figurer avec la voix délibérative que leur attribue l'article 2.

57. Le Conseil d'Etat se compose, aux termes de la loi du 13 juillet 1879, de conseillers d'Etat en service ordinaire, de conseillers d'Etat en service extraordinaire, de maîtres des requêtes, d'auditeurs.

La loi de 1848 et la loi du 24 mai 1872 ne composait le Conseil d'Etat que des conseillers en service ordinaire et de ceux en service extraordinaire. Il plaçait seulement auprès du Conseil les maîtres des requêtes et les auditeurs. Mais cette distinction, admissible en 1848 et en 1872, à cause du mode particulier de nomination des conseillers d'Etat, n'avait plus sa raison d'être en 1879, et n'a pas été maintenue par la loi du 13 juillet. Les maîtres des requêtes et les auditeurs font partie de la compagnie.

58. Un secrétaire général, dirigeant le travail des bureaux, a le rang et le titre de maître des requêtes. Le secrétaire général, comme les maîtres des requêtes, entre donc dans la composition du Conseil. On a cru devoir conférer au secrétaire général le titre et le rang de maître des requêtes, bien qu'il n'en

exerce pas les fonctions, parce que le Conseil ne se composant que de conseillers, de maîtres de requêtes et d'auditeurs, il fallait que tout membre du Conseil se rattachât à une de ces classes (1).

59. Les membres du Conseil d'Etat siègent dans l'ordre du tableau. Le tableau comprend : 1° le vice-président; 2° les présidents de sections; 3° les conseillers d'Etat en service ordinaire; 4° les conseillers d'Etat en service extraordinaire; 5° les maîtres des requêtes; 6° les auditeurs de première classe; 7° les auditeurs de seconde classe (2).

60. Les membres du Conseil d'Etat sont, chacun, inscrits dans la colonne spéciale à leur grade, dans l'ordre de leur nomination. La position hiérarchique ou administrative qu'ils ont pu occuper avant d'entrer au Conseil d'Etat n'a pas d'influence sur leur classement. En effet, ce n'est pas à raison des fonctions qu'ils ont pu remplir qu'ils sont appelés à participer aux travaux du Conseil, mais à raison des considérations personnelles à chacun. Ainsi un amiral peut prendre rang après un capitaine de vaisseau si ce dernier a été nommé avant lui, un inspecteur général des ponts et chaussées après un ingénieur en chef, etc.

61. Par la même raison, l'ordre de nomination, à égalité de date, se règle par le rang qu'occupent les membres nommés dans le libellé du décret de nomination, et non par la position administrative antérieure. Ainsi, l'on voit souvent dans le service extraordinaire un amiral ou un général, nommés le même jour qu'un commissaire ou un intendant, prendre rang après ceux-ci, le décret qui nomme les uns et les autres n'ayant pas observé la hiérarchie réglementaire.

62. Le tableau ne comprend pas les ministres, quoique ceux-ci, ainsi qu'on l'a déjà dit n° 55, fassent partie du Conseil. Cela tient à ce que les ministres ont entrée au Conseil à raison de leur qualité de membres du gouvernement, et que

---

(1) Duvergier, 1845, p. 345, note 2.
(2) D. 2 août 1879, art. 26.

l'ordre des préséances est réglé par des dispositions et des usages particuliers.

63. Les conseillers d'Etat en service ordinaire ou extraordinaire et les maîtres des requêtes, en quittant leurs fonctions, peuvent être nommés conseillers ou maîtres des requêtes honoraires (1). Les conseillers et les maîtres des requêtes honoraires font-ils partie du Conseil ?

Nous n'hésitons pas à nous prononcer pour la négative. L'honorariat n'attribue aucune fonction à celui qui en est revêtu. Donné à titre honorifique à celui qui en est revêtu, il constitue un simple lien de souvenir entre celui-ci et les membres du corps auquel il a appartenu.

64. Les membres du Conseil d'Etat sont répartis entre les diverses sections du Conseil pour être, chacun, attaché à une section déterminée et prendre part à ces travaux. Tous les trois ans, il peut être procédé à une nouvelle répartition des conseillers d'Etat et des maîtres des requêtes entre les diverses sections. Cette répartition est faite par décret du président de la République en ce qui concerne les conseillers d'Etat, et par arrêté du ministre de la justice, sur la proposition du vice-président et des présidents de section, en ce qui concerne les maîtres des requêtes.

En dehors des époques fixées pour le roulement, les conseillers d'Etat ne peuvent être déplacés par décret du président de la République que sur leur demande et de l'avis du vice-président du Conseil d'Etat.

Chaque année, au 15 octobre, le ministre de la justice arrête, sur la même proposition, la répartition des auditeurs entre les sections.

65. Le gouvernement, avons-nous dit plus haut, peut appeler à prendre part aux séances de l'assemblée ou des sections, avec voix consultative, les personnes que leurs connaissances spéciales mettent en mesure d'éclairer la discussion (2). Le gou-

---

(1) L. 24 mai 1872, art. 7.
(2) L. 24 mai 1872, art. 14.

vernement use assez souvent de la faculté qui lui est donnée. D'un autre côté, il est de pratique et de jurisprudence constante au Conseil que l'assemblée générale ou les sections peuvent, d'office, convoquer les fonctionnaires ou les particuliers pour leur demander les éclaircissements dont elles croient avoir besoin. Il est évident que la délégation du gouvernement et la convocation du Conseil ou des sections ne sauraient donner aux fonctionnaires et aux personnes convoqués aucun droit de participer, par leur vote, aux décisions.

De même, la délégation ou la convocation ne sauraient être permanentes; elles doivent être spéciales à une affaire déterminée, et renouvelées chaque fois que le concours du fonctionnaire ou de la personne appelée est jugé nécessaire. Le Gouvernement, pas plus que le Conseil, ne saurait étendre par une délégation ou une convocation permanente le nombre des membres que la loi admet à prendre part d'une façon constante aux délibérations du Conseil d'Etat. Les délégations ainsi faites ont lieu par décret quand le délégué doit assister à l'assemblée générale du Conseil, par arrêté ministériel quand il doit prendre part aux travaux de la section.

SECTION II.

DES CONSEILLERS D'ÉTAT EN SERVICE ORDINAIRE.

66. Le partage des conseillers d'État en service ordinaire et en service extraordinaire a été fait, pour la première fois, par un arrêté du 7 fructidor an VIII; maintenu et érigé en règle par un décret du 11 juin 1806, il n'a cessé depuis lors de subsister sous des noms différents. (Voy. n° 46.)

Les conseillers d'Etat en service ordinaire, avons-nous dit déjà, sont choisis par le gouvernement, *personnellement*, pour prendre part à tous les travaux du Conseil. Leur nombre et le mode de nomination a souvent varié.

La loi du 19 juillet 1845 avait fixé le nombre des conseillers d'Etat à 30; porté à 40 par celle du 3 mars 1849, à 50 par la Constitution de 1852, il a été réduit à 22 par la loi du 24 mai 1872 et reporté à 32 par celle du 13 juillet 1879 (1).

67. Les conseillers d'Etat en service ordinaire exerçant sur toutes les branches des administrations publiques une surveillance générale, et pouvant être appelés à donner au gouvernement, sur toutes questions, des avis motivés, on comprend que leur choix ne soit pas attribué exclusivement à un ministre; aussi la loi exige-t-elle que leur nomination soit délibérée en conseil des ministres et signée par le président de la République (2). En conséquence, les décrets de nomination portent le libellé suivant : *Le Président de la République, sur le rapport du Garde des sceaux, président du Conseil d'Etat, le Conseil des ministres entendu*, etc., est nommé conseiller d'Etat en service ordinaire.

68. Les conseillers d'Etat doivent être âgés de trente ans accomplis. Aucune autre condition n'est déterminée. Sous la Restauration, on exigeait que les conseillers d'Etat fussent ou eussent été revêtus de l'un des titres suivants : maître des requêtes, pair de France, député, ambassadeur ou ministre plénipotentiaire, grand maître de l'Université, archevêque ou évêque, membre de la Cour de cassation, premier président, procureur général ou président à la Cour des comptes, premier président ou procureur général d'une cour royale, officier général des armées de terre ou de mer, directeur général, préfet. On a pensé que l'on ne pouvait pas limiter le choix du Gouvernement et qu'on lui devait laisser la liberté de prendre dans toutes les situations de la vie sociale les hommes les plus aptes à remplir une fonction aussi importante, et ne pas en ouvrir la porte à quelques carrières administratives seules en la fermant à toutes les autres.

69. Mais quoique la loi n'ait pas, en dehors de la condition d'âge, imposé des règles au choix du gouvernement, les

---

(1) L. 13 juillet 1879, art. 1. — Ces trente-deux conseillers sont : le vice-président du conseil, cinq présidents de sections, vingt-six conseillers.

(2) L. 25 février 1875, art. 4

nécessités mêmes du gouvernement et de l'administration ont établi des traditions; et c'est ainsi qu'il a été d'usage, à peu près constant, depuis 1830, de ne prendre les conseillers d'Etat que parmi les maîtres des requêtes, les officiers généraux des armées de terre et de mer, les directeurs généraux et les directeurs d'administrations centrales, les préfets, les inspecteurs généraux et les ingénieurs en chef des mines et des ponts et chaussées, les inspecteurs généraux de l'Université et les anciens membres des assemblées délibérantes. Autant qu'il a été possible, on a toujours cherché à composer le corps des conseillers d'Etat: en premier lieu, d'un groupe d'anciens maîtres des requêtes, qui ont pris, dans leur participation aux travaux du Conseil, cette science juridique et administrative spéciale, indispensable au fonctionnement utile de l'institution, et, en second lieu, d'anciens hauts fonctionnaires et d'anciens officiers généraux, mûris dans la pratique des affaires, choisis successivement dans les diverses branches de l'administration et dans les divers corps de l'armée, de façon à représenter les traditions, les besoins et l'expérience particuliers à chacun des divers services publics.

70. Les conseillers d'Etat, comme tous les fonctionnaires et les magistrats administratifs, peuvent être révoqués de leurs fonctions; mais la loi a voulu que leur révocation fût entourée de certaines garanties. L'inamovibilité ne peut leur appartenir; mais il est de l'intérêt bien entendu du gouvernement et de l'administration de leur assurer une indépendance absolue. Il ne faudrait pas que l'on pût attribuer une mesure aussi grave au caprice ou à l'arbitraire d'un ministre; aussi la loi a-t-elle exigé que leur révocation soit entourée de certaines formes qui amènent la prudence et la réflexion, et a-t-elle demandé qu'un décret individuel soit rendu par le président de la République, sur l'avis du conseil des ministres. Nous ne sachions pas, du reste, qu'un conseiller d'Etat ait jamais été révoqué. Si, à certaines époques et par suite de nécessités politiques telles qu'en ont amené les changements de gouvernement de 1815, de 1830, de 1848, de 1851 et de 1870, ou si par une conséquence des lois de réorganisation du Conseil telles que celles qui sont intervenues

le 24 mai 1872 ou le 13 juillet 1879, une grande partie des conseillers en fonctions ont dû les abandonner pour les céder à de nouveaux conseillers, ces mesures générales, explicables par les circonstances où elles se sont produites, n'ont pas revêtu le caractère disciplinaire, et n'ont pas été considérées comme une mesure pouvant porter atteinte à l'indépendance soit du corps, soit des membres qui le composent.

71. Mais les conseillers d'Etat peuvent être admis à faire valoir leurs droits à la retraite. La mise à la retraite d'un fonctionnaire public n'a, en elle-même, aucun caractère blessant pour la dignité ou l'indépendance de celui qui en est l'objet. La loi, qui n'a point admis de limite d'âge pour la cessation de fonctions des conseillers d'Etat, ne pouvait faire une obligation au gouvernement de conserver les siennes à un individu que l'âge ou les infirmités ont rendu incapable, en fait, de les remplir.

Le conseiller admis à faire valoir ses droits à la retraite ne peut exiger les droits ouverts aux fonctionnaires par la loi du 9 juin 1853; il ne peut se réclamer que des dispositions de celle du 22 août 1790 et du décret du 13 septembre 1806 (1).

72. Sans être révoqué ni mis à la retraite, un conseiller d'Etat peut-il être suspendu? La loi du 24 mai 1872 (art. 3) contient les dispositions suivantes : « Les conseillers d'Etat peuvent être suspendus, pour un temps qui ne pourra pas excéder deux mois, par décret du président de la République, et pendant la durée de la suspension, le conseiller suspendu sera remplacé par le plus ancien maître des requêtes. L'Assemblée nationale est, de plein droit, saisie de l'affaire par le décret qui a prononcé la suspension, à l'expiration du délai; elle maintient ou révoque le conseiller d'Etat. » Cette disposition a été implicitement abrogée, ainsi que l'article tout entier, par l'article 4 de la loi du 25 février 1875, qui donne au président de la République, sous certaines conditions, le droit de révocation seul. Il résulte,

---

(1) L. du 9 juin 1853, art. 32

par suite, de cette abrogation, que le droit disciplinaire de suspension n'existe plus. Un conseiller d'Etat ne peut donc être que révoqué ou mis à la retraite. La seule mesure temporaire qui puisse être prise à son égard est, au cas prévu par l'article 29 du décret du 2 août 1879, la suspension du traitement, ainsi que nous le verrons plus loin.

73. Le traitement de conseiller d'Etat est de 16,000 francs; celui des présidents de section de 18,000, et celui du vice-président de 25,000 francs.

74. C'est parmi les conseillers d'Etat en service ordinaire seuls que peuvent être choisis le vice-président du Conseil d'Etat et les présidents des diverses sections. Ils sont choisis et nommés par décret du président de la République. Le vice-président et les présidents de section, ainsi nommés, ne cessent pas d'être conseillers d'Etat, ainsi que l'établit la combinaison des articles 1 et 4 de la loi du 13 juillet 1879. Cette loi, en effet, compose le Conseil d'Etat de *trente-deux* conseillers d'Etat et les sections de cinq conseillers d'Etat et d'un président, à l'exception de la section du contentieux qui compte six conseillers. Or, les sections étant au nombre de cinq, on en doit déduire que les présidents de section et le vice-président demeurent conseillers d'Etat.

75. Les conseillers d'Etat ne peuvent s'absenter sans un congé donné par le ministre de la justice, après avoir pris l'avis du vice-président et du président de leur section.

Les maîtres des requêtes et les auditeurs ne peuvent s'absenter sans un congé donné par le vice-président, après avoir pris l'avis du président de la section dont ils font partie.

76. Tout conseiller d'Etat, maître des requêtes ou auditeur qui s'absente sans congé, ou qui excède la durée du congé qu'il a obtenu, subit la retenue intégrale de la portion de son traitement afférente au temps pendant lequel a duré son absence non autorisée.

Si l'absence non autorisée dure plus d'un mois, le ministre de la justice en informe le président de la République.

77. L'installation des conseillers d'Etat, comme celle de tous les membres du Conseil, s'opère en assemblée générale du Conseil, par la lecture du décret de nomination et l'inscription de la formalité au procès-verbal de la séance. La participation aux travaux de la section à laquelle le conseiller est attaché a lieu également après lecture du décret ou de l'arrêté, selon les cas, qui a attaché le membre du Conseil à la section déterminée. Il n'y a plus de prestation de serment.

78. Les fonctions communes à tous les conseillers en service ordinaire consistent à opiner dans le Conseil d'Etat, à y voter, à soutenir devant les assemblées parlementaires les projets de loi dans lesquels ils ont été indiqués par le gouvernement comme commissaires. Les premières de ces attributions ne sont inscrites nulle part dans la loi, mais elles résultent de la raison d'être même du Conseil d'État, et par cet argument *à contrario* des textes qui limitent le pouvoir délibératif, dans le sein du conseil, des ministres, des conseillers en service extraordinaire et des maîtres des requêtes. Le dernier résulte des dispositions de l'article 8 de la loi du 24 mai 1872.

79. Le conseiller d'État appelé à soutenir devant les Chambres un projet de loi doit être nominativement désigné : il est nommé par un décret ; il nous paraît qu'il ne pourrait l'être par un simple arrêté ministériel. Quoique créant, en faveur des conseillers d'Etat, un droit particulier, l'article 8 de la loi de 1872 ne fait pas exception aux prescriptions de l'article 6 de la loi constitutionnelle du 16 juillet 1875 sur les rapports des pouvoirs publics, aux termes duquel les ministres qui se font assister, pour la discussion d'un projet de loi déterminé, par un commissaire, le doivent faire désigner par décret du président de la République.

80. L'article 9, ci-dessus visé, a dit que les conseillers d'Etat peuvent être chargés par le gouvernement de soutenir les projets de loi *qui ont été renvoyés à l'examen du Conseil.* Ces derniers mots limitent-ils aux seuls projets discutés en Conseil le droit des conseillers d'être désignés comme com-

missaires? Non. La disposition est énonciative et non limitative. La loi de 1872 a eu simplement pour objet d'indiquer que lorsqu'un projet avait été discuté en Conseil d'Etat, les commissaires du gouvernement chargés d'en soutenir le texte devraient être pris parmi les conseillers d'Etat.

81. Les conseillers d'Etat en service ordinaire participent à toutes les délibérations auxquelles donnent lieu les affaires soumises, soit à l'examen de la section à laquelle ils sont attachés, soit à celui de l'assemblée générale (voy. n°s 244 et suiv.). Lorsque, en vertu des droits que possèdent le gouvernement et les sections de convoquer, pour donner des éclaircissements ou prendre part à une délibération, des personnes compétentes, un conseiller d'Etat étranger à une section y est appelé, ce conseiller siège à son rang d'ancienneté parmi les membres de la section (1).

82. Les conseillers d'État en service ordinaire ont voix délibérative soit dans les sections, soit dans les assemblées du Conseil. Il faut bien s'entendre sur la portée de ces mots : *dans les sections.* Ils ont voix délibérative *s'ils appartiennent à la section*, c'est-à-dire que s'ils ont été appelés dans l'intérieur d'une section dont ils ne font pas partie, afin d'y prendre part à une discussion déterminée, ils n'ont que voix consultative ; mais à l'assemblée générale du Conseil, si l'affaire où ils ont été consultés y est portée, ils ont voix délibérative. Ils ont, en effet, voix délibérative dans toutes les affaires de l'assemblée générale.

83. Mais si, par suite de vacance, d'absence ou d'empêchement d'un ou plusieurs conseillers, une section ne se trouve pas en nombre pour délibérer, un conseiller d'Etat est appelé à compléter la section ; il y siège naturellement avec le droit d'opiner et de délibérer (2).

84. *Nemo concilio tenetur*, dit un vieil adage de droit. Cette disposition n'aurait pas eu besoin d'être écrite dans un

---

(1) L. 13 juillet 1879, art. 4 ; — D. 2 août 1879, art. 26.
(2) D. 2 août 1879, art. 28.

texte de loi, à l'égard des avis émis par les conseillers d'Etat dans le sein des sections ou de l'assemblée générale ; elle l'a été pourtant en termes formels dans un texte de loi encore en vigueur en cette partie : l'article 69 de la Constitution du 22 frimaire an VIII s'exprime ainsi : *Les fonctions des conseillers d'Etat ne donnent lieu à aucune responsabilité.* En inscrivant ainsi cette maxime évidente par elle-même, le législateur n'a cependant pas rédigé une phrase inutile. Il a voulu qu'un texte formel et précis rappelât que l'indépendance est nécessaire à toute assemblée chargée de donner à un gouvernement des conseils souvent contraires à ceux qui étaient attendus et espérés, et que sans cette indépendance, il ne saurait exister d'avis digne de ce nom. Il faut dire, d'ailleurs, que depuis la fondation du Conseil d'Etat, aucun gouvernement et aucun ministère n'ont jamais recherché, même officieusement, un conseiller d'Etat à raison de l'opinion qu'il a pu émettre.

85. En dehors des fonctions générales communes à tous les conseillers d'Etat, certaines lois spéciales et quelques décrets et arrêtés ministériels ont établi que des conseillers d'Etat devraient être désignés pour faire partie de juridictions, de conseils ou de comités particuliers. C'est ainsi que le tribunal des conflits doit comprendre obligatoirement trois conseillers d'Etat élus par le conseil (1) ; la commission du contrôle de la circulation monétaire, un conseiller (2) ; la commission de vérification des frais de service et de négociation du trésor public, deux conseillers (3) ; le bureau de la régie des fondations irlandaises en France, un conseiller (4) ; la commission de surveillance des banques coloniales, un conseiller (5) ; la commission de classement des récidivistes, un conseiller (6), etc.

---

(1) L. 24 mai 1872, art. 25.
(2) L. 31 juillet 1879, art. 4.
(3) D. 31 décembre 1881, art. 2.
(4) D. 22 janvier 1873, art. 3.
(5) L. 11 juillet 1851, art. 13.
(6) D. 20 novembre 1885, art. 7.

86. C'est ainsi également que des conseillers d'Etat doivent obligatoirement faire partie des tribunaux et conseils suivants : conseil des prises, un conseiller (plus deux maîtres des requêtes) (1); commission mixte des travaux publics, quatre conseillers (2); conseil de surveillance de l'assistance publique, un conseiller (ou un maître des requêtes) (3); commission de vérification des comptes des ministres, un ou deux conseillers (4) ; commission de surveillance des comptes d'amortissement et des dépôts et consignations, deux conseillers (5) ; comité consultatif des chemins de fer, six conseillers (6) ; commission chargée d'établir des listes de candidats aux débits de tabacs, deux conseillers (plus un maître des requêtes (7) ; commission de l'inventaire du matériel de l'imprimerie nationale, un conseiller (8); conseil supérieur des Beaux-Arts, un conseiller.

87. C'est ainsi également qu'il est de tradition et d'usage administratifs de faire toujours une place à un ou plusieurs conseillers, dans les conseils et comités suivants : conseil de l'ordre de la Légion d'honneur; comité de législation étrangère; conseil supérieur de l'instruction publique; commission des voyages et missions scientifiques; comité consultatif des épizooties; caisse des offrandes nationales; comité consultatif des arts et manufactures; commission supérieure pour l'aménagement et l'utilisation des eaux; commission supérieure des voies de navigation; commission de classement des anciens sous-officiers proposés pour des emplois civils; conseil supérieur de l'assistance publique; commission supérieure des archives de la marine; comité consultatif d'hygiène publique de France; commission des monuments historiques, deux conseillers ; commission de l'inventaire général des ri-

---

(1) D. 9 mai 1859.
(2) L. 7 avril 1851; — D. 16 août 1853.
(3) L. 10 janvier 1849; — L. 21 mai 1873.
(4) D. 31 mai 1862, art. 192.
(5) L. 6 avril 1876, art. 2.
(6) D. 24 novembre 1880.
(7) D. 28 novembre 1873.
(8) Ord. 12 janvier 1820; — D. 1ᵉʳ septembre 1856.

chesses d'art de la France, deux conseillers ; conseil supérieur des prisons, trois conseillers (1) ; comité du contentieux du ministère de la marine et des colonies, deux conseillers (2) ; comité du contentieux des affaires étrangères, trois conseillers (3) ; comité consultatif des protectorats, un conseiller (4) ; commission supérieure de l'établissement des invalides de la marine, un conseiller (5) ; conseil supérieur des colonies, deux conseillers (6) ; conseil supérieur de statistique, un conseiller (7) ; commission de la caisse des retraites pour la vieillesse, deux conseillers (8).

88. Les fonctions de conseiller d'Etat, sous l'empire de la loi de 1845 et du 24 mai 1872 étaient incompatibles avec toute fonction publique. Cette interdiction n'avait pas seulement pour objet de les consacrer tout entiers à des fonctions difficiles ; on voulait ainsi les isoler des affaires, afin de donner à leurs délibérations, libres de toute préoccupation et de toute influence, un haut caractère d'indépendance et d'impartialité. La loi de 1879 n'a pas admis ce système. A cette époque, le gouvernement a réclamé le droit de conférer à des membres du conseil en service ordinaire des fonctions actives sans perdre ni leur rang, ni leurs titres, ni leurs droits au sein du conseil. Il voulait ainsi avoir la faculté de confier des missions temporaires ou des fonctions importantes à des hommes ayant une situation acquise, un titre considérable et l'expérience des choses du gouvernement. Mais le droit de déléguer des fonctions publiques à des membres du conseil est subordonné à trois conditions (9) : la première, c'est que la délégation ne dure pas plus de trois ans ; la seconde, que le délégué appartienne depuis trois ans au moins au

---

(1) D. 3-4 novembre, 9 décembre 1875, art. 2.
(2) Arr. min. mar., 29 mars 1865; 18 février, 9 mai 1874; 16 octobre 1879.
(3) D. 17 avril 1882.
(4) D. 26-27 mars 1886.
(5) D. 8-10 mars 1887, art. 2.
(6) D. 19 octobre 1883, art. 2.
(7) D. 19 févier; 31 mars 1846, art. 3.
(8) L. 20-21 juillet 1886, art. 2.
(9) L. 13 juillet 1879, art. 3.

conseil (1) : la troisième, c'est que le nombre des membres du conseil ainsi détachés n'excède pas le cinquième du nombre des conseillers, des maîtres des requêtes et des auditeurs.

89. La délégation d'une fonction publique à un membre du Conseil emporte pour celui-ci deux conséquences : la première, qu'il ne peut cumuler les traitements (2) ; la seconde, qu'il ne peut prendre part aux travaux du Conseil que dans les conditions prévues pour les conseillers en service extraordinaire (3).

90. Lorsque la délégation dure plus de trois années, le membre du Conseil délégué doit être remplacé dans le service ordinaire : il peut être nommé conseiller ou maître des requêtes honoraire (4).

91. Mais si les fonctions de conseiller sont, sauf l'exception que nous venons d'indiquer, incompatibles avec toutes fonctions publiques, certains fonctionnaires peuvent être nommés membres du Conseil d'Etat, tout en conservant, non leurs fonctions, mais le grade ou la situation administrative qu'ils occupaient au moment de leur nomination. Ainsi, les officiers généraux ou supérieurs de l'armée de terre ou de mer, les ingénieurs et inspecteurs des ponts et chaussées, des mines et de la marine, les professeurs de l'enseignement supérieur peuvent être détachés au Conseil d'Etat. Ils conservent, pendant la durée de leurs fonctions, les droits attribués à leurs positions, mais ils ne peuvent cumuler leurs traitements avec celui du Conseil d'Etat (5). Cette disposition, tout à fait exceptionnelle, n'a été introduite dans la loi que pour ne pas porter atteinte à la position d'hommes émi-

---

(1) Le titre auquel le membre délégué a appartenu au conseil importe peu : un conseiller d'Etat en service ordinaire, par exemple, peut joindre à ses services, à titre ordinaire, ceux qu'il a pu avoir à titre extraordinaire ou comme maître des requêtes.
(2) L. 13 juillet 1879, art. 3.
(3) D. 2 août 1879, art. 3.
(4) L. 13 juillet 1879, art. 3.
(5) L. 24 mai 1872 art. 7.

nents qui avaient conquis la propriété de leur grade comme les officiers supérieurs de terre et de mer, ou obtenu leur situation administrative à la suite de concours difficiles ou après des services longs et obtenus hiérarchiquement, comme les ingénieurs de l'Etat ou les professeurs des facultés : on ne saurait donc admettre aucune autre exception à la règle que celles qui ont été expressément édictées.

92. Les lois électorales sur les élections du Sénat et sur celles de la Chambre des députés ne permettent pas de cumuler les fonctions de membre du Conseil d'Etat avec le mandat de sénateur ou de député, mais la même prohibition n'existe pas à l'égard du mandat de conseiller général, de conseiller d'arrondissement, de conseiller municipal ou de maire et d'adjoint (1).

93. Rien ne dit dans la loi ou la Constitution que les fonctions de conseiller d'Etat soient incompatibles avec la situation de ministre. Cependant, cette incompatibilité résulte de la force des choses, de la responsabilité parlementaire des ministres, comme de la nature même des travaux des conseillers d'Etat. En fait, d'ailleurs, cette incompatibilité a toujours été reconnue, et, lorsque des ministres ont été choisis parmi les conseillers d'Etat, le gouvernement a toujours considéré qu'il y avait lieu de les remplacer comme conseillers d'Etat (2).

94. Mais cette incompatibilité naturelle de fonctions n'existe pas pour la position de sous-secrétaire d'Etat. Les sous-secrétaires d'Etat sont de quasi-ministres, mais leurs fonctions ne sont pas prévues par les lois ou la Constitution, leurs attributions ne sont déterminées nulle part. Ils ont celles que chaque ministre leur abandonne. Ils ne sont pas responsables

---

(1) L. 2 août 1875, art. 20; — L. 30 novembre 1875, art. 8 et 11 : — L. 10 août 1871, art. 10; — L. 30 juillet 1874, art. 3; — L. 5 avril 1884, art. 33 et 34.

(2) Sans remonter aux lois antérieures à 1872, nous pouvons citer des précédents de M. Goujard, nommé ministre de la marine, le 14 novembre 1881; — M. Flourens, nommé ministre des affaires étrangères, le 13 décembre 1886.

parlementairement. Ce sont donc de simples fonctionnaires publics associés seulement directement à la gestion et à la fortune politique du ministre titulaire. Rien ne s'oppose donc à ce que, aux termes de l'article 3 de la loi du 13 juillet 1879, des conseillers d'Etat soient délégués comme sous-secrétaires d'Etat.

95. Les fonctions de conseiller d'Etat et de maitre des requêtes sont incompatibles avec celles d'administrateur de toute compagnie privilégiée ou subventionnée, dit l'article 7 de la loi du 24 mai 1872. Cette prohibition se comprend facilement; la loi n'a pas voulu qu'un membre du Conseil pût administrer une compagnie, tels qu'un chemin de fer ou une entreprise de transports subventionnés, dont il pourrait avoir à apprécier les contrats comme juge ou à examiner les statuts comme administrateur. Que la compagnie subventionnée ou privilégiée soit civile ou commerciale, il n'importe, la loi ne distingue pas.

Mais la disposition de l'article 7 ne crée qu'un empêchement légal; il nous parait, en outre, qu'un membre du Conseil d'Etat ne saurait participer, comme membre d'un conseil d'administration ou d'un conseil de surveillance, aux opérations d'une société commerciale anonyme ou en commandite. A plus forte raison, il ne saurait faire partie d'une société commerciale en nom collectif. A défaut de texte juridique, il y a obstacle moral dans le caractère commercial des opérations. Un membre du Conseil ne saurait évidemment s'exposer à être déclaré en état de faillite, ou à être traduit devant les tribunaux de commerce ou de police correctionnelle à raison des responsabilités qui peuvent être encourues dans la gestion d'une société anonyme ou en commandite.

96. L'importance des fonctions des conseillers d'État, la haute situation qu'ils occupent dans l'ordre gouvernemental et administratif leur ont fait attribuer par les lois un certain nombre de droits ou de privilèges, desquels nous devons dire un mot. Nous glisserons rapidement sur ceux qui n'ont qu'un caractère honorifique et qui ne présentent qu'un intérêt relatif. Ces droits honorifiques varient suivant que le conseiller d'Etat se trouve dans la ville où se

trouve le Conseil d'Etat ou dans une autre ville, et selon qu'il est ou non en mission officielle. Ils peuvent être exigés par le conseiller d'Etat, mais, par une coutume de la compagnie, il est d'usage que les conseillers d'Etat dispensent qu'on les leur rende. Et il n'y a guère qu'aux services funèbres que l'on voit déployer l'appareil prévu par les lois et les règlements sur la matière.

97. Les droits non honorifiques sont de plusieurs sortes : ils ont été accordés aux conseillers d'Etat par les lois civiles, criminelles et politiques.

98. Le premier de ces droits est celui qui résulte des dispositions de l'article 428 du Code civil. Les conseillers d'Etat sont dispensés de l'obligation d'être tuteurs : ils sont dispensés de l'obligation, disons-nous, mais cette dispense est, on le sait, volontaire et facultative, c'est-à-dire qu'elle ne doit être admise que si elle est réclamée par le conseiller d'Etat.

99. Les conseillers d'Etat sont également dispensés de l'obligation d'être jurés en matière criminelle (1). Le privilège de dispense revêt ici le caractère de l'incompatibilité. La dispense ou l'incompatibilité s'étend aussi aux fonctions de juré en matière civile : elle n'est pas inscrite expressément dans l'article 29 de la loi du 3 mai 1841, mais on sait que les auteurs et la jurisprudence sont d'accord pour étendre au jury d'expropriation les dispositions de la loi criminelle relatives au jury d'assises.

100. Un droit important du président du Conseil d'Etat et des conseillers d'Etat chargés d'une partie dans l'administration publique est de ne pouvoir être astreint, lorsque leur témoignage est requis soit en matière civile, soit en matière criminelle, à se transporter devant un tribunal autre que celui du lieu où ils résident. Leur témoignage doit être, en ce cas, reçu par écrit par un juge du tribunal de leur résidence et transmis, dûment scellé et cacheté, au greffe du tribunal requérant.

---

(1) L. 21 novembre 1872, art. 3.

La déclaration reçue doit être lue publiquement (1). Cette disposition a pour objet de ne pas permettre de distraire de la direction du service public auquel il est attaché le membre du Conseil dont le témoignage est demandé.

101. Lorsque le conseiller d'Etat est tenu de déposer devant le tribunal du lieu de sa résidence, son témoignage doit être reçu selon certaines formes : le conseiller doit être reçu à la porte principale du palais de justice, introduit dans le parquet et placé sur un siège particulier; il doit être reconduit de la même manière.

102. Dans les villes où ils ont leur résidence, les présidents du Conseil d'Etat et les conseillers chargés d'un service public peuvent se refuser à témoigner devant le tribunal, sous la condition de déclarer qu'ils sont empêchés par la nécessité du service. Leur témoignage est, en ce cas, reçu en leur domicile, aux jours et heures arrêtés d'accord avec le juge chargé de le recevoir.

103. Les conseillers d'Etat sont-ils protégés contre les attaques inconsidérées des parties par des dispositions particulières de nos lois ? La question est fort délicate. Les membres du Conseil d'Etat n'ont jamais été au nombre des fonctionnaires auxquels s'appliquait autrefois l'article 75 de la constitution de l'an vIII; ils n'ont jamais été compris par les textes parmi les magistrats de l'ordre judiciaire couverts par les articles 479 et 482 du Code d'instruction criminelle. Ils ont toujours été assimilés par les lois constitutionnelles aux membres du Sénat et de la Chambre des pairs, ou de la Chambre des députés. L'article 70 de la constitution du 22 frimaire an VIII s'exprime ainsi : « Les délits personnels emportant peine afflictive ou infamante commise par un membre soit du Sénat, soit du tribunat, soit du Corps législatif, soit du Conseil d'Etat sont poursuivis devant les tribunaux ordinaires, après qu'une délibération du corps auquel le prévenu appartient a autorisé

---

(1) L. 20 thermidor an IV; — C. Ins. crim., art. 304; — D. 4 mai 1812.

cette poursuite. » Cette disposition n'a jamais été abrogée expressément. Subsiste-t-elle encore ? La question ne peut s'élever à l'égard du tribunat qui a disparu à la chute de l'Empire, du Sénat et du Corps législatif qui n'ont point été remplacés par le Sénat et la Chambre des députés actuels : en outre, les lois constitutionnelles de la République ont établi à l'égard des membres de ces deux assemblées des garanties particulières qui forment la législation actuelle à leur égard et qui les protègent efficacement. Mais en ce qui concerne le Conseil d'Etat, la question est infiniment plus douteuse. D'une part, en effet, le Conseil d'Etat n'a jamais cessé d'exister, et, d'autre part, toutes les lois, toutes les constitutions postérieures à la constitution du 22 frimaire an VIII ont gardé le silence sur la mise en jugement de ses membres. En outre, l'article 121 du Code pénal de 1832, Code pénal en vigueur, déclare coupables de forfaiture les magistrats qui ont provoqué, donné ou signé une ordonnance ou un mandat tendant à la poursuite personnelle ou accusation d'un membre du Conseil d'Etat, sans les autorisations prescrites par les lois de l'Etat. L'affirmative à ne prendre que les textes semble donc certaine (1). Mais en 1870, est intervenu le décret du 19 septembre qui, abrogeant l'article 75 de la Constitution de l'an VIII, déclare abrogées également toutes autres dispositions des lois générales ou spéciales ayant pour objet d'autoriser les poursuites dirigées contre les fonctionnaires publics de tout ordre. Si les conseillers d'Etat étaient des fonctionnaires, le décret du 19 septembre ne laisserait pas d'incertitude. Mais nous l'avons dit, les membres du Conseil d'Etat n'ont pas été assimilés à des fonctionnaires, dans le sens propre de ce mot ; et la Cour de cassation par une jurisprudence aujourd'hui bien établie, a décidé que le décret de 1870 ne s'appliquait pas aux magistrats. Peut-on dire, dès lors, qu'il se réfère aux membres du Conseil d'Etat, c'est-à-dire aux membres du

---

(1) En ce sens, Dalloz, *Rép.* v° MISE EN JUGEMENT, n° 27 ; — Mangin, *Action publique,* n° 244 ; — Faustin Hélie, *Instruction criminelle*, p. 243 et suiv.

troisième grand corps d'Etat. Ainsi que le dit un avis du 14 germinal an VIII, le Conseil de l'Etat est placé par la Constitution à côté du gouvernement, considéré comme pouvoir exécutif: il en est l'instrument nécessaire, en considérant le gouvernement comme ayant l'initiative et la proposition des lois, et comme faisant à cet égard partie intégrante du pouvoir législatif.

La question, du reste, n'a point encore été examinée par les tribunaux : aucun membre du Conseil d'Etat, en exercice de fonctions, n'ayant, depuis l'an VIII, été l'objet de poursuites criminelles ou correctionnelles.

104. En matière civile, et contre des instances civiles, les conseillers d'Etat n'ont aucune garantie constitutionnelle ; ils peuvent être assignés directement, sauf, si le fait à raison duquel le procès est engagé, constitue un acte administratif, à exiger que le préfet élève le conflit. Mais, en tous cas, quel que soit le cours du litige, les conseillers d'Etat sont compris au nombre des hauts fonctionnaires et des magistrats que la chancellerie, en vertu du pouvoir disciplinaire qu'elle exerce sur les officiers ministériels, ne permet pas de mettre en cause, sans un avertissement préalable officieux adressé à eux et au chef de la compagnie ou du corps auquel ils sont attachés. Ce n'est pas pour créer un privilège que cette disposition réglementaire a été prise, mais afin d'éviter des instances dont le scandale pourrait rejaillir sur la compagnie ou le corps lui-même. Si les particuliers ont toujours le droit d'engager telle action qu'ils jugent convenable d'intenter contre tout haut magistrat ou fonctionnaire, les officiers ministériels ne sont tenus de prêter leur concours que lorsqu'ils ont été commis régulièrement à cet effet : ils ont la faculté, et dès lors, la discipline judiciaire veut qu'ils aient le devoir, lorsque cette commission d'office n'est pas intervenue d'en référer préalablement au haut magistrat, ou au haut fonctionnaire menacé et aux supérieurs hiérarchiques de celui-ci s'il en a.

105. Les conseillers d'Etat peuvent porter un uniforme qui a été déterminé.

Ils peuvent également porter des insignes dont la forme a été arrêtée par décret.

SECTION III.

DES CONSEILLERS D'ÉTAT EN SERVICE EXTRAORDINAIRE.

106. Nous avons expliqué plus haut, n° 45 et suiv., en quoi consistait ce que l'on nomme le service extraordinaire. Celui-ci ne comprend que des conseillers d'Etat.

Leur nombre, fixé par la loi du 24 mai 1872, à quinze, a été élevé, par celle du 13 juillet 1879, à dix-huit.

Ils sont nommés par décret du Président de la République.

107. Les conseillers en service extraordinaire sont choisis à raison de leur situation administrative; ce sont des chefs des administrations centrales; ils perdent donc leur titre de plein droit, dès qu'ils cessent d'appartenir à l'administration active (1). Ils ne le perdent pas cependant lorsqu'ils changent simplement de situation active (2).

108. Ils doivent être âgés de plus de trente années. L'article 6 de la loi du 24 mai 1872 ne distingue pas, en effet, entre le service extraordinaire et le service ordinaire.

109. Les conseillers d'État en service extraordinaire sont choisis, avons-nous dit, en raison de leurs fonctions administratives actives. Dans presque tous les ministères on nomme les titulaires de directions déterminées : et il en devrait toujours être ainsi. Malheureusement des questions personnelles, des revendications motivées par des considérations d'amour-propre ont trop souvent arraché à la faiblesse gouvernemen-

---

(1) L. 24 mai 1872, art. 5.
(2) M. Camescasse, directeur des affaires communales et départementales, nommé préfet de police n'a pas cessé d'être conseiller d'Etat en service extraordinaire; il en a été de même de M. Pallain, directeur au ministère des finances, nommé directeur général des douanes.

tale des nominations qui n'étaient pas justifiées par l'importance ou la nature des services dirigés par les fonctionnaires désignés. Les conseillers en service extraordinaire sont les porte-paroles et les représentants ordinaires des ministres et des administrations civiles au Conseil d'État, on devrait donc ne prendre que les chefs de services dont les affaires ont coutume d'être soumises à l'examen du Conseil d'État, ou en faveur desquels une supériorité administrative aurait été établie par les ordres du ministre (1).

150. Le service extraordinaire donne incontestablement aux titulaires qui sont choisis, une suprématie honorifique et effective sur les autres chefs des services du même ministère. Les conseillers prennent rang, en effet, à ce titre, après les conseillers d'État en service ordinaire, et jouissent de tous les droits et privilèges honorifiques de ces derniers. En outre, ils représentent le ministère auquel ils appartiennent devant le Conseil d'État, et peuvent seuls prendre part aux votes émis, à l'exclusion des fonctionnaires qui peuvent avoir été délégués par le Ministre ou le Président de la République pour soutenir un projet déterminé.

---

(1) Si l'on suit les traditions du Conseil et celles des ministères, abstraction faite des nominations occasionnelles ou personnelles qui ont pu se produire, voici quels sont les chefs de service le plus souvent titulaires.

Dans tous les ministères le secrétaire général quand cette fonction a été établie.

Justice : Affaires civiles.

Intérieur : Administration communale et départementale, Assistance publique, Cultes.

Instruction publique : Enseignement primaire et enseignement secondaire.

Finances : Enregistrement et Domaines, Douanes, Contributions indirectes, Contributions directes, Comptabilité générale, Mouvement de Fonds.

Agriculture : Agriculture, Forêts.

Commerce : Commerce, Intérieur, Postes, Colonies.

Travaux publics : Chemins de fer, Routes, Navigation et Mines.

Affaires étrangères : Service politique.

Guerre : État-Major, Comptabilité générale et Contrôle.

Marine : Comptabilité générale et Contrôle.

Ces services sont, on le voit, au nombre de plus de dix-huit. C'est au gouvernement qu'il appartient de faire le choix

111. Le droit de vote des conseillers d'État en service extraordinaire s'étend à toutes les affaires dépendant des départements ministériels auquel ils appartiennent, mais ils n'ont que voix consultative dans les autres (1).

112. Il importe de bien remarquer que le législateur qui a donné droit de vote aux membres du service extraordinaire, non seulement dans les affaires concernant le service, mais dans toutes les affaires *dépendant* du ministère auquel ils appartiennent, n'a pas voulu cependant leur donner droit de vote dans toutes les affaires qui *intéressent* le ministère. Pour qu'une affaire soumise au conseil soit considérée comme *dépendant* d'un ministère, il est nécessaire qu'elle ait été envoyée par le ministre titulaire, ou si elle est connexe à plusieurs ministères, que les titulaires des divers ministères se soient associés dans la résolution d'en envoyer l'examen au conseil : un simple avis émis au cours d'une instruction ne saurait suffire. La question est d'ailleurs fort délicate, et ne peut être résolue dans chaque espèce, que par l'étude de l'affaire à examiner et des pièces qui s'y réfèrent : elle donne lieu dans la pratique à des difficultés sérieuses.

113. Les conseillers d'Etat en service extraordinaire ont-ils les mêmes droits et les mêmes privilèges que les conseillers d'Etat en service ordinaire ? L'affirmative ne nous semble pas douteuse. Entre les conseillers d'Etat du service ordinaire et du service extraordinaire, il n'y a de différences que celles qui sont établies par la loi de l'institution du service extraordinaire, c'est-à-dire celles qui sont relatives à la nomination, à la cessation des fonctions, au droit limité de vote et à la répartition en sections. Mais l'arrêté du 7 fructidor an VIII, qui a créé le service extraordinaire, a donné aux uns et aux autres même titre, même costume, mêmes prérogatives, mêmes garanties. Et la loi du 24 mai 1872, comme celle du 13 juillet 1879, compose le Conseil d'Etat « comme conseillers de conseillers d'Etat en service ordinaire et de conseillers d'Etat en service extraordinaire. »

---

(1) L. 24 mai 1872, art 11.

SECTION IV.

DES MAITRES DES REQUÊTES.

114. Les maîtres des requêtes sont, après les conseillers d'Etat, les principaux fonctionnaires du service ordinaire. Leur titre, qui vient de ce que jadis ils étaient tout à la fois chargés de rapporter les requêtes adressées au roi, dans le sein du Conseil, et de ce qu'ils exerçaient la juridiction spéciale dite des requêtes de l'hôtel, ne représente plus aujourd'hui qu'un souvenir de l'ancien régime, souvenir un instant redevenu vivant sous le premier Empire, lorsqu'ils faisaient le rapport, devant la juridiction du contentieux, des requêtes en pourvoi déposées par les parties.

115. Quoique, d'après les traditions et les usages du Conseil d'Etat, tous les membres, à l'exception de ceux du service extraordinaire, soient rapporteurs des affaires soumises aux délibérations, selon la répartition qui en est faite par le vice-président ou les présidents de section, on peut dire des maitres de requètes qu'ils sont les rapporteurs ordinaires. C'est, en effet, à leurs soins qu'est confiée l'étude du plus grand nombre de dossiers, et surtout celle des affaires longues et chargées de détail, les affaires les plus délicates et les plus difficiles étant seules réservées aux conseillers, et les affaires plus simples ou de pure forme aux jeunes auditeurs.

116. Les maitres des requêtes sont nommés par décret sur la proposition du garde des sceaux. Ils sont au nombre de trente. Quoique la loi n'exige pas que leur nomination soit délibérée en conseil des ministres, il est de tradition que le ministre de la justice fasse, préalablement à la signature du décret, connaitre son choix au conseil des ministres et provoque les observations de ses collègues. Cette pratique s'explique par ce fait que si la direction des travaux du Conseil appartient principalement au ministre de la justice, toutes les administrations sont, en fait, intéressées au bon fonctionnement de toutes les sections, tant administratives que contentieuses.

117. La même raison a fait décider par le législateur que la nomination d'un maitre des requêtes ne pourrait jamais avoir lieu qu'après examen des candidatures et présentation par le vice-président et les présidents de section. Les présentations de candidats sont généralement au nombre de trois par place vacante, et il est bien rarement arrivé, en fait, que le décret de nomination n'ait pas été conforme aux propositions établies ainsi par le bureau du Conseil.

118. Nul ne peut être appelé aux fonctions de maitre des requêtes s'il n'est âgé de vingt-sept ans (1).

119. Les officiers généraux ou supérieurs de l'armée de terre ou de mer, les inspecteurs et ingénieurs des ponts et chaussées, des mines, de la marine, les professeurs de l'enseignement supérieur peuvent être détachés au Conseil comme maitres des requêtes. Si l'officier ou le professeur nommés maitres des requêtes ne sont pas, le premier officier *supérieur* et le second professeur de l'enseignement *supérieur*, la nomination emporte démission de l'officier ou du professeur de ses fonctions militaires ou universitaires (2).

120. Le tiers au moins des places de maitres des requêtes est réservé aux auditeurs de première classe (3).

121. Le traitement des maitres des requêtes est de 8,000 francs. Il ne peut être cumulé avec aucun autre traitement, mais il peut l'être avec les simples indemnités pour travaux subsidiaires.

122. Les maitres des requêtes ne peuvent être révoqués que par un décret individuel. Ce décret ne doit pas être délibéré en conseil des ministres ; mais l'article 5 de la loi du 24 mai

---

(1) L. 24 mai 1872, art. 6.
(2) L. 24 mai 1872, art. 7.
(3) L. 24 mai 1872, art. 5.

1872 exige qu'il ne soit rendu qu'après que le garde des sceaux a pris l'avis des présidents de section du Conseil (1).

123. Les maîtres des requêtes ont voix délibérative dans toutes les affaires dont le rapport leur est confié ; ils ont voix consultative dans toutes les autres, que l'affaire soit délibérée en assemblée générale du Conseil ou en section.

124. A l'assemblée générale du contentieux, où un arrêt de partage ne saurait intervenir, et où, à cet effet, les membres ayant voix délibérative doivent toujours être en nombre impair, il est d'usage, lorsqu'un maître des requêtes est rapporteur, que le dernier conseiller nommé s'abstienne si, par sa présence, le nombre des juges présents se trouvait être pair.

125. Dans les sections du contentieux, lorsque le nombre des juges, y compris le rapporteur, est pair, on appelle pour départager le plus ancien des maîtres des requêtes présents à la séance (2).

126. Les maîtres des requêtes, comme les conseillers, font partie d'un certain nombre de commissions et de conseils établis près des administrations générales (voy. *suprà*, n° 85 et suiv.). En outre, l'usage s'est établi de confier à des maîtres des requêtes l'importante fonction d'enseigner le droit administratif à l'Ecole des ponts et chaussées et de prendre parmi eux au moins un des commissaires généraux chargés de surveiller la gestion financière des compagnies de chemin de fer. Il n'y a lieu que de se féliciter de ces mesures qui surchargent bien des hommes déjà accablés de travaux, mais qui assurent que des missions essentiellement difficiles et délicates seront remplies par des fonctionnaires familiers avec les difficultés juridiques et économiques.

127. Les incompatibilités de fonctions et de situations établies à l'égard des conseillers d'Etat s'appliquent toutes aux maîtres des requêtes : ceux-ci ne peuvent donc être ni séna-

---

(1) L. 24 mai 1872, art. 11.
(2) L. 24 mai 1872, art. 15 ; — D. 12 novembre 1888, art. 6.

teurs, ni députés, ni administrateurs de toute compagnie privilégiée ou subventionnée (voy. *suprà*, n° 95). Mais ils peuvent être délégués à des fonctions publiques, sans perdre leur rang au Conseil, pendant trois ans, sous la double condition qu'ils appartiennent au Conseil depuis trois ans et qu'un cinquième du nombre des maîtres des requêtes n'ait été déjà délégué (1).

128. Les maîtres des requêtes peuvent-ils être dispensés de la tutelle, aux termes de l'article 427 du Code civil ? Les motifs qui ont fait dispenser les conseillers d'Etat s'appliquent évidemment à leurs collaborateurs habituels, et il est fort probable que si le titre de la tutelle avait été délibéré après 1806, au lieu de l'être en 1803, le texte eût contenu une disposition plus générale. Mais les dispenses de tutelle doivent être rigoureusement limitées aux cas prévus par la loi, et l'article 427 ne s'appliquant qu'aux personnes désignées dans le titre IX de l'arrêté du 18 mai 1804 et ce titre ne visant que des conseillers d'Etat, il nous paraît qu'il n'y a lieu d'appliquer l'article 427 ni aux maîtres des requêtes ni aux auditeurs.

Il en est de même de la disposition de l'article 514 du Code d'instruction criminelle, statuant sur le mode de réception des témoignages des conseillers d'Etat chargés d'une administration publique.

129. En quittant leurs fonctions, les maîtres des requêtes peuvent être nommés conseillers ou maîtres des requêtes honoraires (2).

130. L'uniforme et les insignes des maîtres des requêtes ont été déterminés par les mêmes actes que ceux des conseillers d'Etat.

131. Le secrétaire général du Conseil d'Etat a rang et titre de maître des requêtes : mais il n'est point compris au nombre des trente maîtres des requêtes qui font partie du

---

(1) L. 13 juillet 1879, art. 3.
(2) L. 13 juillet 1879, art. 3.

Conseil d'Etat, aux termes de la loi du 13 juillet 1879. Il est nommé par le Président de la République, après la présentation des présidents de section ; il ne peut être révoqué que sur l'avis des présidents. Il est chargé de diriger les travaux des bureaux du Conseil, de tenir la plume aux assemblées générales, de signer et certifier les expéditions des actes et avis du Conseil, sauf en matière contentieuse (1).

SECTION V.

DES AUDITEURS.

132. L'auditorat au Conseil d'Etat a été établi dans un double but. C'est la pépinière où se forment les maitres des requêtes, et, d'un autre côté, c'est une école d'administration pour les agents et fonctionnaires des services actifs. Ils sont donc associés à tous les travaux du Conseil d'Etat et doivent assister à toutes les délibérations soit générales, soit de section.

Sous le premier Empire, les auditeurs servaient, en outre, de moyens de communication entre le ministre et le Conseil d'Etat. Ils étaient chargés de développer près des sections les motifs des projets de loi, des règlements, des décrets, des demandes d'avis, etc., que le gouvernement soumettait à l'examen du Conseil. D'un autre côté, ils étaient les intermédiaires chargés par les sections et les conseillers d'Etat de procurer les documents et renseignements nécessaires aux rapports des affaires, et, à cet effet, toutes les administrations publiques avaient ordre de fournir toutes communications exigées. Ce service, dit M. Locré, se faisait de la manière suivante. Lorsque le ministre présentait un rapport à l'Empereur, il indiquait à la marge le nom de l'auditeur qu'il avait chargé de remplir les fonctions dont il vient d'être parlé. Quand le rapport était renvoyé au Conseil d'Etat, le président

---

(1) L. 24 mai 1872, art. 5 ; — D. 2 août 1879, art. 6.

de la section qui en était saisie faisait appel, pour le jour où il devait être discuté, à l'auditeur chargé d'en développer les motifs.

Ces traditions sont oubliées, et les auditeurs ne servent plus de truchements aux ministres que lorsque ceux-ci les choisissent comme leur chef de cabinet, fait qui malheureusement n'est pas assez fréquent, car il est certain que les auditeurs sont, par leur éducation juridique, administrative et politique, spécialement aptes à remplir ces fonctions délicates et de confiance.

133. L'auditorat est divisé en deux classes. La première classe compte douze membres, et la seconde vingt-quatre (1).

134. Les auditeurs sont associés, avons-nous dit, à tous les travaux du Conseil. Ils sont rapporteurs d'affaires dont l'étude leur est confiée, et ils ont, en ce cas, voix délibérative dans les sections. Ils ont, en outre, voix consultative dans les sections dans toutes les autres affaires. Ils n'ont pas voix délibérative en assemblée générale du Conseil ou à l'assemblée du contentieux, même dans les affaires dans lesquelles ils ont été rapporteurs de sections. Mais ils ont toujours voix consultative dans ces dernières (2). Les auditeurs de première et de seconde classe ont les mêmes occupations et jouissent des mêmes droits.

135. Les auditeurs de première classe sont choisis parmi ceux de seconde classe, ou parmi les anciens auditeurs sortis du Conseil qui comptent quatre années d'exercice, soit de leurs fonctions, soit des fonctions publiques auxquelles ils ont été appelés (3).

Sous l'empire de la loi du 24 mai 1872, les auditeurs de première classe étaient nommés au concours. Cette mesure n'avait pas donné de bons résultats. Les seuls candidats admis à concourir pour ce poste étaient les auditeurs de seconde classe. Dès lors, à quoi bon les soumettre à un exa-

---

(1) L. 13 juillet 1879, art. 1.
(2) L. 24 mai 1872, art. 11.
(3) L. 13 juillet 1879, art. 2.

men spécial? L'exercice même de leurs fonctions est un examen permanent, un concours perpétuel. Leurs juges étaient les conseillers d'Etat: or, ces derniers sont également les juges permanents du mérite de leurs collaborateurs qu'ils voient chaque jour à l'œuvre. Le concours était inutile si l'on ne tenait pas compte des hasards de l'examen: il était injuste, si l'on n'appréciait que les résultats donnés au jour solennel de l'épreuve.

136. Les auditeurs de première classe sont nommés par décret du Président de la République, sur la présentation du vice-président du Conseil et des vice-présidents de section.

137. Sous l'empire de la loi du 24 mai 1872, nul auditeur de seconde classe ne pouvait être nommé auditeur de première classe s'il avait plus de trente années et moins de vingt-cinq. Ces deux conditions ont été modifiées, la première par une loi du 1er juillet 1887 qui a porté le maximum d'âge à trente-trois années qui sont comptées à partir du 1er janvier de l'année de leur nomination, la seconde par une loi du 1er août 1874 qui a supprimé le minimum.

138. Le traitement des auditeurs de 1re classe est de la moitié de celui des maîtres des requêtes, c'est-à-dire actuellement de quatre mille francs (1).

139. Les auditeurs portent officiellement des insignes semblables à ceux des maîtres des requêtes.

140. Les auditeurs qui ont huit années de services peuvent être nommés maîtres des requêtes honoraires en quittant leurs fonctions. Mais l'honorariat de l'auditorat n'existe pas (2).

141. La révocation des auditeurs de première classe ne peut avoir lieu que par décret individuel, et après avis du vice-président du Conseil d'Etat, délibérant avec les présidents de section (3).

----

(1) L. 24 mai 1872, art. 5.
(2) L. 13 juillet 1879, art. 3.
(3) L. 24 mai 1872, art. 5.

142. Les auditeurs de seconde classe sont nommés au concours et doivent être, au moment de leur entrée en fonctions, âgés de plus de vingt-et-un ans, et de moins de vingt-cinq. Les résultats du concours, proclamés en séance publique par le président du concours, sont consacrés par un décret signé par le Président de la République qui constate le titre d'investiture des auditeurs nommés.

143. Le concours a lieu dans les formes et aux conditions déterminées par un règlement que le Conseil d'Etat a été chargé de faire. Ce règlement a été élaboré et est devenu le décret du 14 octobre 1872, modifié par ceux du 19 février 1878 et du 14 août 1879.

144. Chaque année, selon le nombre de places qui deviennent vacantes au sein du Conseil d'Etat, le président du Conseil indique, par un arrêté inséré au *Journal officiel* et adressé aux préfets des départements et aux recteurs des académies, le nombre de places à mettre au concours et détermine l'époque à laquelle celui-ci devra s'ouvrir, époque qui est généralement le mois de décembre (1).

145. Le délai entre l'insertion de l'arrêté au *Journal officiel* et le jour fixé pour l'ouverture du concours est de deux mois.

Les aspirants doivent se faire inscrire au secrétariat du Conseil d'État dans les vingt jours à partir de l'insertion de l'arrêté au *Journal officiel;* ils déposent au secrétariat leur acte de naissance, ainsi que les pièces justificatives des conditions énoncées dans l'article suivant.

Les aspirants ont aussi la faculté de se faire inscrire et de produire les pièces au secrétariat de la préfecture de leur résidence dans le même délai. La liste des inscriptions et les pièces sont transmises dans les dix jours, par les préfets, au secrétariat du Conseil d'Etat (2).

146. Nul ne peut se faire inscrire en vue du concours : 1° s'il n'est Français jouissant de ses droits; 2° s'il a, au

---

(1) L. 1er juillet 1887, art. 4. — D. 14 octobre 1872, art. 1 et 2.
(2) D. 14 octobre 1872, art. 3 et 4.

1er janvier de l'année du concours, moins de vingt-et-un ans, ou plus de vingt-cinq ans ; 3° s'il ne produit soit un diplôme de licencié en droit, ès sciences ou ès lettres, obtenu dans une des Facultés de l'Etat, soit un diplôme de l'Ecole des Chartes, soit un certificat attestant qu'il a satisfait aux examens de sortie de l'Ecole polytechnique, de l'Ecole nationale des mines, de l'Ecole nationale des ponts et chaussées, de l'Ecole centrale des arts et manufactures, de l'Ecole forestière, de l'Ecole spéciale militaire ou de l'Ecole navale, soit un brevet d'officier dans les armées de terre et de mer ; 4° s'il ne justifie avoir satisfait aux obligations imposées par la loi du 27 juillet 1877 sur le recrutement de l'armée, et notamment, dans le cas où il aurait contracté un engagement conditionnel d'un an, aux obligations imposées par l'article 56 de ladite loi (1).

147. La liste des inscriptions est close par le secrétaire général du Conseil d'Etat cinq jours après l'expiration du délai fixé par l'article 4 pour l'envoi des pièces.

La liste des candidats qui sont admis à concourir est dressée et arrêtée définitivement par le vice-président du Conseil d'Etat, assisté des présidents de section. Le bureau du Conseil a donc pouvoir pour admettre ou éliminer des candidats (2). A cet effet, il peut prendre ou faire prendre sur ceux-ci les renseignements qu'il juge utiles. Il importe, en effet, de remarquer que les auditeurs sont *nommés* d'après

---

(1) D. 14 août 1879.

(2) C. d'Et. cont., 21 mars 1873. — Considérant qu'aux termes de l'article 7 du règlement du 9 mai 1879, la liste des candidats admis à concourir pour les places d'auditeurs de première classe, est dressée et arrêtée définitivement par le président du Conseil d'Etat, assisté des présidents de section : qu'aucun recours n'est ouvert par la loi contre a décision du président du Conseil d'Etat, et qu'il suit de là qu'elle ne peut être attaquée que pour incompétence ou excès de pouvoir, en vertu des lois des 7-14 octobre 1790 et du 24 mai 1872. — Considérant qu'en décidant que le sieur..., en sa qualité d'ancien auditeur au Conseil d'Etat, n'avait pas été assujetti par la loi du 24 mai 1872 à la condition du minimum d'âge exigé par l'article 5 de la loi, le président du Conseil d'Etat, assisté des présidents de section, a statué dans les limites de sa compétence, et n'a pas excédé ses pouvoirs ; qu'en admettant que cette décision ait fait une fausse interprétation de la loi, le sieur... est non recevable à la déférer au Conseil d'Etat. — Rejet.

les résultats du concours, et il ne serait pas admissible que le Gouvernement fût tenu de prendre au nombre de ses fonctionnaires des individus indignes ou hostiles. Une sélection première doit donc être faite par le bureau du Conseil (1).

Cinq jours au moins avant l'ouverture du concours, la liste est déposée au secrétariat du Conseil d'Etat, où toute personne peut en prendre communication.

148. Le jury du concours se compose de trois conseillers d'Etat, dont un faisant les fonctions de président, et de deux maîtres des requêtes, choisis par le président du Conseil d'Etat.

Le président du jury a la direction et la police du concours; il a voix prépondérante en cas de partage, sauf pour la nomination des candidats.

Le nombre des juges présents jusqu'à la fin des épreuves ne peut être moindre de trois.

Il est dressé procès-verbal de chaque séance, et le procès-verbal est signé par chacun des juges (2).

149. Les épreuves du concours portent : 1° sur les principes du droit politique et constitutionnel français; 2° sur les principes généraux du droit des gens; 3° sur les principes généraux du droit civil français et l'organisation judiciaire de la France; 4° sur l'organisation administrative et sur les matières administratives indiquées dans le programme joint au présent règlement; 5° sur les éléments de l'économie politique.

Il y a une épreuve préparatoire et des épreuves définitives.

Lorsque les épreuves sont terminées, le président prononce la clôture du concours, et le jury procède immédiatement et en séance secrète, a la délibération.

Si, d'après les résultats du concours, le jury estime qu'il n'y a pas lieu à nomination ou qu'il n'y a pas lieu de nommer à toutes les places vacantes, il en est fait déclaration en séance publique.

---

(1) D. 14 octobre 1872, art. 6 et 1.
(2) D. 14 octobre 1872, art. 8, 9 et 10.

La liste des nominations est dressée par ordre de mérite.

Le jury peut faire procéder à une nouvelle épreuve orale entre les candidats qui se trouveraient placés sur le même rang.

Le jugement est rendu sans désemparer, et le résultat du concours proclamé en séance publique. Extrait du procès-verbal, signé par le président et tous les juges, est transmis immédiatement au Président de la République (1).

150. Les fonctions d'auditeur de seconde classe ne sont considérées que comme une sorte de noviciat à des fonctions plus élevées, soit dans le sein du Conseil d'État, soit à d'autres fonctions administratives. Elles ne doivent donc durer qu'un certain nombre d'années, fixé à quatre par la loi du 24 mai 1872, et porté à huit par celle du 1er juillet 1887. Si à l'expiration de cette dernière période, l'auditeur de seconde classe n'a pas été choisi pour la première, ou s'il n'a pas été appelé à des fonctions publiques étrangères au Conseil, il cesse de droit d'appartenir au Conseil.

151. Cette dernière mesure est assurément fort rigoureuse. Pour en adoucir la dureté, la loi a fait une obligation de faire connaître, par une décision prise en conseil des ministres, et insérée au *Journal officiel*, dans le mois de janvier, les fonctions qui sont mises à la disposition des auditeurs de deuxième classe qui ont au moins quatre ans de services. Ces fonctions sont les suivantes : commissaire du gouvernement près le Conseil de préfecture de la Seine, secrétaire général d'une préfecture de 1re ou de 2e classe, sous-préfet de 1re ou de 2e classe, substitut dans un tribunal de 2e classe. Cette disposition, hâtons-nous de le dire, n'est qu'énonciative et non limitative. Mais, même en ces termes, elle est trop bornée : il est regrettable que les fonctions du secrétariat d'ambassade, de l'inspection des services du ministère de l'Intérieur, par exemple, n'aient pas été comprises nominativement parmi celles mises à la disposition des auditeurs (2).

---

(1) D. 14 octobre 1872, art. 11 à 87.
(2) L. 1er juillet 1887, art. 3.

132. Les auditeurs de seconde classe, en vertu de l'article 4 de la loi du 23 mars 1880, qui a modifié sur ce point l'article 5 de la loi du 24 mai 1872, reçoivent après une année de services, un traitement annuel déterminé par la loi des finances et fixé actuellement à 2,000 francs (1).

153. Les auditeurs de seconde classe ne peuvent être révoqués que sous les garanties réservées à ceux de première classe, c'est-à-dire le décret individuel et l'avis préalable du bureau du Conseil.

SECTION VI.

BUREAUX.

154. Les membres du Conseil sont aidés dans leurs travaux par des employés. Un certain nombre de ces employés sont attachés à des bureaux qui centralisent la réception et l'expédition des travaux du Conseil. Ces employés sont hiérarchisés en chefs, sous-chefs et commis, et répartis dans deux bureaux généraux et des bureaux de section.

155. D'autres participent aux travaux de chaque section et remplissent les fonctions de secrétaires ou d'attachés au secrétariat. Chaque section a un secrétaire particulier.

156. Un bibliothécaire et des employés attachés à la bibliothèque sont chargés de la conservation et de la surveillance des livres de la bibliothèque et des pièces déposées aux archives.

157. Les employés des bureaux et des sections sont placés sous les ordres du secrétaire général; ils sont nommés par le vice-président du Conseil d'Etat sur la proposition du secrétaire général (2), à l'exception du secrétaire général et du

---

(1) L. 21 mars 1885, art. 1. Etat A.
(2) L. 24 mai 1873, art. 2 et 5.

secrétaire spécial de la section du contentieux, qui sont nommés par décret du président de la République (1).

158. Pour la nomination du secrétaire général et du secrétaire du contentieux, le vice–président et les présidents de section sont appelés à faire des présentations; la révocation de ces fonctionnaires ne peut également être prononcée par décret individuel qu'après avis des présidents (2).

159. Les délibérations de l'assemblée générale, et.lorsque cela est nécessaire, des sections réunies, sont conservées au moyen de la sténographie. Des sténographes sont, en conséquence, attachés au Conseil, et, comme les employés, placés sous les ordres du secrétaire général.

SECTION VII.

AVOCATS AUX CONSEILS.

160. Près du Conseil d'Etat se trouve établi un ordre d'avocats qui, soit devant les sections administratives, soit devant celles du contentieux, peuvent occuper pour les parties qui ont des intérêts à débattre devant le Conseil. Cet ordre est celui des avocats aux conseils dont nous avons fait connaître les attributions, les fonctions, les devoirs et les privilèges.

Les avocats au Conseil d'Etat ont seuls le droit d'y postuler et de conclure. Ils sont seuls chargés de l'instruction et de la défense des affaires portées en ce Conseil. Indépendamment de ces attributions, que les avocats au Conseil d'Etat tiennent des lois et règlements de leur institution, ils ont, en outre exclusivement le droit, à défaut des parties elles-mêmes, de signer, en matière contentieuse, tous mémoires et récla-

---

(1) L. 24 mai 1875, art. 1 et 5.
(2) L. 24 mai 1873, art. 5.

mations adressés aux ministères et aux administrations et directions générales qui en dépendent. Ils ont seuls l'entrée
dans les bureaux pour la poursuite des affaires de cette nature.

La discipline intérieure des avocats au Conseil d'Etat et à
la Cour de Cassation est réglée par l'ordonnance du 10 septembre 1817. Cette discipline est remise au conseil de l'ordre,
qui est composé d'un président et de neuf membres élus à la
majorité absolue des suffrages par l'assemblée générale de l'ordre. Sur ces neuf membres, deux exercent les fonctions de
syndics, un troisième, celles de secrétaire-trésorier. Les fonctions du président et des membres du conseil durent trois
ans; en conséquence, le tiers des membres du conseil est
renouvelé chaque année.

CHAPITRE IV.

FONCTIONNEMENT DU CONSEIL.

SECTION PREMIÈRE.

ATTRIBUTIONS GÉNÉRALES.

161. Le Conseil d'Etat, dans notre organisation politique, remplit les fonctions les plus élevées, après celles du pouvoir législatif et du chef du pouvoir exécutif. Il est en effet le Conseil des Chambres législatives, du Président de la République et des Ministres, le juge suprême de tout le contentieux administratif, le régulateur de l'administration, le gardien de la liberté de conscience et de la liberté religieuse.

162. En premier lieu, le Conseil d'Etat a été placé par les lois auprès des deux Chambres législatives et du Gouvernement pour les aider dans leurs travaux divers d'ordre législatif: il y participe de deux manières : premièrement, en préparant les projets dont la rédaction lui est confiée et en examinant ceux dont l'étude lui est renvoyée ; secondement, en complétant, par l'élaboration de règlements d'administration publique, les lois dont le législateur a simplement arrêté les dispositions générales.

163. En second lieu, il présente l'application la plus élevée du principe qui, à chaque degré de la hiérarchie, place la délibération confiée à des conseils administratifs à côté de l'action administrative, remise à des agents uniques. Il fonctionne, à ce titre, à côté du chef de l'Etat et du Gouvernement, représenté par les Ministres. Il peut être leur conseil politique ; il est, d'ordinaire, leur conseil juridique, financier, administratif; il examine ainsi, avant qu'ils ne soient signés, les décrets qui intéressent ou l'ordre ou l'intérêt public; il

donne son avis sur les difficultés que la pratique des choses peut révéler dans le fonctionnement des lois administratives ou dans la marche des administrations publiques.

164. Il est la plus haute des juridictions administratives : juridiction politique quand il doit statuer sur les contestations que soulève le droit des gens ; juridiction régulatrice quand il doit casser les décisions de certains tribunaux souverains ; juridiction suprême quand il doit prononcer sur les instances où les intérêts généraux sont en conflit avec eux-mêmes ou avec les intérêts privés ; juridiction protectrice quand il doit briser les excès de pouvoir qui peuvent porter atteinte à des droits privés ; juridiction disciplinaire quand il doit apprécier les actes individuels de fonctionnaires.

165. Il est le guide et le modérateur de l'administration française quand il répond à ses demandes d'avis, quand il approuve ou quand il désapprouve ses projets, quand il lui indique les modifications qu'ils doivent subir, quand il la rappelle à l'observation des règles de droit, des enseignements de la pratique ou des principes de chaque matière.

166. Il est le gardien de la liberté de conscience et de la liberté religieuse quand il autorise la publication des actes de nature religieuse et quand il défend les droits des religions contre les attaques des agents de l'administration ou contre celles des particuliers, ou quand il sauvegarde les droits des individus ou des agents de l'administration contre les empiètements et les excès du zèle religieux.

167. Il peut exercer enfin la haute police administrative.

SECTION II.

ATTRIBUTIONS SPÉCIALES.

§ 1. — Préparation des lois.

168. Le Conseil d'Etat ne concourt pas nécessairement à la confection des lois. Aux termes de l'article 8 de la loi du

24 mai 1872, il donne son avis seulement: 1° sur les projets d'initiative parlementaire que le Sénat et la Chambre des députés jugent à propos de lui renvoyer ; 2° sur les projets de loi préparés par le Gouvernement et qu'un décret spécial ordonne de lui soumettre.

169. Il résulte de ces termes que le Conseil n'a, à aucun degré, l'initiative législative. Il est, en matière législative, non un pouvoir subordonné, mais un agent subordonné au Président de la République, au Sénat et à la Chambre des députés qui seuls ont, constitutionnellement, l'initiative législative.

170. Non seulement le Conseil n'a pas l'initiative parlementaire, mais il n'a pas même le droit d'étudier spontanément une question d'ordre législatif; il faut qu'il ait été saisi par une décision soit du Sénat, soit de la Chambre, soit du Gouvernement.

171. Son concours à la confection des lois n'est pas non plus obligatoire : il n'est plus ce qu'il était sous la constitution de 1848, où le Gouvernement était tenu de lui soumettre tous ses projets de loi, sauf les lois de finances, celles qui portaient ratification des traités ou qui réclamaient une solution urgente, et où il pouvait être consulté sur tous les projets d'initiative parlementaire ; il n'est plus ce qu'il était sous le régime de 1852, où il rédigeait tous les projets de loi et en soutenait la discussion devant le Corps législatif. Actuellement, le Conseil d'Etat peut n'être consulté par le Gouvernement ou par les Chambres sur aucun projet.

172. Mais cependant si la loi ne prescrit plus obligatoirement, et, en aucune matière, la consultation préalable du conseil, il paraît, en général, convenable aux pouvoirs publics de lui demander son concours pour l'élaboration des lois diverses qui touchent aux différents codes, et pour celles qui concernent les personnes ou les propriétés, et pour les diverses lois d'intérêt local.

173. Ce rôle réduit n'est point sans soulever des réclamations fréquentes. Le Conseil d'État est essentiellement organisé pour préparer un travail de longue haleine, pour assurer

une rédaction législative aux textes des lois, et pour veiller à la concordance des dispositions; sa collaboration serait souvent utile et est constamment réclamée par les jurisconsultes. On doit se garder de lui confier dans la votation des lois le rôle prépondérant que les constitutions impériales lui attribuaient, rôle qui ne doit pas lui appartenir; mais, en revanche, on ne saurait méconnaître que l'instabilité ministérielle, l'élaboration souvent insuffisante des projets présentés par les bureaux des administrations centrales, le zèle hâtif, l'inexpérience qui se constatent dans la rédaction d'un trop grand nombre de lois dues à l'initiative parlementaire ne soient une cause de désordre juridique assurément fort grave, auquel il serait peut-être facile de remédier en réclamant plus souvent l'examen critique des sections diverses du Conseil d'État.

174. L'article 8 de la loi du 24 mai 1872 ainsi conçu : « Le Conseil d'État donne son avis : 1° sur les projets d'*initiative parlementaire* que l'assemblée nationale juge à propos de lui renvoyer; 2° sur les projets de loi *préparés* par le gouvernement et qu'un décret spécial ordonne de soumettre au Conseil d'État. » Il semblerait résulter des termes employés que le Sénat et la Chambre des députés ne peuvent renvoyer à son examen que les projets dus à l'initiative parlementaire et que le gouvernement doit, au préalable, préparer les projets qu'il lui soumet. Ce n'est pas ainsi que cette disposition a été et doit être entendue. Rien ne limite le droit des chambres parlementaires; elles peuvent renvoyer à l'étude du Conseil d'État tout projet de loi ou toute proposition qu'ils émanent du gouvernement ou de l'initiative parlementaire; il y a plus : la Chambre ou le Sénat peuvent faire étudier par le conseil un projet, alors même qu'il a été délibéré par une commission parlementaire ou même par l'autre assemblée et par l'assemblée elle-même; à cet égard, les précédents sont nombreux.

De même, le gouvernement peut demander au conseil de préparer lui-même un projet de loi, et il use souvent de cette faculté. Il se contente d'indiquer l'objet du projet.

175. L'examen que doit faire le Conseil est un examen libre et complet. Il peut proposer les rédactions et les me-

sures qu'il juge les meilleures, demander la modification ou le retrait de celles qui lui semblent mauvaises et même soutenir qu'il y a lieu de rejeter le projet de loi entier. Ses décisions n'ont qu'une valeur consultative ; mais dans cette limite, elles peuvent être celles que le Sénat ou la Chambre des députés pourraient prendre, et ses propositions, quand elles sont affirmatives, doivent revêtir la forme de la loi elle-même si elle était adoptée.

176. Le conseil, quand il est ainsi consulté sur un projet de loi, est dans l'usage, non seulement de présenter une rédaction complète, mais encore un exposé des motifs généraux de la loi et de ceux spéciaux de chaque article, exposé qui revêt, selon le cas, tantôt la forme d'un exposé législatif ordinaire de motifs, tantôt celle d'un rapport adressé, soit au gouvernement, soit aux membres de celle des deux assemblées qui l'a saisie, tantôt celle d'une étude détaillée des différentes questions délibérées.

177. Pour aider ses travaux, le conseil peut entendre telles personnes dont il juge l'avis ou la déposition utiles ; il peut faire des enquêtes, et l'administration s'est toujours prêtée à lui faciliter les moyens de former sa religion personnelle. Cette manière d'étudier les projets législatifs rentre essentiellement dans le rôle que la législation lui a réservé ; et dans la discussion de la loi de 1872, elle a été indiquée comme le moyen le plus convenable pour assurer une bonne et sage rédaction des lois. Le Conseil d'État, d'ailleurs, a souvent usé de la faculté qui lui est réservée.

178. La loi préparée par le conseil peut être soutenue devant les chambres par des conseillers délégués par le gouvernement (1) ; il serait même à souhaiter que, dans la pratique, cette règle fût plus généralement observée qu'elle ne l'est.

______

(1) L. 24 mai 1872, art. 8.

§ 2. — Préparation des règlements d'administration publique.

179. La principale des attributions du Conseil d'État, en matière législative, sous l'empire de la constitution actuelle, est celle qui se rapporte à sa participation aux règlements d'administration publique et aux décrets en forme de règlements d'administration publique. Aux termes de l'article 8 de la loi du 24 mai 1872, il doit nécessairement être consulté sur les actes de cette sorte, et ceux-ci ne sont valables que lorsque sa délibération préalable en a précédé la publication (1).

180. Qu'est-ce qu'un règlement d'administration publique? Nous n'avons pas à entrer ici dans le détail d'un sujet qui sera examiné, à part, mais nous devons cependant en résumer les caractères généraux. Le pouvoir exécutif agissant comme administration suprême du pays agit personnellement par des

---

(1) L. 24 mai 1872, art. 8; — C. d'Et. cont., 6 janvier 1888. — Considérant que le règlement d'administration publique du 20 mars 1876, rendu en vertu de l'article 36 de la loi du 24 juillet 1873, a déterminé les grades des anciens élèves de l'Ecole polytechnique placés dans les services civils par assimilation à la position qu'ils occupent dans les services auxquels ils appartiennent; que ledit décret dispose que des emplois peuvent en cas de mobilisation, être donnés à ces fonctionnaires et laisse par suite au ministre de la guerre la faculté de ne pas leur conférer ces emplois ou de les leur retirer, mais que la même faculté n'a pas été réservée au ministre, en ce qui concerne les assimilations des grades auxquelles ils ont droit, en vertu des lois de 1872 et 1873, que par suite, en refusant le 6 avril 1887, de reconnaître que le sieur Salle, nommé le 3 juillet 1886 ingénieur de première classe des ponts et chaussées, avait droit à partir de la date de sa nomination à n'être appelé à servir dans l'armée qu'avec le grade de chef de bataillon, par application du décret du 20 mars 1876, le ministre de la guerre a méconnu les dispositions des lois et décrets précités; qu'à la vérité le ministre objecte que le règlement susvisé du 20 mars 1876 a été modifié par un décret du 21 décembre 1886, aux termes duquel l'ingénieur de première classe des ponts et chaussées n'aurait droit qu'au grade de capitaine.

Mais considérant qu'il est établi que ledit décret n'a pas été rendu en Conseil d'État, que par suite et nonobstant toute mention contraire, il n'a pu valablement modifier le règlement du 20 mars 1876; que de ce qui précède il résulte que le sieur Salle est fondé à demander l'annulation de la décision attaquée... (Décision du ministre annulée.)

actes qui prennent le nom de décrets. Ces décrets se divisent en généraux ou réglementaires ou spéciaux. Les décrets généraux se subdivisent eux-mêmes en décrets portant règlement d'administration publique et en décrets réglementaires proprement dits; les décrets spéciaux en décrets gouvernementaux et décrets administratifs, et ces derniers eux-mêmes en décrets dans la forme des règlements d'administration publique et en décrets simples.

181. Comme nous le verrons plus loin, le Conseil d'État *peut* être consulté sur tout décret à signer par le Président de la République, mais il *doit* être consulté sur tout décret portant règlement d'administration publique ou en forme de règlement d'administration publique, et sur tout décret qu'une loi spéciale dit devoir être rendu en Conseil d'État ou le Conseil d'État entendu.

182. C'est la Constitution du 22 frimaire an VIII qui, la première, a fait usage de ces mots: *Règlements d'administration publique*, en chargeant le Conseil d'État de les rédiger. Elle entendait par là certainement, comme le dit M. Aucoc (1), que tous les règlements destinés à régler les branches diverses de l'administration publique et qui prescrivaient des mesures de détail obligatoires pour les citoyens et destinées à assurer l'exécution des lois seraient élaborés avec le concours du Conseil d'État; c'est en ce sens que cette disposition a été pratiquée sous le premier empire. Mais la Restauration fit, sans le concours du Conseil d'État, des règlements importants, et on en est arrivé à admettre la doctrine que l'intervention du conseil dans la rédaction des règlements n'était obligatoire que pour le cas où une loi avait disposé expressément que certaines mesures d'exécution seraient déterminées par un règlement d'administration publique.

183. Les règlements d'administration publique ont pour trait distinctif, outre l'avis obligatoire du Conseil, de présenter les mêmes caractères que la loi dont ils sont le complément:

---

(1) Aucoc, *Le Conseil d'État*, p. 150.

ils ont comme elle la généralité de disposition, la réglementation de l'avenir, la force obligatoire, la sanction pénale — celle de l'article 471 C. P., § 15, à défaut d'une peine plus grave prononcée par la loi qui prescrit le règlement — comme elle enfin, ils ne commandent que dans l'intérêt général et sont d'ordre public.

184. Pour qu'un décret portant règlement d'administration publique soit régulier, il faut en premier lieu qu'il ait été l'objet d'un examen du Conseil d'Etat, en assemblée générale et non en section; en l'absence de cette formalité essentielle, le décret n'est pas obligatoire et les tribunaux peuvent refuser de l'appliquer. Et lorsque le règlement d'administration publique a été prescrit par un texte de loi, il ne peut être statué, ni par un arrêté ministériel (1), ni par un simple décret, ni même par un décret rendu sur l'avis d'une seule section du Conseil (2).

---

(1) Cass. crim. 10 mai 1844; — Cass. crim. 2 mai 1845. — Attendu que l'article 471 du Code pénal ne punit que les infractions aux règlements administratifs qui sont legalement faits; — Que d'après l'article 10 de la loi de concession du 10 juillet 1810, les mesures nécessaires pour assurer la police des chemins de fer doivent etre déterminées par des règlements d'administration publique, c'est-à-dire, ainsi que cela résulte de l'article 52 de l'acte constitutionnel du 22 frimaire an VIII et des articles 8 et 9 de l'arrêté des Consuls de frimaire an VIII. et 6 de l'ordonnance du 19 avril 1817, par des ordonnances du roi délibérées en Conseil d'Etat; — Que l'arrêté du préfet de l'Eure invoqué dans la cause, ne peut remplacer l'ordonnance royale exigée par l'article 10 ci-dessus rappelé; qu'il en est de même du règlement fait par le ministre des Travaux publics, dont cet arrêté parait être la reproduction; — Que dès lors ni l'un ni l'autre n'ont droit à la sanction pénale de l'article 471. — Rejet.

En ce sens, Cass. crim. 24 avril 1847, D. P. 47.1.159.

(2) C. d'Et. cont. 23 février 1861, D. P. 61.3.83; — C. d'Et. cont. 15 mars 1867. En ce qui touche notre décret du 24 octobre 1855. — Considérant qu'il résulte des articles 5 et 54 de la loi du 16 septembre 1807, que la déclaration d'utilité publique des travaux de défense contre les fleuves et les rivieres et la constitution en association syndicale des propriéraires intéressés à ces travaux doit être faite par un décret rendu dans la forme des règlements d'administration publique; — Qu'aux termes de l'article 13 du décret du 30 janvier 1852, les règlements d'administration publique sont délibérés par le conseil d'Etat en assemblée générale; — Considérant que la section de l'Agriculture, du Commerce et des Travaux publics, de notre Conseil d'Etat, a seule été appelee a donner son avis sur notre décret du 24 octobre 1855; que, dès lors, notre décret doit être rapporté. — Annulation.

185. Les règlements d'administration publique peuvent toujours être rapportés ou modifiés, en la même forme, c'est-à-dire après avis du Conseil d'État (1).

186. L'avis du Conseil, disons-nous, doit être demandé préalablement. Mais cet avis quel qu'il soit, n'est pas obligatoire pour le Gouvernement ; cependant, en fait, cet avis est presque toujours suivi, et l'on ne peut citer que quelques cas fort rares où il ne l'ait pas été, et il ne semble pas que dans ces circonstances exceptionnelles le Gouvernement ni les administrés aient eu à se louer des décisions prises contrairement aux délibérations du Conseil. Pour la rédaction des règlements d'administration publique, le conseil d'État a reçu, en effet, une véritable délégation directe des pouvoirs législatifs, et les ministres qui ont cru pouvoir passer outre, à l'avis qui avait été donné ont eu presque toujours à se débattre contre les récriminations et les interpellations parlementaires et contre les résistances de l'opinion publique.

187. Les raisons pour lesquelles le Conseil d'État est appelé à concourir à la préparation des règlements d'administration publique ont été souvent mises en relief. L'exposé des motifs du projet de loi de 1840 s'exprime à ce sujet en ces termes :

---

(1) C. d'Et. 23 février 1861, D. P. 61.3.83 ; — C. d'Et. cont. 13 mars 1867, D. P. 68.3 13 ; — C. d'Et. cont. 10 juillet 1880, D. P. 81.3.73 ; — C. d'Et. cont. 22 juillet 1882, D. P. 84.3.88 ; — C. d'Et. cont. 30 mai 1884, D. P. 85.3.107. Vu la loi du 18 avril 1831, la loi du 9 juin 1853 et le décret du 9 novembre suivant ; — Vu le décret du 13 juillet 1880. — Considérant qu'aux termes de l'article 22 du décret du 9 novembre 1839, combiné avec l'article 10 de la loi du 9 juin 1853, le traitement normal devant seul servir de base à la liquidation de la pension pour les fonctionnaires des colonies, est fixé dans chaque grade d'après le traitement de l'emploi correspondant ou qui lui est assimilé en France ; — Considérant que le sieur Mercié exerçait les fonctions de commissaire de police à la Nouvelle-Calédonie ; que l'emploi correspondant en France est celui de commissaire de police ; que si le décret du 13 juillet 1880 n'a point fait figurer les commissaires de police coloniaux dans le tableau d'assimilation qui y est joint, il n'a pu abroger la règle écrite dans l'article 22 du décret du 9 novembre 1873 ; qu'en effet ce dernier décret constitue un règlement d'administration publique, rendu en vertu de la délégation générale contenue dans l'article 35 de la loi du 9 juin 1853 et qu'il ne saurait être modifié que par un décret rendu dans la même forme. — Annule.

« Les travaux de cet ordre complètent et suppléent la législation dans les détails compliqués où elle ne peut s'engager,
organisent les services publics, tracent à l'administration
dans toutes ses parties les règles qu'elle doit suivre. Le concours obligé du Conseil d'État peut seul garantir que l'on
conservera dans la suite de ces règlements l'unité d'esprit et
de principe et les bonnes traditions administratives. Les bureaux des ministères n'ont ni la généralité de vue ni le temps
nécessaire pour suffire à cette grande tâche. »

Et M. Vivien, dans ses études, ajoutait : « Assurer l'unité
d'application des règles administratives ; empêcher que, pour
des cas semblables, les solutions ne varient avec les départements ministériels ; donner à la rédaction l'ordre, la sim-
plicité, la clarté qui en sont les mérites essentiels et trop peu
appréciés : tel est l'objet de l'intervention du Conseil d'État.
Les règlements d'administration publique doivent s'attacher à
renfermer chaque pouvoir dans sa sphère. De même que les
lois ne doivent pas contenir des articles purement règlemen-
taires, de même les règlements n'admettent point des dispositions de pure exécution, qui doivent être laissées à l'appré-
ciation de l'administration. »

188. A côté des décrets *portant règlement d'administration publique*, il y a ceux qui doivent être rendus *en la
forme des règlements d'administration publique*. La distinction à établir entre ces deux sortes d'actes n'a pas toujours
été faite par les législateurs, non plus que celle à mettre
entre les règlements d'administration publique et les décrets
rendus en Conseil d'État, ainsi que nous le verrons. En principe les décrets qui doivent statuer *en la forme des règlements d'administration publique* sont des décrets administratifs spéciaux, c'est-à dire non législatifs. Mais certaines
lois ont permis d'établir les règlements *législatifs* qu'elles
prescrivaient, *en la forme des règlements d'administration
publique* : il n'y a donc pas lieu toujours, pour déterminer le
caractère d'un décret, d'examiner les termes dont s'est servi
le législateur.

Quoi qu'il en soit, les décrets *en la forme des règlements
d'administration publique* sont soumis aux mêmes formalités

que les *règlements d'administration publique* proprement dits, et leur validité est subordonnée aux mêmes conditions : délibération de l'assemblée générale du Conseil et publicité. Ils ne peuvent également être rapportés ou modifiés qu'en suivant les mêmes formalités. Mais à la différence des décrets réglementaires legislatifs (1), les décrets en la forme des règlements d'administration publique, peuvent être déférés au Conseil d'Etat siégeant au contentieux par les parties dont ils lèsent les intérêts (2).

189. En outre, obligatoirement, le Conseil d'Etat doit être consulté sur tous les décrets qui doivent être rendus *après avis du Conseil* ou *sur l'avis du Conseil* aux termes d'une loi ou d'un règlement d'administration publique. Les actes de cette nature sont fort nombreux et le législateur a toujours reculé devant l'énumération à faire. Des décrets, les uns sont de vrais règlements législatifs, ies autres des décrets administratifs ordinaires, d'autres enfin des décrets spéciaux.

La question de savoir si une de ces sortes d'affaires doit être délibérée par l'assemblée générale du Conseil d'Etat, ou si elle peut l'être valablement par la section correspondant au ministère intéressé, a donné lieu souvent à des difficultés

---

(1) C. d'Et. cont. 10 mai 1851. — Vu le décret attaqué du 28 mars 1849 ; — Considérant que le décret du 28 mars 1825 constitue un règlement d'administration publique, qui ne peut être attaqué par la voie contentieuse pour incompétence et excès de pouvoir, ou pour violation des formes prescrites par les lois et règlements. — Rejet.

C. d'Et. 20 décembre 1872. — Considérant que le décret du 25 janvier 1852 a été rendu en vertu des pouvoirs délégués à l'administration par l'article 25 de la loi du 15 avril 1829 et pour régler la police de la pêche dans les fleuves, rivières et cours d'eaux ; qu'un acte de cette nature n'est pas susceptible d'être déféré au Conseil d'Etat par application des dispositions de la loi des 7 et 14 octobre 1790 et de l'article 9 de la loi du 24 mai 1872 ; — Considérant d'ailleurs que c'est devant l'autorité judiciaire, chargée de connaître des contraventions édictées par le décret susvisé qu'il appartenait au premier procureur de soutenir que ces dispositions étaient entachées d'illégalité, et qu'il résulte des pièces produites qu'à l'occasion de poursuites exercées contre le requérant, il a été reconnu par la cour de Rennes et la cour de Cassation que le décret avait été légalement pris. — Rejet.

(2 C. d'Et. cont. 27 mai 1863, D. P. 63.3.63, résolu implicitement ; — C. d'Et. cont. 13 mars 1867. Voy. *supra* n° 184 — Laferriere, *Traité de la juridiction administrative*, t. II p. 11.

qu'il est facile de résoudre d'après les règles suivantes. L'attribution d'une affaire à l'assemblée générale ne résulte pas de plein droit de la formule insérée dans le texte. Cette attribution n'a lieu que dans les cas suivants : 1° s'il s'agit d'un règlement d'administration publique fait en vertu d'une délégation légale ; 2° s'il s'agit d'un acte administratif devant être fait, d'après un texte, dans la forme des règlements d'administration publique, ainsi qu'il a été dit plus haut ; 3° si la délibération de l'assemblée générale a été prescrite par le règlement intérieur du Conseil d'Etat en vertu du paragraphe 4, article 10 de la loi du 24 mai 1872. Dans tous les autres cas, l'avis du Conseil d'Etat peut être donné par une seule des quatre sections administratives (1). Mais quelle que soit la forme de la délibération du Conseil d'Etat, celui-ci doit être consulté.

§ 3. — Préparation des décrets.

190. En dehors et à côté des décrets portant règlement d'administration publique, le Président de la République rend fréquemment des décrets qui sont présentés à sa signature par les différents ministres. Un très grand nombre de ceux-ci sont approuvés par le chef du pouvoir exécutif sans aucun examen préalable du Conseil d'Etat : ce sont notamment les décrets portant nomination de fonctionnaires publics ou d'officiers, promotion dans la légion d'honneur, convocation des chambres ou des collèges électoraux, en un mot les actes dits de pur gouvernement. Très grand nombre également doivent être précédés d'un examen préalable du Conseil d'Etat : cet examen ne donne pas au décret le caractère de règlement d'administration publique, même quand il y a été procédé en assemblée générale, ce caractère résultant ainsi qu'il a été dit plus haut de l'objet et de la nature de l'acte (voy. suprà n° 182 et suiv.).

L'examen du conseil d'Etat est, ou obligatoire, ou facultatif mais traditionnel ou exceptionnel. Expliquons-nous.

---

(1) **Laferrière**, t. II, p. 496, note.

191. Les lois ou les règlements d'administration publique prescrivent souvent que les décrets destinés à terminer une instruction administrative, seront rendus après avis du Conseil d'Etat, ou le Conseil d'Etat entendu. Cet avis, à peine de nullité du décret pour excès de pouvoir, doit être demandé au Conseil, le gouvernement demeurant, bien entendu, maître de le suivre ou de ne le suivre pas. L'examen du conseil, en ce cas, est dit obligatoire. Tels sont : les dons et legs en faveur d'établissements publics ; les emprunts communaux en certains cas, les octrois, les pensions de fonctionnaires et militaires retraités, les concessions de mines, de chemins de fer d'intérêt local et de tramways, les remises de débets miniers, les prises d'eau dans les rivières navigables et flottables, etc.

192. Souvent les lois et les règlements sont muets sur l'intervention du Conseil, mais l'administration compétente, pour dégager sa responsabilité personnelle, ou pour appuyer sa propre décision de l'expérience du Conseil d'Etat, le consulte sur une certaine nature d'affaires. Cette consultation est provoquée par elle en suite d'une tradition constamment suivie par les bureaux, et en vertu de la faculté que lui ouvre le paragraphe 3 de l'article 8 de la loi du 24 mai 1872. L'examen, en ce cas, est traditionnel, mais facultatif.

193. Enfin, il arrive souvent que dans des affaires délicates ou importantes, l'administration veut avoir un avis du Conseil d'Etat, bien que sur les affaires de la même espèce, elle ait coutume de saisir directement le Président de la République. L'examen est alors exceptionnel.

194. Lorsque l'intervention du Conseil d'Etat est obligatoire aux termes d'une loi ou d'un règlement, l'étude doit être faite par l'assemblée générale du Conseil toutes les fois que le règlement du Conseil d'Etat le prescrit et toutes les fois que la section compétente le demande (1).

195. Mais lorsque l'examen du Conseil est facultatif ou

______

(1) D. 2 août 1879, art. 7.

exceptionnel, cette étude par l'assemblée générale n'est jamais faite — la loi et les règlements étant muets nécessairement à cet égard — que lorsque la section compétente le décide ou que le gouvernement le demande (1).

§ 4. — Des avis.

196. La participation du Conseil d'Etat aux actes de l'administration active se manifeste encore par les avis qu'il est appelé à donner sur la demande du gouvernement ou des membres du gouvernement ; les avis sont généraux ou spéciaux.

197. On appelle avis généraux ceux qui résolvent un point de pur droit.

Il y a une interprétation de doctrine que l'article 4 du Code civil donne exclusivement aux tribunaux et dont il leur fait même un devoir. Elle n'a lieu que dans les affaires engagées devant eux et consiste à saisir le vrai sens des lois, à les appliquer avec discernement, à les suppléer par l'équité dans les cas qu'elles n'ont pas réglés. Cette interprétation, quelque généraux qu'en soient les termes, ne tend qu'à appliquer la loi à une espèce particulière, et à statuer sur des intérêts privés ou sur un fait déterminé.

Mais il y aussi une interprétation de législation, qui, abstraction faite de toute affaire particulière, cherche à dissiper, par forme de règle, les doutes généraux qui s'attachent à une loi, et qui obscurcissent le commandement du législateur (2).

Celle-ci ne peut appartenir aux tribunaux, et l'article 5 du Code civil la leur refuse. Un jugement ne lie que les parties entre lesquelles il intervient ; un avis général lierait tous les justiciables. Cette interprétation générale qui ne peut être demandée aux tribunaux, le législateur a permis qu'elle fût demandée au Conseil d'Etat.

---

(1) D. 2 août 1879, art. 7, § 28.
(2) Locré, p. 130.

La portée officielle de ces avis a été fort différente selon les constitutions. Sous le premier empire, les avis du Conseil approuvés par l'empereur et publiés au *Bulletin des lois*, avaient force de loi et obligeaient tous les justiciables et tous les tribunaux, et un très grand nombre de ces avis font encore actuellement partie de la législation en vigueur. Depuis la chute de l'empire, les avis du Conseil d'Etat n'ont plus de force coercitive ni pour les justiciables, ni pour les tribunaux, ni même pour le gouvernement. Ce sont de simples consultations juridiques puisant leur valeur dans l'autorité scientifique et morale du Conseil. Cependant, nous devons dire que quelques lois récentes indiquent une tendance à rendre obligatoires, dans certains cas, pour le gouvernement, les avis du conseil.

Mais ainsi ramenés à une portée plus modeste, et conforme d'ailleurs avec la nature des fonctions que remplit le Conseil, ces avis n'en ont pas moins une grande importance doctrinale et pratique. D'un côté, en effet, pour les administrés de toutes sortes et pour les tribunaux de toutes espèces, ils présentent l'intérêt particulier qui doit s'attacher à l'interprétation de la loi donnée par un corps savant et indépendant, en dehors de toute pression exercée par les faits ou par les individus ; d'un autre côté, pour l'administration, quoiqu'elle ne soit pas tenue d'y obéir, ils constituent un guide ferme et sage sur lequel elle a coutume de s'appuyer. Aussi est-il bien rare de voir, sur les questions sur lesquelles le Conseil a émis un avis, ou les tribunaux adopter une jurisprudence contraire, ou les administrations publiques une conduite différente.

Mais il faut dire que si, en principe, le Conseil d'Etat est tenu de répondre par un avis à toutes les questions qui lui sont soumises par le Président de la République ou par les ministres, celles-ci ne sont jamais, en fait, posées que sur des difficultés auxquelles est attaché un intérêt législatif, gouvernemental ou administratif. Jamais le Conseil n'a à statuer sur des objets d'ordre purement privé ou touchant au droit criminel. Le gouvernement, d'une part, et le Conseil d'Etat, d'autre part, veillent avec un grand soin à ne porter aucune atteinte à ce qu'on peut appeler le domaine de la

Cour de cassation. Ce n'est que sur des points de droit public ou sur des litiges non encore soumis aux tribunaux et dans lesquels un service public doit arrêter une ligne de conduite que la délibération est sollicitée.

198. Les avis spéciaux appelés aussi avis intérieurs sont ceux qui n'ont rapport qu'à un point d'administration ou à une affaire particulière. Ils sont provoqués de trois manières ; tantôt c'est le Président de la République ou un ministre qui désire connaître l'opinion du Conseil ; tantôt c'est le Conseil lui-même qui, s'occupant d'une question ou d'une affaire, met sous les yeux du gouvernement des considérations particulières dont il est frappé. Enfin, lorsque le Conseil croit qu'un projet proposé par un ministre, et renvoyé à son examen, ne doit pas être adopté ou doit être adopté avec modification, il motive son opinion dans un avis (1).

199. Les avis du Conseil revêtent la forme d'une note ou bien celle d'un avis proprement dit. Les nuances qui séparent ces deux sortes de documents sont sans intérêt pour le public et n'en modifient ni la portée ni la valeur.

200. Les avis du Conseil émanent selon la nature de l'affaire ou son importance, soit du Conseil en assemblée générale, soit de l'une des sections. A cet égard, les mêmes distinctions sont à faire que nous avons exposées plus haut n°s 157 et 197.

201. Il arrive aussi souvent, dans la pratique des choses, qu'un avis, préparé par une section, est soumis au gouvernement avant de l'être à la délibération de l'assemblée générale du Conseil, dans les attributions de laquelle les règlements ou les lois placent la solution définitive, et que le gouvernement en accepte les termes et le dispositif.

202. De leur nature, les avis et les notes sont intérieurs et secrets, c'est-à-dire que préparés pour le gouvernement ils ne sont communiqués qu'à lui. Mais par la remise qui lui en est faite, il en devient le maître, et il en décide souvent la

---

1) Locré, p. 134.

publication soit dans les colonnes du *Journal officiel*, soit dans les Bulletins des administrations publiques. Sans faire lui-même la publication, il l'autorise aussi. Il peut également, lorsque l'avis est spécial, en permettre ou en prescrire la communication aux intéressés. En un mot, le principe est que le Conseil d'Etat rédige ses avis et ses notes pour le gouvernement ou le service public qui l'a consulté, mais que ceux-ci peuvent lui donner ou autoriser telle publicité qu'ils jugent nécessaire ou convenable.

203. Dans le cas où aucune disposition de loi ou de règlement n'exige l'intervention du Conseil d'Etat, l'avis donné par cette assemblée n'est qu'un simple élément d'instruction ; ce n'est pas l'accomplissement d'une prescription édictée dans l'intérêt des tiers. Le gouvernement en faisant appel aux lumières du Conseil ne peut être considéré comme ayant renoncé à exercer le droit qui lui appartient constitutionnellement de rédiger tous les décrets pour lesquels aucune forme spéciale n'est imposée. Ainsi le fait que le Conseil d'Etat n'a pas été consulté, dans une matière cependant où le gouvernement est d'usage d'entendre une des sections, n'entache le décret d'aucune irrégularité (1).

204. Lorsqu'un avis du Conseil d'Etat est revêtu de l'approbation du chef de l'Etat, il a le caractère et la forme d'un décret (2).

§ 5. — Surveillance religieuse.

205. Nous avons déjà dit que le Conseil d'Etat était le

---

(1) C. d'Et. cont. 30 juillet 1880 ; — C. d'Et. cont. 25 mars 1881. — Sur le moyen tiré de ce que le décret attaqué serait illégal en ce qu'il n'aurait pas été rendu après avis du Conseil d'Etat ; — Considérant que l'article 8 de la loi du 24 mai 1872, n'appelle le Conseil d'Etat à donner nécessairement son avis que sur les règlements d'administration publique et sur les décrets qu'une disposition législative soumet spécialement à l'examen préalable du Conseil d'Etat ; — qu'il suit de la que es requérants ne sont pas fondés à demander l'annulation pour excès de pouvoirs du décret attaqué à raison de ce que ledit décret a été rendu sans être précédé de l'avis du Conseil d'Etat ou de la section de l'intérieur. — Rejet.

(2) Dalloz, *Rép.*, v° RÈGLEMENT ADMINISTRATIF, n° 177.

gardien de la liberté des cultes et de la liberté de conscience. C'est une attribution grave et importante dont il a
hérité de l'ancien parlement de Paris. Nous aurons à
examiner en détail quelle est, en cette matière la législation
actuelle et le commentaire qui doit en être donné : mais nous
devons ici en rappeler les principes généraux avec ce qui
concerne l'application que le Conseil d'Etat est chargé d'en
faire.

Les religions, dans notre organisation actuelle, sont tout à
la fois et sous la protection et sous la surveillance de l'Etat.
Ainsi l'on a toujours tenu pour principe en France : 1° que les
lois émanées de l'autorité ecclésiastique ne devaient y être
reçues que d'après l'autorisation de la puissance séculière :
2° qu'il appartient à la puissance séculière de réprimer les
abus de pouvoir que l'autorité ecclésiastique viendrait à se
permettre par des actes particuliers ; 3° qu'il appartient
également à la même autorité de décider si des actes
accomplis par des particuliers ou par des fonctionnaires et
agents publics constituent une violation des droits ecclésiastiques ou une atteinte au libre exercice des cultes reconnus.
Les parlements ont exercé ce double pouvoir. Et l'on sait à
quels conflits leurs légitimes revendications ou leurs prétentions ont donné lieu sous l'ancien régime. Comme il n'existait
en France qu'une seule religion autorisée, que les lois étaient
mises au nombre des lois de l'Etat, et que ses parlements
vérifiaient toutes les lois, les décrets des conciles, les actes
de la cour de Rome leur étaient ainsi présentés revêtus de
lettres patentes. En vertu de la haute police qui était dans
leurs mains et de leur juridiction indéfinie, ils recevaient
aussi les appels comme d'abus. Mais la cour de Rome et le
clergé n'acceptaient pas facilement ce contrôle séculier. Les
lois concordataires actuelles n'ont pas voulu que les débats
anciens puissent se renouveler. Maintenant les bulles, les
brefs, les rescrits, les décrets, les mandats, les provisions,
les signatures servant de provisions, en un mot toutes les
expéditions de la cour de Rome, même celles qui ne concernent que les particuliers, ne peuvent pas plus qu'autrefois
être reçues, publiées, imprimées, ni autrement mis à exécution, sans l'autorisation du gouvernement. Aucun individu se

disant nonce, légat, vicaire ou commissaire apostolique, ou se prévalant de toute autre dénomination, ne peut sous les mêmes autorisations exercer sur le sol français ni ailleurs aucune fonction relative aux affaires de l'église gallicane ; les décrets des synodes étrangers, même des conciles généraux, ne sont point publiés en France, avant que le gouvernement en ait examiné la forme, leur conformité avec les lois, droits et franchises de la République, et tout ce qui, dans leur publication, pourrait altérer ou intéresser la tranquillité publique (1). Aucune décision doctrinale ou dogmatique des communions protestantes, aucun formulaire sous le titre de confessions ou sous tout autre titre, ne peuvent être publiées ou devenir la matière de l'enseignement, avant que le gouvernement en ait autorisé la publication ou promulgation (2).

Toutes ces autorisations sont accordées par un décret délibéré en Conseil d'Etat.

206. C'est également en Conseil d'Etat que sont reçues et enregistrées toutes les bulles et autres écrits de la cour de Rome. Les actes sont transcrits en latin et en français sur les registres, et mention est faite par le secrétaire général du conseil, sur l'original de l'acte que cette formalité a été remplie. Un vieil usage du Conseil exige que le rapport de l'affaire soit fait, soit par un conseiller, soit par un président de section.

207. Si l'acte émane de la cour de Rome, le décret qui en ordonne la publication contient toujours la réserve suivante : *sans approbation des clauses, formules ou expressions qui pourraient être contraires aux lois de la République, aux franchises, libertés et maximes de l'Église gallicane.*

208. A l'égard de la protection des cultes et de la répression de l'abus du pouvoir ecclésiastique, c'est encore avec le concours du Conseil d'Etat que l'un et l'autre sont exercés. Il y a recours au Conseil, s'il est porté atteinte à l'exercice

---

(1) L. 18 germinal an X, art. 1, 2 et 3.
(2) L. 18 germinal an X, art. 4. — Articles organiques des cultes protestants.

public du culte et à la liberté que les lois et les réglements garantissent à ses ministres. Il y a également recours dans tous les cas d'abus de la part des supérieurs et autres personnes ecclésiastiques appartenant à la religion catholique. Ces cas d'abus sont l'usurpation ou l'excès de pouvoirs, la contravention aux lois et réglements de l'Etat, l'infraction des règles consacrées par les canons reçus en France, l'attentat aux libertés, franchises et coutumes de l'Église gallicane, et toute entreprise et tout procédé qui, dans l'exercice du culte, peut compromettre l'honneur des citoyens, troubler arbitrairement leur conscience, dégénérer contre eux en oppression, ou en injure, ou en scandale public (1). C'est ce qu'on appelle le recours pour abus.

209. Le Conseil connaît enfin de toutes les entreprises des ministres du culte protestant, et de toutes dissensions qui pourraient s'élever entre ces ministres (2).

210. La loi du 24 mai 1825 (art. 2) porte qu'aucune congrégation religieuse de femmes ne sera autorisée qu'après que les statuts, dûment approuvés par l'évêque diocésain, auront été *vérifiés et approuvés en Conseil d'Etat*, en la forme requise pour les bulles d'institution canonique ; et que les statuts ne pourront être approuvés s'ils ne contiennent la clause que la congrégation est soumise, dans les choses spirituelles, à la juridiction ordinaire.

Lorsque les statuts ont été ainsi approuvés et enregistrés, si la congrégation existait avant le 1er janvier 1825 et n'a pas cessé d'exister depuis lors, l'autorisation peut être accordée par un décret ; si elle n'existait pas à cette époque, l'autorisation ne peut être accordée que par une loi.

§ 6. — Tutelle administrative.

211. On dit communément que le Conseil d'Etat est chargé

---

de la tutelle des établissements publics. Il faut s'entendre sur ces expressions. Le Conseil n'a pas de pouvoir propre. C'est le gouvernement qui est le vrai tuteur des intérêts des départements, des communes, des établissements publics ou d'utilité publique ; il statue par la voie des décrets ou des arrêtés selon les cas. Seulement, en semblable matière, la loi a prévu l'intervention obligatoire du Conseil d'État dans un très grand nombre de cas, notamment quand les intérêts pécuniaires sont engagés. En outre, les usages administratifs, quand la loi est muette, demandent très souvent son concours.

§ 7. — Haute police administrative.

212. Aux termes de l'article 14 du décret du 11 juin 1806, le Conseil d'État connaît « des affaires de haute police administrative qui lui sont renvoyées. » La haute police dont il s'agit ici a pour objet l'exercice de la responsabilité morale. Sous l'empire de la Constitution de l'an VIII, le Conseil d'État, était, en outre, chargé d'examiner les demandes en autorisations de poursuites formées contre des fonctionnaires en exécution des dispositions de l'article 75 de ladite Constitution. Ces attributions existent-elles encore ?

En ce qui concerne les attributions qui résultaient pour lui de l'article 75, la négative n'est pas douteuse, l'article 75 ayant été aboli par le décret-loi du 19 septembre 1870.

Mais en ce qui concerne les attributions de haute police, la question est plus délicate, et nous n'hésitons pas, quant à nous, à nous prononcer pour l'affirmative. La seule considération que l'on fasse valoir est que le gouvernement n'use jamais de la faculté que lui ouvre l'article 14. Ce n'est point là un argument. Il est bien certain que depuis 1814 le gouvernement a rarement saisi le Conseil d'État d'une affaire de haute police administrative. Mais la désuétude ne constitue pas l'abrogation. Il peut se présenter tel cas où le gouvernement croirait devoir user de l'article 14 du décret de 1806, et il nous semble, quant à nous, que, dans maintes circonstances, il eût été profitable qu'il en eût fait usage. Et il nous paraît qu'il ne s'en est pas servi dans l'incertitude où il était de son propre droit, et dans l'ignorance où il se trouvait de la procédure suivie à cet égard de 1806 à 1814. Nous croyons donc devoir donner, à cet égard, quelques indications.

Et d'abord, disons-nous, l'article 14 du décret du 11 juin 1806 n'a pas été abrogé en cette partie. Ce décret est celui qui a formé au Conseil d'État le service ordinaire et le service extraordinaire, rétabli les maîtres des requêtes et l'ordre des avocats aux Conseils et reconstitué la justice administrative en créant une section du contentieux. Ces diverses institutions ont été en partie modifiées depuis lors, mais elles subsistent toutes.

Quant à l'article 14 qui nous occupe, il était ainsi conçu : Le Conseil connaîtra en outre, 1° des affaires de haute police administrative lorsqu'elles lui auront été envoyées par nos ordres ; 2° de toute contestation ou demande relative soit aux marchés passés avec nos ministres, avec l'intendant de notre maison, ou en leur nom, soit aux travaux et fournitures faites pour le service de leurs départements respectifs, pour notre service personnel ou celui de nos maisons ; 3° des décisions de la comptabilité nationale ou du Conseil des prises.

Or toutes les attributions contenues dans les numéros 2 et 3, sont actuellement entre les mains du Conseil, à l'exception de celles relatives aux décisions de la comptabilité nationale qui ont été données à la Cour des comptes lorsque celle-ci a été créé par la loi du 16 septembre 1807.

Quant au n° 1 de l'article 1er, il n'a jamais été aboli, ni expressément, ni implicitement. Et on n'ignore pas que l'article 8 *in fine*, de la loi du 24 mai 1872 a décidé que le Conseil d'État devait exercer en outre, *jusqu'à ce qu'il en fût autrement ordonné, toutes les attributions qui étaient conférées à l'ancien Conseil d'État par les lois ou règlements qui n'en ont pas été abrogés.* Or les lois constitutives du Conseil d'État en 1852, rappelaient expressément sa fonction de haute police administrative. Le n° 1 de l'article 14 du décret est donc encore en vigueur. Ceci dit, examinons-en la portée.

213. La haute police administrative a toujours existé dans l'État ; elle se lie au pouvoir du Gouvernement, repose sur le

même principe que le droit de reprendre, de nommer et de révoquer, qui appartient au chef du pouvoir exécutif ; elle est une suite de ces droits. Le décret de 1806 a voulu que, dans certains cas, il y eût entre le pouvoir exécutif et le fonctionnaire dont la responsabilité morale est engagée, un corps, qui ne formât son avis qu'après une instruction régulière, après une mûre discussion, éclairant sa justice et donnant au fonctionnaire et au public l'assurance qu'elle n'a pas été surprise.

214. La procédure de l'instruction en semblable matière a été réglée par le titre 3 du décret précité. Elle est assez simple et, en tenant compte des modifications apportées depuis 1806 à l'organisation politique, elle se résume ainsi :

215. Une commission peut être nommée chaque fois que le gouvernement juge à propos de faire examiner par le Conseil la conduite d'un fonctionnaire public, elle est composée d'un président de section et de deux conseillers. Le ministère de la commission est absolument borné à l'examen. Aucun acte d'autorité ne lui est permis, même relativement à l'instruction, elle ne peut pas même ordonner la comparution de l'inculpé ni présider à son interrogatoire. Si elle estime qu'il doit être entendu préalablement, elle en informe le ministre de la justice, président du conseil, lequel mande l'inculpé et l'interroge en présence de la commission. Les membres de la commission peuvent cependant poser des questions. Un auditeur tient le procès-verbal.

Lorsque la commission reconnaît, soit par la seule inspection des pièces, soit par l'interrogatoire, que l'inculpation n'est pas fondée, ou parce que les faits sont faux, ou parce qu'ils ne constituent ni un délit ni une faute, le président en informe le ministre de le justice qui rend compte au gouvernement. Les faits reconnus vrais et répréhensibles, si la commission pense qu'il y a délit et lieu à poursuite, elle rend compte, et suite judiciaire est donnée à l'affaire. S'il y a lieu seulement à peine disciplinaire, la commission prend les ordres du gouvernement et le Conseil d'État statue dans son rapport. Le fonctionnaire inculpé peut être entendu ; il a la faculté de produire une défense écrite, mais *non imprimée*, signée par lui ou par un avocat au Conseil.

Le Conseil peut prononcer qu'il y a lieu à réprimande, à censure, à suspension ou même à destitution.

Telles sont les dispositions du décret du 11 juin 1806 ; ainsi qu'on l'a dit, l'application de cette procédure spéciale n'a plus eu lieu, du moins à notre connaissance, depuis 1814. Mais réservée à quelques cas spéciaux et de nature à préoccuper l'opinion publique, le gouvernement s'en pourrait encore servir. Et nous en relatons les incidents à cet effet.

§ 8. — Attributions judiciaires.

216. Nous avons dit que le Conseil d'Etat constituait la plus haute des juridictions administratives. Nous n'avons pas à entrer ici dans le développement de son fonctionnement dans les affaires contentieuses, le détail en doit être donné dans les ouvrages où la matière est traitée avec l'étendue qu'elle mérite. Mais nous devons cependant donner quelques notions générales sur les considérations qui ont décidé le législateur à créer des tribunaux administratifs et à placer à leur tête le plus élevé des corps administratifs.

« Le principe des lois qui forment le droit public, dit M. Locré, dans son *Esprit du Code Napoléon*, est qu'il faut, dans le doute, se décider par le plus ou le moins d'importance des intérêts en conflit ; qu'en conséquence, l'intérêt public doit toujours l'emporter sur l'intérêt particulier, et ce principe est tellement l'essence du droit public, que s'il était écarté, les lois qui forment ce droit n'atteindraient plus leur but ; car, instituées pour maintenir l'ordre social, il leur est impossible de le conserver, sans faire plier toutes les volontés particulières sous la volonté générale, tous les intérêts individuels sous l'intérêt commun. Au contraire, le principe des lois qui forment le droit civil ou privé, est que l'on ne doit pas s'arrêter à considérer de qui l'intérêt se trouvera blessé par l'application des lois et la décision de la justice. Ce principe, si opposé à l'autre, est cependant de l'essence du droit privé, parce que là il ne s'agit que de rendre à chacun ce qui lui appartient, d'après des règles invariables. »

Cela posé, on conçoit que là où la raison d'Etat et l'intérêt public se choquent avec l'autorité du droit civil et l'intérêt privé, il devient indispensable de les combiner ensemble et de les tempérer l'un par l'autre. On ne peut confier la décision de ces procès aux tribunaux ordinaires. Indépendamment que ces tribunaux sont trop loin pour apercevoir la raison d'Etat, ils se trouveraient toujours entraînés, sans s'en douter, vers les principes du droit civil, auquel ils sont plus accoutumés.

Il est donc devenu nécessaire d'instituer une justice administrative qui, ayant plus de latitude, puisse former un droit mixte des règles du droit public et de celles du droit privé, et faire prévaloir, au besoin, l'équité et l'intérêt de l'Etat qui est l'intérêt de tous, sur les dispositions plus étroites de la législation commune.

Cette distinction de la justice civile et de la justice administrative a toujours existé en France. Sous l'ancien gouvernement, la justice administrative était confiée aux intendants dans les diverses généralités, et elle venait ensuite se centraliser au conseil du roi. Lors de la suppression des intendances, elle passa aux administrations de district et de département et aux ministres. Elle demeura ainsi confondue dans les mains de l'administration active. Cet état de choses dura jusqu'à l'an VIII. A cette époque, le pouvoir d'administrer et celui de juger administrativement furent de nouveau divisés d'abord par le règlement du 5 nivôse qui ôta l'exercice de la justice administrative aux ministres pour le placer au Conseil d'Etat ; ensuite par la loi du 28 pluviôse qui créa les conseils de préfecture.

Le Conseil d'Etat statua pendant quelques années sur les affaires contentieuses en la même forme que sur les affaires administratives, mais cet état de choses disparut par le décret du 11 juin 1806, qui créa la section du contentieux et rétablit l'ordre des avocats aux conseils, et par celui du 22 juillet 1806, qui régla la procédure à suivre dans les différents cas.

217. Les attributions contentieuses générales du Conseil d'Etat sont aujourd'hui fixées par l'article 9 de la loi du 24 mai

1872, ainsi conçu : Le Conseil d'Etat statue souverainement sur les recours en matière contentieuse administrative et sur les demandes d'annulation pour excès de pouvoir formées contre les actes des diverses autorités administratives.

218. Ces attributions générales sont remplies par une section du contentieux, par une section temporaire du contentieux et par l'assemblée générale du Conseil d'Etat au contentieux, en exécution des dispositions de la loi du 24 mai 1872, de celle du 1er août 1874, de celle du 13 juillet 1879, du règlement du 2 août 1879, de la loi du 26 octobre 1888 et du règlement du 12 novembre 1888.

219. La justice exercée par les sections du contentieux ou par l'assemblée générale du contentieux a eu longtemps le caractère de justice retenue : c'est-à-dire que le souverain, ou empereur, ou roi, était censé statuer personnellement sur les litiges, le Conseil d'Etat lui présentant seulement un projet de décision. Mais depuis la loi du 24 mai 1872, article 9, la justice a été déléguée au Conseil d'Etat, c'est-à dire que la fiction antérieure a disparu, que le Conseil a acquis un droit de juridiction propre, et qu'il statue souverainement, ses décisions produisant tous les effets ordinaires des jugements, c'est-à-dire l'autorité de la chose jugée et les voies d'exécution directe.

220. Il ne convient pas ici, répétons-nous, de faire une énumération complète des attributions du Conseil d'Etat statuant au contentieux; il suffit de signaler que sa juridiction est générale et souveraine. Elle est générale, en ce que toutes les affaires contentieuses peuvent être portées à sa barre, sur quelque point du territoire continental ou colonial qu'elles aient pris naissance, quels que soient les services publics qu'elles concernent et les autorités ou juridictions administratives qui en aient connu. Elle est souveraine, en ce que ses décisions ne peuvent être infirmées ni réformées par aucune autorité juridictionnelle ou gouvernementale (1).

---

(1) Laferrière, t. I, p. 277.

221. Toutefois, si la juridiction du Conseil est souveraine et générale, il n'en faut pas conclure qu'elle soit toujours unique. Il est tantôt juge unique, tantôt juge d'appel et tantôt enfin juge de cassation.

222. La juridiction du Conseil d'État comme juge unique de premier et dernier ressort comprend : 1° les recours tendant à l'annulation des actes administratifs entachés d'excès de pouvoir ; 2° les réclamations formées contre les décisions ministérielles ayant le caractère d'actes de gestion ; 3° l'interprétation des actes administratifs dont le sens et la portée donnent lieu à contestation ; 4° le contentieux des élections des conseils municipaux et généraux (1) ; 5° les déclarations de démissions en la forme contentieuse contre les conseillers généraux, municipaux et d'arrondissement qui refusent de remplir des fonctions qui leur sont dévolues par les lois (2) ; 6° les recours formés par les industriels exploitant ou demandant à exploiter des établissements dangereux, incommodes ou insalubres contre les arrêtés refusant d'autoriser lesdits établissements (3) ; 7° les réclamations formées par les conseils municipaux ou par toute partie intéressée contre les arrêtés des préfets prononçant l'annulation des délibérations de ces conseils ou déclarant qu'elles sont nulles de plein droit (4) : 8° les réclamations formées contre les arrêtés préfectoraux refusant d'annuler les délibérations des conseils municipaux arguées d'illégalité (5) ; 9° les oppositions contre les décrets autorisant un changement ou une addition de nom (6) ; 10° les infractions aux lois et règlements qui régissent la Banque de France (7) : 11° les recours formés contre les décisions portant suspension ou interdiction de travaux dans les mines ou retrait de concession (8).

---

(1) L. 31 juillet 1875.
(2) L. 7 juin 1873.
(3) D. 15 octobre 1810, art. 7.
(4) L. 5 avril 1884, art. 67.
(5, L. 5 avril 1884, art. 66 et 67.
(6) L. 11 germinal an XI, art. 7.
(7) L. 2 mai 1806, art. 21.
(8) L. 21 avril 1810 et 27 avril 1838.

223. La juridiction du Conseil d'Etat comme juge d'appel s'étend à toutes les affaires qui sont déférées par les lois aux conseils de préfecture et au conseil du contentieux dans les colonies; elle s'étend également aux décisions des commissions instituées pour fixer les indemnités de plus-values en exécution de l'article 30 de la loi du 16 septembre 1807; aux décisions prononcées par le gouverneur général de l'Algérie, relativement à la répartition du produit des amendes mises à la charge de tribus arabes à la suite d'incendies de forêts (1).

224. Les attributions du Conseil d'Etat comme juge de cassation s'exercent à l'égard de tous les tribunaux administratifs statuant en dernier ressort (2), et notamment de la Cour des comptes et des conseils de revision (3).

225. Dans tous les cas prévus par la loi générale ou par les lois spéciales, le pourvoi en cassation appartient aux parties lésées aussi bien qu'aux ministres. Mais les ministres qui représentent non seulement l'Etat considéré comme personne civile, mais encore la puissance publique, peuvent poursuivre directement devant le Conseil d'Etat l'annulation dans l'intérêt de la loi de toutes décisions juridictionnelles qui intéressent leur département. Mais la chose jugée demeure acquise aux parties, et l'annulation obtenue ne peut leur préjudicier (4).

226. Les ministres ont le droit de revendiquer devant le tribunal des conflits les affaires portées à la section du contentieux et qui n'appartiendraient pas au contentieux administratif. Toutefois, ils ne peuvent se pourvoir devant cette juridiction qu'après que la section du contentieux a refusé de faire droit à la demande en revendication qui doit lui être préalablement communiquée (5).

227. En dehors de la juridiction contentieuse qu'il exerce,

---

(1) L. 17 juillet 1874, art. 6.
(2) Laferrière, t. I, p. 283.
(3) L. 16 septembre 1807, art. 17; — L. 27 juillet 1872; — 30 octobre 1872.
(4) Laferrière, t. I, p. 284.
5) L. 24 mai 1872, art. 28.

soit par ses sections du contentieux, soit par son assemblée statuant au contentieux, le Conseil d'Etat exerce administrativement, en certaines matières, une véritable juridiction contentieuse, juridiction retenue et non déléguée, il est vrai. C'est ainsi qu'en assemblée générale il statue sur les recours pour abus ecclésiastiques, sur les appels des jugements du Conseil des prises, et sur les infractions aux lois et règlements qui régissent la Banque.

C'est ainsi également qu'en section de l'Intérieur il prononce sur les appels des communes, hospices, bureaux de bienfaisance, fabriques, cures, séminaires et autres établissements publics contre les arrêtés des conseils de préfecture leur refusant l'autorisation de plaider.

C'est ainsi, enfin, qu'en section des travaux publics il statue sur les réclamations des intéressés contre les arrêtés préfectoraux constituant des associations syndicales dans le cas prévu par l'article 70 de la loi du 21 juin 1865.

SECTION III.

ORGANISATION DU CONSEIL.

228. Il existe dans le Conseil d'Etat :

Une assemblée générale de tous ses membres ;
Des sections ;
Des commissions accidentellement formées.
Pour faire délibérer une assemblée, il ne faut lui présenter que des résultats ; il lui est impossible de les préparer. Qu'on lui expose un projet rédigé, elle le jugera, elle l'améliorera, mais elle ne le rédigera pas elle-même. Nos assemblées parlementaires ont leurs commissions, le Conseil d'Etat a ses sections, appelées aussi, à certaines époques, comités.

On a, en conséquence, classé toutes les matières dont il s'occupe, sous un petit nombre de divisions générales, et chacune de ces divisions a été confiée à une section. La base de la division a été la compétence administrative des différents ministères. On a réparti les affaires de chaque ministère entre les sections, à l'exception des cultes, que l'on a attribués à une section déterminée, quel que soit le ministre de qui ils relèvent, et les colonies qui ont été attachées à la section des finances.

229. Pour les affaires mixtes, on réunit plusieurs sections et parfois des commissions particulières et dont les attributions sont spécialement déterminées.

§ 1. — Section de législation, justice et affaires étrangères.

230. La section de législation s'occupe de toutes les affaires émanant des ministères de la justice et des affaires étrangères. Elle prépare également, soit seule, soit avec l'adjonction d'une autre section, tous les projets de lois d'intérêt général touchant au droit civil, commercial, criminel, etc.

Le cercle de sa compétence administrative s'étend, en outre, sur les objets suivants :

Lois et règlements d'administration publique d'ordre général, civil ou criminel;

Création de tribunaux de première instance, de commerce, de juges et de juges suppléants, de justices de paix en France, en Algérie et en Tunisie;

Suppression des tribunaux;

Délimitations de cantons judiciaires et modifications des circonscriptions judiciaires;

Additions et substitutions de noms;

Naturalisations de toutes sortes, exceptionnelles et ordinaires, en France, en Annam, au Tonkin, en Algérie et dans les Colonies;

Révocations d'admissions à domicile;

Legs à la chancellerie de la Légion d'honneur, aux ordres et compagnies d'officiers ministériels;

Appels du Conseil des prises.

231. Elle se compose d'un président de section, de cinq

conseillers, des conseillers en service extraordinaire du ministère correspondant, de trois maîtres des requêtes, de deux
auditeurs de 1re classe, de trois auditeurs de 2e classe et d'un
secrétaire (1).

§ 2. — Section de l'intérieur, de l'instruction publique, des beaux-arts et des cultes.

232. Cette section traite toutes les affaires des ministères
de l'Intérieur et de l'Instruction publique : c'est à elle qu'ont
été remises les affaires des Cultes, à quelque ministère que
soit d'ailleurs rattachée spécialement leur administration qu'on
sait assez vagabonde.

Ses attributions administratives comprennent :

Dons et legs aux départements, aux communes et aux établissements divers de charité ou d'enseignement religieux ;

Annulation de délibérations de conseils généraux ;

Rectification de limites de départements, d'arrondissements
ou de communes ;

Acquisitions, aliénations, échanges, emprunts, impositions
extraordinaires, impositions d'office, changements de noms,
modifications de circonscriptions territoriales, rachats de
concessions de droits de péage sur les ponts, expropriations
relatives aux communes ;

Voirie urbaine et vicinale ;

Autorisation de plaider des communes et établissements
publics ;

Distraction de dépendances de presbytères et désaffec-
tation ;

Créations, acquisitions, aliénations, échanges, transactions,
expropriations, emprunts, statuts, règlements des hospices, asiles d'aliénés et bureaux de bienfaisance ;

Organisation, réorganisation, modifications, statuts et règlements des monts-de-piété ;

---

(1) D. 2 août 1879, art. 4.

Reconnaissance comme établissements d'utilité publique, approbation et modification de statuts, acquisitions, échanges, emprunts, emploi des fonds de sociétés de bienfaisance, asiles, crèches, associations, orphelinats, caisses, fondations, sociétés de secours mutuels, etc.;

Acquisitions, aliénations, emprunts, caisses de retraite, etc. des établissements religieux divers : évêchés, fabriques, cures et succursales ;

Établissements de chapelles de cures, chapelles vicariales, oratoires particuliers et chapelles domestiques ;

Fondations et statuts, acquisitions, aliénation, échanges, emprunts, etc. des congrégations d'hommes et de femmes ;

Recours pour abus ;

Enregistrement des bulles et actes de la cour de Rome ;

Sociétés savantes.

Eaux minérales, établissement du périmètre, déclaration d'utilité publique.

233. Elle se compose d'un président, de cinq conseillers, de conseillers en service extraordinaire des ministères correspondants et du conseiller directeur des cultes, de cinq maîtres des requêtes, de deux auditeurs de 1re classe, de quatre auditeurs de deuxième classe et d'un secrétaire (1).

§ 3. — Section des finances, de la guerre, de la marine et des colonies.

234. La section des finances est chargée de l'étude des dossiers des ministères des Finances, de la Guerre, de la Marine et des Colonies. C'est à cette section que sont rattachées les affaires coloniales.

Ses attributions administratives comprennent :

Législation coloniale et affaires administratives du service des Colonies :

Crédits extraordinaires et supplémentaires ;

____

(1) D. 2 août 1879, art. 4.

Crédits supplémentaires d'inscription pour les pensions civiles;

Répartition annuelle des crédits d'inscription des pensions;

Remises de débets;

Décharges de responsabilité (comptables publics);

Octrois;

Pensions civiles;

Pensions du département de la Marine et des Colonies;

Pensions dites demi-soldes;

Pensions liquidées sur les fonds de caisses de retraite
   spéciales;

Fixation des limites de la mer;

Concessions de lois de mer ou de droit d'atterrissement;

Bacs;

Echanges domaniaux;

Déclaration de caducité des créances du Trésor;

Legs à l'Etat et aux établissements financiers, militaires,
   maritimes et coloniaux;

Décharge de manquants de distillerie;

Statuts de caisses de retraite des communes, hospices, sa-
   peurs-pompiers, etc.

235. La section des finances est composée d'un président,
de cinq conseillers, des conseillers en service extraordinaire
appartenant aux ministères correspondants, de cinq maitres
des requêtes, de deux auditeurs de 1re classe, de quatre auditeurs de 2e classe et d'un secrétaire (1).

§ 4. — Section des travaux publics, de l'agriculture, du commerce, de l'industrie et des ponts.

236. La section des Travaux Publics a les affaires des ministères des Travaux Publics, de l'Agriculture et du Commerce, moins celles relatives aux colonies.

---

(1) D. août 1879, art. 4.

Ses attributions ordinaires sont les suivantes :

Régime des eaux, travaux d'assainissement, de barrage, de canalisation, curage, travaux de défense, tonnage, halage ;

Prises d'eau, règlements d'eau ;

Chemins de fer, concession, établissement, cession, travaux divers ;

Tramways et chemins de fer sur routes ;

Carrières ;

Pêche fluviale ;

Dons et legs aux établissements agricoles, commerciaux, industriels et miniers ;

Délimitation du rivage de la mer et des fleuves ;

Mines, concession, fusion, renonciation, déchéance ;

Desséchement de marais ;

Établissement de ponts, concession du péage ;

Ports maritimes et fluviaux, travaux divers sur le domaine public, concessions, établissements sur les quais ;

Routes, déclaration d'utilité publique, établissement, alignement, rectification ;

Associations syndicales forestières, emprunt, établissement du périmètre, classement des propriétés ;

Forêts, défrichement, reboisement, restauration et conservation des terrains en montagne ;

Fixation et ensemencement des dunes ;

Caisses d'épargne ;

Chambres de commerce ;

Conseils de prud'hommes ;

Salles de ventes publiques ;

Bureaux de conditionnement et de titrage ;

Sociétés d'assurances sur la vie ;

Tontines.

Postes et télégraphes.

237. Elle se compose d'un président, de cinq conseillers, des conseillers en service extraordinaire des ministères correspondants, de cinq maîtres des requêtes, de deux auditeurs de

1re classe, de quatre auditeurs de 2e classe et d'un maître des requêtes (1).

§ 5. — Sections du contentieux.

238. La section du contentieux proprement dite est chargée de diriger l'instruction écrite et de préparer les rapports des affaires contentieuses qui doivent être jugées par le Conseil d'Etat. Elle peut statuer en audience publique, sur les affaires d'élections et de contributions directes ou taxes assimilées dans lesquelles il y a constitution d'avocat. Elle peut juger en outre les affaires pour lesquelles il n'y a pas de constitution d'avocat (2).

Elle se compose d'un président, de sept conseillers, de douze maitres des requêtes, dont quatre remplissant les fonctions de commissaires du Gouvernement, de quatre auditeurs de 1re classe, de dix auditeurs de 2e classe, d'un secrétaire et d'un secrétaire adjoint (3).

239. La loi du 26 octobre 1888 a permis, lorsque les besoins du service l'exigent, la création d'une section temporaire du Conseil d'Etat, qui a été établie par décret du 12 novembre suivant.

240. La section temporaire peut statuer en audience publique sur les affaires de protestations électorales et de contributions directes ou taxes assimilées, dans lesquelles il y a constitution d'avocat, et, en audience non publique, dans celles où il n'y a pas constitution d'avocat.

241. La section temporaire est composée d'un président et de quatre conseillers d'Etat et des maitres des requêtes en nombre suffisant pris dans les différentes sections du Conseil auxquelles ils continuent d'appartenir, désignés par le Président de la République. Il peut y avoir auprès d'elle un ou deux commissaires suppléants du gouvernement nom-

---

(1) D. 2 août 1879, art. 4; — L. 26 octobre 1888, art. 3.
(2) L. 21 mai 1872, art. 15 et 19.
(3) L. 13 juillet 1879, art. 4; — D. 2 août 1879, art. 4.

més par arrêté du ministre de la Justice et pouvant être choisis parmi les auditeurs de première classe. Pour la désignation des membres de la section temporaire et des commissaires suppléants du gouvernement, le vice-président du Conseil et les présidents de section doivent être consultés.

§ 6. — Sections réunies.

242. Lorsqu'une affaire, par sa nature, intéresse deux ministères, le ministre de la Justice ou à son défaut les vice-présidents du Conseil d'Etat peuvent toujours réunir à la section compétente soit la section de législation, soit telle autre section qu'ils croient devoir désigner. Le cercle des attributions des sections réunies n'est donc pas limité et s'étend à toutes les affaires dont le Conseil peut être lui-même saisi, à l'exception de celles contentieuses.

Les membres des sections réunies sont ceux de chacune des sections.

§ 7. — Commissions spéciales.

243. Lorsqu'une affaire est de nature à entraîner l'examen de plus de deux sections, il est souvent d'usage de former ce que l'on appelle des commissions spéciales composées de quelques uns des membres des sections compétentes. Ces commissions spéciales font directement leurs rapports à l'assemblée générale du Conseil d'Etat. Ces réunions de commissions spéciales sont assez rares.

§ 8. — Assemblée générale du Conseil d'État.

244. L'assemblée générale du Conseil d'Etat est formée des membres de toutes les autres sections y compris celle du contentieux. Elle est présidée, soit par le garde des sceaux, soit par le vice-président du Conseil.

245. Elle a à statuer sur toutes les affaires dont l'examen lui est renvoyé par les sections. Le renvoi de certaines de

ces affaires est facultatif, c'est-à-dire qu'il est décidé par les sections ou demandé par le gouvernement; celui de certaines autres est obligatoire. Celles-ci sont les suivantes (1) :

1° Projets et propositions de lois renvoyés au Conseil d'Etat.

2° Les projets de règlement d'administration publique ;

3° L'enregistrement des bulles et autres actes du Saint-Siège ;

4° Les recours pour abus ;

5° Les autorisations des congrégations religieuses et la vérification de leurs statuts ;

6° La création des établissements ecclésiastiques ou religieux ;

7° L'autorisation d'accepter les dons et legs excédant cinquante mille francs, lorsqu'il y a opposition des héritiers ;

8° L'annulation des délibérations prises par les conseils généraux des départements dans les cas prévus par les articles 33 et 47 de la loi du 10 août 1871 ;

9° Les impositions d'office établies sur des départements dans les cas prévus par l'article 61 de la loi du 10 août 1871 ;

10° Les traités passés par la ville de Paris pour les objets énumérés dans l'article 16 de la loi du 24 juillet 1867 ;

11° Les changements apportés à la circonscription territoriale des communes ;

12° La création des octrois ;

13° La création des tribunaux de commerce et des conseils de prud'hommes, la création ou la prorogation des chambres temporaires dans les cours et tribunaux ;

14° La création des chambres de commerce ;

15° Les prises maritimes ;

16° La délimitation des rivages de la mer ;

17° Les demandes en concession de mines, soit en France, soit en Algérie ;

18° L'exécution des travaux publics à la charge de l'Etat qui peuvent être autorisés par décret ;

19° L'exécution des tramways ;

---

(1) D. 3 avril 1886.

20° Les concessions de dessèchement de marais, les travaux d'endiguement et ceux de redressement des cours d'eau non navigables ;

21° L'approbation des tarifs de ponts à péage et de bacs et le rachat des concessions de ponts à péage;

22° L'établissement de droits de tonnage dans les ports maritimes ;

23° L'autorisation des sociétés d'assurances sur la vie, des tontines et les modifications des statuts des sociétés anonymes autorisées avant la loi du 24 juillet 1867;

24° La suppression des établissements dangereux, incommodes et insalubres, dans les cas prévus par le décret du 15 octobre 1810 ;

25° Toutes les affaires non comprises dans cette nomenclature sur lesquelles il doit être statué, en vertu d'une disposition spéciale, par décrets rendus dans la forme des règlements d'administration publique;

26° Enfin, les affaires qui, à raison de leur importance, sont renvoyées à l'examen de l'assemblée générale, soit par les ministres, soit par le président de section d'office ou sur la demande de la section.

§ 9. — Assemblée générale du Conseil statuant au contentieux.

246. Pour juger les affaires contestées qui lui sont soumises en assemblée générale, le Conseil d'Etat statue en une assemblée spéciale formée conformément aux dispositions de l'article 5 de la loi du 13 juillet 1879. Cette assemblée est composée du vice-président du Conseil d'Etat (1), des membres de la section du contentieux, de huit conseillers pris dans les quatre sections administratives, à raison de deux conseillers par section, désignés pour trois années au minimum, des quatre commissaires du gouvernement et du secrétaire du contentieux.

---

(1) Nous savons déjà que le garde des sceaux ne peut présider.

247. Le Conseil d'État en assemblée générale du contentieux connaît de toute les affaires dans lesquelles il y a constitution d'avocat, à l'exception de celles relatives aux contributions directes et aux élections qui ont été retenues par les sections du contentieux, des excès du pouvoir et, en général, de toutes affaire dont le renvoi a été décidé par les sections du contentieux. Et, à cet égard, il y a lieu de dire que ce renvoi à l'assemblée générale est très largement pratiqué et a lieu, en fait, toutes les fois qu'un seul membre de la section le demande.

248. Le choix des délégués des sections administratives à l'assemblée générale du contentieux, n'est pas arbitraire. Tous les membres du Conseil d'État doivent être successivement désignés en suivant l'ordre du tableau. La délégation dure trois années au moins. On a voulu ainsi assurer à l'assemblée une composition de juges absolument indépendants de toute influence politique ou gouvernementale.

249. On voit par la composition de l'assemblée du contentieux que le législateur y a établi, en principe, la prééminence aux membres du Conseil d'État appartenant aux sections administratives, puisque ces membres sont au nombre de neuf (y compris le vice-président) contre un nombre maximum de huit (y compris le maître des requêtes, rapporteur) membres de la section du contentieux. La raison de cette disposition est facile à comprendre : on a voulu donner tout à la fois à l'assemblée générale du contentieux un élément dominant de membres dits *techniques*, c'est-à-dire ayant fait une étude spéciale et possédant l'expérience des choses de l'administration, et n'ayant point d'opinion formée sur l'affaire à juger, puisqu'ils n'ont pas pris part à la préparation du rapport qui a été fait en section du contentieux. On assure ainsi tout à la fois à l'administration et aux particuliers la double et pleine garantie d'une seconde étude du procès à juger et d'une délibération nouvelle, où la science et l'expérience juridiques pratiques des conseillers délégués peuvent faire surgir des arguments et des motifs de décider qui n'auraient point été suffisamment mis en lumière par les **membres de la section du contentieux seuls.**

SECTION IV.

FORMES DE PROCÉDURE.

§ 1. — Procédure des sections administratives.

250. Le Conseil d'Etat, en assemblée générale ou dans ses sections administratives n'a aucune initiative. Il ne s'occupe que des affaires que le gouvernement lui prescrit de traiter. L'initiative des lois, des règlements, des décrets, des demandes d'avis appartient aux ministres, chacun dans l'étendue de ses attributions.

251. Les ministres présentent au Président de la République tantôt un rapport seulement, tantôt un projet à la suite du rapport; ou bien, si l'affaire ne comporte pas l'examen préalable ou la décision du chef de l'Etat, ils adressent au garde des sceaux, président du Conseil d'Etat, une lettre par laquelle ils lui demandent de saisir le Conseil de l'affaire qui en est l'objet. Aux ministres seuls appartient ce droit. Les chefs de service, quelque haut placés qu'ils soient dans la hiérarchie, n'ont point qualité à cet effet; ils ne peuvent l'exercer que par délégation et par ordre, la délégation et l'ordre étant formellement énoncés.

252. Le dossier est inscrit par le secrétaire général du Conseil sur un registre spécial et adressé ensuite au président de la section compétente, à moins qu'il ne doive être l'objet de l'examen des sections réunies, cas auquel il est adressé au vice-président.

253. Le rapporteur que nomme le président de la section ou le vice-président, selon les cas, examine l'affaire, en rend compte à la section ou aux sections assemblées et présente le projet de loi, de règlement, de décret ou d'avis, suivant les circonstances. S'il adopte le projet du ministre sans modification, il le propose; s'il croit que des modifications sont nécessaires, si le ministre n'a pas présenté de projet, il ré-

dige un projet nouveau, et joint à son projet un projet de note expliquant les motifs de la modification. S'il pense que la proposition ne puisse être admise d'aucune manière, il rédige un projet d'avis pour motiver son opinion.

254. Si le Conseil est simplement consulté sur une difficulté administrative ou juridique, le rapporteur présente le projet d'avis qu'il a préparé.

255. Les notes revêtent en général la forme directe, les avis sont exposés au moyen de considérants (1).

256. La section, après avoir discuté la proposition du rapporteur, la rejette, l'approuve, la modifie ou la change, comme elle le juge convenable. Quels que soient les amendements produits par des membres de la section, c'est toujours la proposition du rapporteur qui est mise aux voix d'abord et délibérée.

257. Les sections peuvent demander aux ministres, aux autorités et même aux particuliers tous les renseignements, tous les éclaircissements, toutes les pièces dont elles croient avoir besoin. Lorsque ces pièces ou renseignements sont entre les mains d'une administration publique, la réclamation doit, en principe, s'opérer hiérarchiquement et par la voie de la note; mais, en pratique, il arrive très souvent que la section charge le rapporteur ou les conseillers en service extraordinaire du ministère intéressé de faire les démarches néces-

---

(1) La forme suivie dans les notes est généralement la suivante :
La section ou le Conseil, qui sur le renvoi ordonné par...
A pris connaissance d'un projet...
Ayant pour objet...
A fait les observations suivantes :
En conséquence, la section ou le Conseil ont décidé que...
La forme des avis est ainsi établie :
La section ou le Conseil qui, sur le renvoi..., etc.
Considérant...
En conséquence, la section ou le Conseil arrête l'avis qu'il n'y a lieu à statuer sur le projet (si l'avis conclut au rejet)... qu'il y a lieu de modifier le projet, conformément aux observations qui précèdent (s'il y a lieu à simples modifications), ou qu'il y a lieu de répondre à M. le Ministre d..., dans le sens des observations qui précèdent (s'il s'agit d'une demande d'avis.)

saires, et jamais l'administration n'élève d'objection. Lorsque la section doit s'adresser à un particulier, elle agit directement ou charge le ministère compétent d'agir.

258. Les sections peuvent également entendre toutes personnes dont les déclarations ou l'expérience paraissent devoir être utiles ou profitables.

259. Les décrets rendus, après délibération d'une ou plusieurs sections, mentionnent que ces sections ont été entendues (1).

260. Il est tenu dans chaque section un rôle sur lequel toutes les affaires sont inscrites d'après leur ordre de date.

Le président de la section distribue les affaires entre les rapporteurs. Il désigne celles des affaires qui sont réputées urgentes, soit par leur nature, soit par des circonstances spéciales.

La date de la distribution des affaires, avec l'indication de leur nature, est inscrite sur un registre particulier qui reste à la disposition du président de la section (2).

261. Le secrétaire de chaque section tient note, sur un registre spécial, des affaires délibérées à chaque séance et de la décision prise par la section. Il y fait mention de tous les membres présents (3).

262. En l'absence du président de la section, la présidence appartient à celui des conseillers d'État qui est le premier inscrit sur le tableau (4).

263. Lorsque plusieurs sections sont réunies, la présidence appartient, en l'absence du ministre de la justice, au vice-président, ou à celui des présidents de ces sections qui est le premier dans l'ordre du tableau.

---

(1) L. 24 mai 1872, art. 13.
(2) D. 2 août 1879, art. 8 et 9.
(3) D. 2 août 1879, art. 10.
(4) D. 2 août 1879, art. 11.

Les lettres de convocation contiennent l'indication des affaires qui doivent être traitées dans ces réunions (1).

264. Ainsi que nous l'avons dit au n° 106, les conseillers en service extraordinaire ont voix délibérative dans les affaires qui dépendent du département ministériel auquel ils appartiennent. Ils n'ont que voix consultative dans les autres affaires.

Les maîtres des requêtes ont voix délibérative, soit à l'assemblée générale, soit à la section, dans les affaires dont le rapport leur a été confié, et voix consultative dans les autres.

Les auditeurs ont voix délibérative à leur section et voix consultative à l'assemblée générale, seulement dans les affaires dont ils sont les rapporteurs (2).

265. Les sections administratives ne peuvent délibérer valablement que si trois conseillers en service ordinaire sont présents. En cas de partage, la voix du président est prépondérante (3).

266. Pour faciliter l'examen des affaires importantes, les projets présentés sont souvent imprimés. L'impression est destinée à faciliter la méditation et la discussion, et non à donner de la publicité au projet. En conséquence, les exemplaires ne sont distribués qu'aux membres du Conseil et aux ministres, auxquels il est expressément défendu de les communiquer au dehors. Cette prescription est toujours rigoureusement suivie par les membres du Conseil, mais la communication aux ministres ne conserve pas toujours son caractère confidentiel, les nécessités de la politique les obligeant parfois à révéler l'état des travaux de leurs administrations.

267. Dans le cas où, par suite de vacance, d'absence ou d'empêchement d'un ou de plusieurs conseillers d'État, une section ne se trouve pas en nombre pour délibérer, le vice-président du Conseil, de concert avec les présidents de section, la complète par l'appel de conseillers d'État pris dans

---

(1) D. 2 août 1879, art. 12.
(2) L. 24 mai 1872, art. 11.
(3) L. 23 juillet 1872, art. 12.

les autres sections. En cas d'urgence, la décision est prise par le président de la section (1).

§ 2. — Procédure de l'assemblée générale.

268. Le Conseil d'Etat, en assemblée générale, ne se réunit jamais de son propre mouvement, mais seulement sur convocation du vice-président. D'après un ordre général de service, le Conseil a des séances périodiques.

Les jours et heures des assemblées générales sont fixés par le Conseil d'Etat, sur la proposition du ministre de la justice. En cas d'urgence ou en cas de séance extraordinaire, le Conseil est convoqué par le vice-président.

269. Les discussions s'engagent devant le Conseil d'Etat, en assemblée générale, comme devant les sections, mais avec cette différence que le rapporteur doit être, dans son rapport, non l'interprète de son opinion personnelle, mais celui de la section dont il présente la proposition. A cet égard, les usages du Conseil sont d'une grande rigueur. Le rapporteur, en faisant connaitre les diverses opinions qui ont pu être formulées dans le sein de la section, conserve une impartialité absolue, qui ne doit pas laisser pénétrer son sentiment personnel, qu'il ait appartenu à la majorité ou à une minorité. Mais les mêmes usages l'autorisent, dès que le projet qu'il présente au nom de la section a été contesté par un membre du Conseil, à reprendre sa propre liberté et à défendre ses sentiments personnels. L'avis de la section est alors soutenu par ceux qui l'ont fait prévaloir.

270. Quand la motion est importante, on discute d'abord sur l'ensemble et le système du projet. Lorsque les bases du projet sont rejetées ou modifiées, le Conseil prononce soit un renvoi à la section pour préparer un projet dans le sens des idées émises en assemblée générale, soit un rejet définitif.

Lorsque le système est admis, on discute le projet article

---

(1) D. 2 août 1879, art. 28.

par article. Une tradition, toujours suivie, est que l'on ne fait jamais de discours, mais des observations développées : il n'y a point de tribune, si ce n'est pour le rapporteur. Et le ton des débats est constamment celui d'un langage d'hommes d'affaires et d'étude. Des sténographes recueillent les débats, et le secrétaire général rédige le procès-verbal et tient la plume.

271. Au procès-verbal des sections et des assemblées générales du Conseil d'État est annexé un résumé des discussions relatives aux projets de loi, aux règlements d'administration publique et aux affaires pour lesquelles, en raison de leur importance, le président jugerait que la discussion doit être recueillie. Ce résumé est fait par un auditeur désigné par le président et assisté d'un rédacteur spécial. Il reproduit sommairement les discussions ; il est soumis à la revision du président ou de l'un des conseillers d'État ou maîtres des requêtes présent à la séance, délégué par le président (1).

272. Il est dressé par le secrétaire général, pour chaque séance, un rôle des affaires qui doivent être délibérées en assemblée générale. Ce rôle mentionne le nom du rapporteur et contient la notice de chaque affaire rédigée par le rapporteur.

Le rôle est imprimé et adressé aux conseillers d'État, maîtres des requêtes et auditeurs, deux jours au moins avant la séance. Sont imprimés et distribués en même temps que le rôle, s'ils n'ont pu l'être antérieurement, les projets de loi et de règlement d'administration publique, les avis proposés par les sections, ainsi que les documents à l'appui desdits projets dont l'impression aura été jugée nécessaire par les sections.

Les documents non imprimés sont déposés au secrétariat général le jour où a lieu la distribution du rôle et des impressions, et ils y sont tenus à la disposition des membres du conseil, sauf les cas d'urgence (2).

---

(1) D. 2 août 1879, art. 30.
(2) D. 2 août 1879, art. 14 et 15.

273. Le procès-verbal contient les noms des conseillers d'État présents. Les conseillers d'État et les maîtres des requêtes qui sont empêchés de se rendre à la séance doivent en prévenir d'avance le vice-président du Conseil d'État. Il en est de même des auditeurs qui sont chargés de rapports inscrits à l'ordre du jour. En cas d'urgence, les rapporteurs empêchés doivent, de l'agrément du président de leur section, remettre l'affaire dont ils sont chargés à un de leurs collègues (1).

274. Le président a la police de l'assemblée; il dirige les débats, résume la discussion, pose les questions à résoudre. Nul ne peut prendre la parole sans l'avoir obtenue.

Les votes ont lieu par assis et levé ou par appel nominal.

Toutes les élections ont lieu au scrutin secret, à la majorité absolue des membres présents et sur convocation spéciale. Le président proclame le résultat des votes (2).

275. Le Conseil d'État, en assemblée générale, ne peut délibérer si seize au moins de ses membres, ayant voix délibérative, ne sont présents. En cas de partage, la voix du président est prépondérante (3).

276. Les décrets rendus après délibération de l'assemblée générale mentionnent que le Conseil d'État a été entendu (4).

§ 3. — Procédure des sections du contentieux et de l'assemblée
générale du Conseil statuant au contentieux.

277. Nous n'avons pas à examiner ici, avec détails, les formalités et la procédure des instances engagées contentieusement devant le conseil. Mais nous devons donner ici quelques indications générales sur le mode de fonctionnement administratif de la section du contentieux et de l'assemblée générale du contentieux.

La section du contentieux est chargée de diriger l'instruc-

---

(1) D. 2 août 1879, art. 16.
(2) D. 2 août 1879, art. 17 et 18.
(3) D. 13 juillet 1879, art. 6.
(4) L. 24 mai 1872, art. 13.

tion et de préparer le rapport de toutes les affaires contentieuses ; aux termes de l'article 19 de la loi du 24 mai 1872,
complété par la loi du 26 octobre 1888, elle prononce sur les
affaires pour lesquelles il n'y a pas eu constitution d'avocat,
et sur les affaires électorales et de contributions directes, à
moins que le renvoi à l'assemblée publique du contentieux
n'ait été demandé par l'un des conseillers d'État de la section
ou par le commissaire du gouvernement.

278. Aux termes de l'article 1er du décret du 22 juillet 1806, qui régit la procédure à suivre dans les affaires
contentieuses portées devant le Conseil d'État, tous les pourvois devaient être introduits par le ministère d'un avocat
au Conseil. Diverses dispositions de lois postérieures ont
dispensé du ministère des avocats les pourvois contre les
arrêtés des conseils de préfecture en matière de contributions
directes et de taxes assimilées, d'élections, de contraventions
aux lois sur la police du roulage et sur la police de la
grande voirie. Un décret du 2 novembre 1864 a édicté des
dispositions analogues à l'égard des pourvois contre les
décrets et décisions en matière de pensions et à l'égard des
recours pour excès de pouvoirs.

Pour le plus grand nombre des affaires qui viennent d'être
énumérées, les parties ne constituent pas d'avocat ; néanmoins,
dans la pratique du Conseil, les pourvois en matière d'excès
de pouvoirs, de pensions et de contraventions sont toujours
portés devant l'Assemblée du contentieux.

279. La section du contentieux était, aux termes de la loi
du 24 mai 1872, présidée par le vice-président du Conseil
d'État ; la loi du 1er août 1874 lui a donné un président spécial. Aux termes de la loi du 13 juillet 1879, elle se compose
de sept conseillers d'État en service ordinaire, le président
de la section compris.

280. L'assemblée du contentieux se compose, sous la présidence du vice-président du conseil : 1° des membres de la
section du contentieux ; 2° de huit conseillers en service ordinaire pris dans les autres sections et désignés par le vice-
président du Conseil délibérant avec les présidents de section.

Après audition du rapport fait au nom de la section, les avocats peuvent présenter des observations orales en complément de leurs mémoires écrits. Le commissaire du gouvernement donne ses conclusions dans chaque affaire. L'Assemblée ne peut délibérer qu'en nombre impair et ne décide valablement que si neuf membres ayant voix délibérative sont présents. Pour compléter l'assemblée, les conseillers absents ou empêchés sont remplacés par d'autres conseillers en service ordinaire pris dans l'ordre du tableau. En l'absence du vice-président du Conseil, le président de la section préside l'assemblée ; à défaut du président de la section, la présidence est dévolue à celui des conseillers de la section qui est le premier dans l'ordre du tableau, et non à l'un des présidents de section qui pourraient assister à la séance.

281. Les maîtres des requêtes ont voix délibérative dans les affaires dont ils sont rapporteurs à l'assemblée ; les auditeurs rapporteurs ont seulement voix consultative.

282. Tous les rapports du contentieux, à l'assemblée comme à la section, sont présentés par écrit.

283. Quatre maîtres des requêtes désignés par le Président de la République, remplissent devant la section et l'assemblée, les fonctions de commissaires du gouvernement. Ils assistent aux délibérations des sections et de l'assemblée générale.

284. Le président de la section du contentieux distribue les affaires entre les quatre maîtres des requêtes qui remplissent les fonctions du ministère public.

285. Les membres du Conseil d'État ne peuvent participer au jugement des recours dirigés contre les décisions qui ont été préparées par les sections auxquelles ils appartiennent, s'ils ont pris part à la délibération (1). Mais si la décision proposée par une section a été soumise à l'examen de l'as-

---

(1) L. 24 mai 1872, art. 20.

semblée générale, un conseiller ne doit plus s'abstenir. On comprend, en effet, que la récusation frapperait le Conseil.

286. Les délibérations prises par la section du contentieux doivent être arrêtées par une assemblée dans laquelle figurent au moins trois conseillers en service ordinaire, si elles portent sur un projet de décision à soumettre à l'assemblée générale du contentieux (1) ; mais si la section doit prendre une décision ferme, elle ne le peut faire que si cinq membres au moins ayant voix délibérative sont présents, c'est-à-dire au minimum quatre conseillers et le rapporteur (2).

En cas de partage, on appelle le plus ancien des maîtres des requêtes assistant à la séance.

287. Le rôle de chaque séance publique du Conseil d'Etat ou des sections du contentieux est préparé par le commissaire du Gouvernement chargé de porter la parole dans la séance ; il est arrêté par le président.

Ce rôle, imprimé et contenant sur chaque affaire une notice sommaire rédigée par le rapporteur, est distribué quatre jours au moins avant la séance, à tous les conseillers d Etat de service à l'assemblée du Conseil statuant au contentieux, ainsi qu'aux maîtres des requêtes et auditeurs de la section du contentieux.

Il est remis également aux ministres qui ont pris des conclusions et aux avocats dont les affaires doivent être appelées (3).

288. La communication des recours aux parties intéressées et aux ministres, s'il y a lieu, les demandes de pièces, les mises en cause et tous les autres actes d'instruction sont délibérés par la section du contentieux, sur l'exposé du rapporteur.

Les décisions relatives aux actes d'instruction sont signées par le président de la section (4).

----

(1) L. 24 mai 1872, art. 15.
(2) D. 12 novembre 1877, art. 6.
(3) D. 2 août 1879, art. 22 ; — D. 12 novembre 1888, art 4.
(4) D. 2 août 1879, art. 19.

289. Toutes les décisions prises par l'assemblée du Conseil d'Etat délibérant au contentieux et par la section du contentieux sont lues en séance publique, transcrites sur le procès-verbal des délibérations et signées par le vice-président, le rapporteur et le secrétaire du contentieux. Il y est fait mention des membres ayant délibéré. Les expéditions qui sont délivrées par le secrétaire portent la formule exécutoire.

Toutes ces décisions contiennent les noms et demeures des parties, leurs conclusions, le numéro des pièces principales et des lois appliquées. Elles portent la mention suivante : « *Au nom du peuple français, le Conseil d'Etat statuant au contentieux* ou *la section du contentieux*... (1).

290. L'expédition des décisions délivrées par le secrétaire porte la formule exécutoire suivante : « La République mande et ordonne aux ministres de... en ce qui les concerne et à tous huissiers à ce requis, en ce qui concerne les voies de droit commun contre les parties privées, de pourvoir à l'exécution de la présente décision (2).

291. Les affaires pour lesquelles il n'y a pas de constitution d'avocat, toutes les affaires d'élection et de contributions directes dans lesquelles il y a constitution d'avocat, ne sont portées à l'audience publique que si ce renvoi a été demandé par l'un des conseillers d'Etat de la section ou par le commissaire du Gouvernement à qui elles sont préalablement communiquées. Si le renvoi n'a pas été demandé, ces affaires sont jugées par la section du contentieux sur le rapport de celui de ses membres que le président en a chargé. Après le rapport, les avocats, s'il y en a, présentent leurs observations orales et les conclusions sont données, dans chaque affaire, par le commissaire du Gouvernement (3).

292. Le décret du 22 juillet 1806, les lois et règlements relatifs à l'instruction et au jugement des affaires contentieuses

---

(1) L. 24 mai 1872, art. 22; — D. 2 août 1879, art. 24.
(2) D. 2 août 1879, art. 25.
(3) D. 2 août 1879, art. 29; — D. 12 novembre 1888, art. 5.

sont observés devant la section et l'assemblée du Conseil d'Etat statuant au contentieux.

Sont applicables à l'assemblée les dispositions des articles 88 et suivants du Code de procédure civile sur la police des audiences.

Les recours formés contre les décisions des autorités administratives ne sont pas suspensifs.

Néanmoins les conseils de préfecture peuvent subordonner l'exécution de leurs décisions en cas de recours, à la charge de donner caution ou de justifier d'une solvabilité suffisante.

Les formalités édictées par les articles 440 et 441 du Code de procédure civile sont observées pour la présentation de la caution (1).

293. Le procès-verbal des séances de la section et de l'assemblée du Conseil d'Etat statuant au contentieux mentionne l'accomplissement des dispositions contenues dans les articles 15, 17, 18, 19, 20, 21 et 22 de la loi du 24 mai 1872.

Dans le cas où ces dispositions n'ont pas été observées, la décision peut être l'objet d'un recours en revision, qui est introduit dans les formes établies par l'article 33 du décret du 22 juillet 1806 et dans les délais fixés par le décret du 2 novembre 1864 (2).

294. Toutes les décisions prises par l'assemblée du Conseil d'Etat délibérant au contentieux et par la section du contentieux sont lues en séance publique, transcrites sur le procès-verbal des délibérations et signées par le vice-président, le rapporteur et le secrétaire du contentieux. Il y est fait mention des membres ayant délibéré. Les expéditions qui sont délivrées par le conseil portent la formule exécutoire (3).

295. Toutes les formalités prescrites pour la section de contentieux s'appliquent nécessairement aux affaires jugées par la section temporaire. Seulement lorsqu'une affaire soumise à cette dernière est renvoyée par elle à l'examen du

---

(1) L. 24 mai 1872, art. 24.
(2) D. 24 mai 1872, art. 23.
(3) L. 24 mai 1872, art. 22.

Conseil d'Etat statuant au contentieux, elle n'en propose pas le rapport; le dossier est transmis à la section du contentieux, qui est chargée de le rédiger. Le renvoi est établi par un extrait du procès-verbal de la séance dans laquelle le renvoi a été ordonné (1).

SECTION V.

VACATIONS.

296. Le Conseil d'Etat prend des vacances comme le Parlement et les corps judiciaires. Une sorte de chambre des vacations est formée pendant ce temps, à l'effet de délibérer sur les affaires urgentes et sur les demandes de crédits supplémentaires qui doivent être accordés pendant les vacances des chambres législatives par décrets rendus en Conseil d'Etat. Le Conseil d'Etat en vacation est formé d'un président de section, de neuf conseillers en service ordinaire désignés dans les sections administratives, de huit maitres des requêtes, désignés de la même façon et de huit auditeurs.

297. La compétence de l'assemblée de vacations est la même que celle de l'assemblée générale ; mais il est de pratique constante que l'on ne procède à l'examen que des affaires réellement urgentes et de celles qui ne présentent aucune difficulté.

298. L'époque des vacances du Conseil d'État est fixée, chaque année, par un décret du Président de la République.

Le même décret forme deux sections pour délibérer sur les affaires urgentes et désigne neuf conseillers d'Etat en service ordinaire, huit maitres des requêtes et dix auditeurs pour composer ces sections.

299. L'assemblée générale ne peut délibérer pendant les

---

(1) D. 12 novembre 1888, art. 8.

vacations qu'autant que neuf au moins de ses membres, ayant voix délibérative, sont présents.

300. Les conseillers d'Etat désignés pour faire partie de la section des vacations peuvent se faire remplacer, de l'agrément du président, par un autre conseiller d'Etat.

LEGISLATION.

—

ACTES ANTÉRIEURS A 1789 (1).

Règne de Philippe IV, dit le Bel.

Janvier 1285. — Ordonnance sur le fait de l'hôtel du Roi de France et de la Reine sa femme.

25 mars 1302. — Ordonnance pour le bien, l'utilité et la réformation du royaume, par laquelle entre autres choses, le Roi charge le Conseil de revoir les arrêts de la Cour en cas d'erreur (art. 12) défend qu'aucun bailli ou sénéchal soit du Conseil privé tant qu'il tiendra l'office (art. 16), et défend aux conseillers d'État de prendre des pensions d'autres que de lui (art. 17). (O.)

Règne de Philippe V, dit le Long.

7 novembre 1317. — Ordonnance relative à ceux qui servent le Roi pour les requêtes. (Ducange, édition Didot, t. VII, Appendice, p. 11.)

18 juillet 1318 et 10 juillet 1319. — Ordonnance pour l'administration des finances et le gouvernement de l'hôtel du Roi. (O.)

16 novembre 1318. — Ordonnance pour le gouvernement de l'hôtel du Roi et pour le bien du royaume. (O.)

10 juillet 1319. — Ordonnance faite par le Roi et son Grand Conseil pour le bien de l'État. (O.)

---

(1) Extrait de l'ouvrage publié par **M. Aucoc** : *Le Conseil d'État avant et depuis 1789.*

Décembre 1320. — Ordonnance touchant « les poursuivans le Roi ou ceulx des requestes ». (O.)

Règne de Philippe VI, dit de Valois.

19 *mars* 1341. — Ordonnance portant abolition des lettres qui accordaient à des gens du Conseil gages pour leur vie. (O.)

8 *avril* 1342. — Ordonnance touchant, entre autres choses aux maitres des requêtes de l'hôtel (art. 9 et 10 . (O.)

13 *juillet* 1342. — Lettre par laquelle le Roi enjoint aux maitres des requêtes et notaires du Roi de se rendre en la Cour pour y faire leur service aux termes indiqués, sous peine de perdre leurs gages. (O.)

15 *février* 1345. — Ordonnance relative à la juridiction des maitres des requêtes de l'hôtel. (O.)

Règne de Jean II.

10 *mars* 1351. — Lettres concernant les gages des maitres des requêtes de l'hôtel du Roi. (O.)

Ooctobre 1351. — Ordonnance par laquelle le Roi confirme celle du 25 mars 1302 (art. 12, 14, 16 et 17 . (O.)

Mars 1356. — Ordonnance faite en conséquence de l'Assemblée des trois États du royaume contenant plusieurs règlements sur différentes matières (art. 42, 43, 46 et 48 . (O.)

27 *janvier* 1359. — Ordonnance portant règlement sur tous les officiers du royaume. (O.)

Règne de Charles V.

20 *janvier* 1370. — Lettre portant qu'il n'y aura plus qu'un certain nombre de secrétaires du Roi qui assisterout aux requêtes. (O.)

Règne de Charles VI.

30 *novembre* 1380. — Règlement relatif à la constitution du Conseil du Roi. (O.)

16 *janvier* 1386. — Lettres relatives aux privilèges des officiers du Roi. (O.)

9 *février* 1387. — Ordonnance portant réduction du nombre des personnes qui remplissent certains offices, notamment des maitres des requêtes de l'hôtel (art. 5). (O.)

5 *février* 1388. — Ordonnance portant règlement pour le parlement, qui dispose que les membres du Conseil privé auront séance au parlement. (O.)

1er *mars* 1388. — Ordonnance portant règlement sur le domaine et sur les gages des officiers du Roi (art. 7). (O.)

7 *janvier* 1400. — Ordonnance sur le nombre, les fonctions et les gages des officiers de justice et des finances (art. 12, 21, 23 et 24. (O.)

14 *mars* 1401. — Commission décernée par le Roi au chancelier pour tenir en sa place les requêtes générales en présence de tels du Grand Conseil qui seront nécessaires. (O.)

26 *avril* 1403. — Lettres portant que, quand le Roi sera absent ou qu'il sera tellement occupé qu'il ne pourra vaquer aux affaires du gouvernement, elles seront décidées à la pluralité des voix dans un Conseil composé de la Reine, des princes du sang, des connétable et chancelier de France et des gens de son Conseil. (O.)

19 *septembre* 1406. — Lettres concernant la juridiction des maîtres des requêtes de l'hôtel sur les causes des officiers de l'hôtel, spécialement sur les varlets de l'écurie. (O.)

7 *janvier* 1407. — Ordonnance sur le nombre, les fonctions et les gages des officiers de justice et des finances (art. 11, 29, 30 et 31, concernant les maîtres des requêtes, les secrétaires du Roi, et les gens du Grand Conseil. (O.)

28 *avril* 1407. — Lettres par lesquelles le Roi choisit et nomme les officiers qui composeront ses Grands Conseils secret et privé, conjointement avec les princes de son sang et les grands officiers de sa couronne. (O.)

28 *juillet* 1418. — Lettres par lesquelles le Roi nomme aux offices de maîtres des requêtes de son hôtel. (O.)

Règne de Charles VIII.

11 *décembre* 1493. — Lettres concernant les droits et les prérogatives des maîtres des requêtes de l'hôtel du Roi en ce qui touche les sceaux. (O.)

11 *décembre* 1493. — Lettres concernant le droit qui appartient aux maîtres des requêtes de présider aux sièges des baillis et sénéchaux, etc. (B. Girard et Joly.)

2 *août* 1497. — Édit sur l'organisation du Grand Conseil. (O.)

Règne de Louis XII.

13 *juillet* **1498.** — Déclaration portant confirmation et réorganisation du Grand Conseil. (O.)

Règne de François Ier.

Juin **1523.** — Édit créant quatre offices de maîtres des requêtes ordinaires de l'hôtel.

28 *décembre* **1523.** — Règlement sur le maniement et distribution des finances du Roi. (Fontanon.)

17 *mai* **1529.** — Édit sur les requêtes à fin d'évocation qui doivent être rapportées par les maîtres des requêtes au Conseil du Roi. (Néron.)

Août **1539.** — Ordonnance pour la réformation et abréviation des procès (art. 170 qui interdit les évocations). (Néron.)

Août **1539.** — Édit sur la juridiction des maîtres des requêtes de l'hôtel. (Fontanon, Girard et Joly.)

8 *février* **1540.** — Lettres royales qui, sur arrêt d'une commission, condamnent à la dégradation civique Chabot, amiral de France, gouverneur de province et membre du Conseil privé, et règlent les devoirs des amiraux, gouverneurs de provinces, membres du Conseil, etc., portant spécialement inhibition et défense à tous les conseillers du conseil étroit et privé de prendre dorénavant autre chose des princes étrangers, potentats et républiques. (Isambert.)

Mars **1543.** — Édit sur les évocations. (Néron.)

22 *juillet* **1543.** — Déclaration relative aux priviléges des requêtes de l'hôtel. (Girard et Joly.)

Règne d'Henri II.

3 *avril* **1547.** — Règlement pour l'ordre du Conseil et ceux qui doivent y entrer. (A. et B.)

Août **1553.** — Édit portant création de quatre offices de maîtres des requêtes et réglant leurs fonctions, spécialement les chevauchées. (Girard et Joly.)

Règne de François II.

Janvier **1560.** — Ordonnance sur les plaintes, doléances et remontrances des trois États tenus en la ville d'Orléans (art. 33, relatif à la suppression des offices de maitres des requêtes extraordinaires et aux fonctions de maitres des requêtes, notamment en ce qui touche les chevauchées. (Néron.)

Règne de Charles IX.

21 *décembre* 1560. — Règlement pour le gouvernement des affaires du royaume. (B.)

23 *octobre* 1563. — Règlement du Conseil. (A.)

***Février* 1566.** — Édit du Roi donnant entrée et voix au parlement aux conseillers du Conseil privé. — Remontrances du parlement sur cet édit, avec plusieurs arrêts spéciaux. (A.)

***Février* 1566.** — Ordonnance faite pour la réformation de la justice (art. 7), sur les chevauchées des maitres des requêtes (art. 170) sur les évocations). (Néron.)

18 *février* 1566. — Règlement fait pour le Conseil des finances en ce qui est de la recette et dépense du Roi, que pour le Conseil de justice et le Conseil d'État. (A.)

***Octobre* 1567.** — Édit créant treize offices de maitres des requêtes à l'hôtel. (Girard et Joly.)

11 *janvier* 1570. — Règlement par lequel le Roi veut qu'on observe le même ordre pour le regard de ceux qui doivent être au Conseil comme il se gardait avant les troubles. (A.)

28 *janvier ou juillet* 1571. — Ordre que le Roi veut qui soit dorénavant observé en son conseil des finances. (A.)

24 *octobre* 1572. — Ordre que le Roi a commandé être dorénavant observé sur la conduite et direction de ses affaires, service de sa personne, police et règlement de sa maison et suite ordinaire de sa Cour. (A.)

7 *janvier ou février* 1573. — Règlement fait pour le Conseil des finances. (A.)

Règne d'Henri III.

17 *septembre* 1574. — Règlement du Conseil (règlement pour le Conseil d'État et finances, règlement pour l'ordre du Conseil privé). (A.)

1er *août* 1575. — Lettres patentes qui évoquent et réservent au Roi et à son conseil privé la connaissance des procès relatifs au clergé. (Fontanon.)

11 *août* **1578.** — Règlement touchant l'ordre que Sa Majesté veut être observé en son Conseil avec diverses annexes, notamment le département par quartiers des sieurs du Conseil privé et d'État du Roi, l'ordre que le Roi veut être tenu par le trésorier de son épargne. (Girard et Joly.)

1er *mars* **1579.** — Règlement sur les procès qui sont à présent pendant au Conseil privé. (A.)

Mai **1579.** — Ordonnance sur les plaintes faites par les députés des États du royaume, assemblés à Blois (art. 93, 97, 98, 99 et 207). (Néron, Isambert.)

5 *octobre* **1579.** — Règlement du Conseil. Remontrance faite au Roi sur ce règlement par messieurs du Conseil. (A.)

20 *janvier* **1580.** — Règlement fait par le Roi de son Conseil, des jours qu'il doit se tenir et des procès qui doivent s'y juger. (A.)

12 *avril* **1581.** — Règlement fait par le Roi ordonnant les jours que se tiendront ses Conseils. (N.)

12 *avril* **1581.** — Règlement qui décide que le Conseil privé ne tiendra plus de séances. (B.)

Dernier mars **1582.** — Édit du Roi contenant confirmation de la juridiction des maîtres des requêtes de l'hôtel. (Girard et Joly.)

Dernier mai **1582.** — Règlement que le Roi veut être observé en ses conseils. (Girard et Joly.)

16 *mai* **1583.** — Ordre pour les finances, l'épargne et les parties casuelles. (B.)

4 *mai* **1584.** — Département des quartiers du Conseil d'État auxquels le Roi veut et entend se servir des sieurs tant de longue que de courte robe. (B.)

8 *janvier* **1585.** — Règlement pour l'ordre que le Roi veut désormais être gardé dans ses Conseils. (A.)

Mai **1588.** — Règlement que le Roi a fait dresser pour être suivi et observé de point en point par son chancelier ou garde des sceaux, tant pour la tenue du sceau que pour le Conseil privé. (N.)

Règne d'Henri IV.

25, 27 *ou* **28** *novembre* **1594.** — Règlement pour le Conseil des finances. (A.)

19 *juin* **1596.** — Arrêt du Conseil relatif à la juridiction des maîtres des requêtes de l'hôtel. (Girard et Joly.)

Janvier 1597. — Édit sur l'administration de la justice, les évocations, etc. (art. 13, 14 et 15, sur les évocations au Conseil privé). (Isambert.)

Dernier juin 1597. — Règlement et style de procéder au Conseil privé du Roi. (Girard et Joly, Gauret.)

5 *février* 1598. — Lettres patentes relatives aux conditions d'âge et de capacité des maîtres des requêtes. (Girard et Joly.)

7 *avril* 1600. — Règlement des finances. (B.)

Règne de Louis XIII.

5 *février* 1611. — Règlement établi par le Roi pour la direction et administration des finances. (A.)

9 *février* 1611. — Règlement sur le même sujet. (A.)

21 *juin* 1611. — Règlement pour la direction et maniement des finances. (A.)

Février 1614. — Règlement pour les parties. (B.)

21 *mai* 1615. — Règlement concernant l'ordre que Sa Majesté veut être tenu et observé en son conseil d'Etat et des finances, en son conseil établi pour la direction de ses finances et en son conseil privé. (Girard et Joly.)

3 *janvier* 1618. — Règlement pour les personnes qui seront reçues et auront entrée au conseil. (B.)

5 *août* 1619.— Règlement sommaire pour le conseil de la direction des finances. (N.)

12 *octobre* 1622. — Règlement du conseil relatif au rang des conseillers. (Chéruel.)

22 *mai* 1624. — Règlement sur les maîtres des requêtes. (B.)

1er *juin* 1621. — Règlement que le roi veut être dorénavant observé en son conseil de la direction des finances, en celui d'Etat et des finances et en son conseil privé ou des parties. (Chéruel.)

1er *juin* 1624. — Règlement sur le même objet, remanié sur certains points. (A. et B.)

2 *septembre* 1624. — Règlement fait par le roi sur la direction de ses finances. (A.)

21 *février* 1625. —Règlement pour les affaires des particuliers. (B.)

26 *août* 1626. — Règlement qui augmente le nombre des conseillers d'Etat ordinaires de la direction des finances. (Chéruel.)

26 *juin* 1627. — Règlement pour les bureaux du conseil. (A. et B.)

3 *janvier* 1628. — Règlement sur la nomination des conseillers d'État. (Cheruel.)

Janvier 1629. — Ordonnance sur les plaintes et doléances faites par les députés des États du royaume convoqués et assemblés en la ville de Paris, en l'année 1614, et les avis donnés à Sa Majesté par les assemblées de notables tenues à Rouen en l'année 1617, et à Paris en l'année 1629. (Art. 38, 61, 202, sur les personnes appelées au conseil ; 58 et 61 sur les maitres des requêtes et les intendants de justice et finances ; 378, sur les dons sous couleur de payement de dettes. (Isambert.)

4 *juin* 1629. — Règlement pour servir assidûment au conseil. (B.)

18 *janvier* 1690. — Règlement sur l'ordre que le roi veut être tenu en ses conseils. (Cheruel.)

18 *janvier* 1630. — Règlement pour les finances. (B.)

8 *janvier* 1633. — Édit relatif aux conditions d'âge et de capacité des maitres des requêtes.

Décembre 1639. — Édit créant seize nouveaux offices de conseillers, maitres des requêtes ordinaires de l'hôtel du roi, enregistré à la suite des lettres de jussion, en 1640 avec réduction de quatre offices.

Règne de Louis XIV.

Septembre 1643. — Édit créant cent soixante offices d'avocats au conseil.

Janvier 1644. — Autre édit sur le même sujet.

16 *juin* 1644. — Règlement que le roi veut et ordonne être ci-après observé en ses conseils. (A. et B.)

22 *octobre* 1648. — Déclaration portant règlement sur le fait de la justice, police et finances (art. 14). (Néron.)

13 *mai* 1654. — Arrêt du conseil pour le rapport des requêtes qui se présenteront au conseil. (B.)

5 *mai* 1657. — Règlement sur la réformation du conseil. (B.)

27 *février* 1660. — Règlement du conseil du roi pour l'instruction des instances qui s'y traitent. (Gauret.)

8 *juillet* 1661. — Arrêt du Conseil d'en haut faisant injonction aux parlements, Grand Conseil, chambres des comptes, cours des aides et à toutes autres compagnies souveraines de déférer et se soumettre aux arrêts du conseil. (Isambert.)

15 *septembre* 1661. — Règlement portant création du conseil royal des finances. (Pierre Clément, *Lettres de Colbert.*)

Août 1669. — Ordonnance du roi concernant les évocations, les règlements de juges, les *committimus*, les lettres d'État et les répits. (Gauret. Isambert.)

30 *mars* 1670. — Règlement sur la séance des conseillers d'État. (B.)

8 *février* 1672. — Règlement qui charge le sieur Daligre, doyen des conseillers, de tenir les conseils en l'absence du roi, la charge de chancelier n'étant pas occupée et le roi tenant le sceau. (B.)

3 *janvier* 1673. — Règlement que le roi veut être observé en son conseil d'État, fait et arrêté au conseil royal des finances. Signé : LOUIS, et plus bas : COLBERT. (Gauret et Guillard.)

27 *octobre* 1674. — Règlement fait par le roi pour les maitres des requêtes de son hôtel. (Gauret.)

2 *juillet* 1676. — Règlement pour les conseils du roi. (Gauret.)

10 *janvier* 1681. — Règlement concernant les requêtes respectives et celles en cassation des arrêts du conseil et des cours et juges en dernier ressort. (Gauret.)

21 *février* 1683. — Arrêt du conseil relatif au rang des avocats aux conseils du roi. (Guillard, p. 162.)

14 *octobre* 1684. — Arrêt qui règle la manière de défendre aux demandes en cassation d'arrêts des compagnies supérieures. (Gauret.)

19 *décembre* 1686. — Arrêt qui ordonne l'exécution de celui du 14 octobre 1684 et révoque l'article 61 du règlement du 3 janvier 1673. (Gauret.)

17 *juin* 1687. — Règlement concernant la procédure du conseil. (Gauret.)

14 *mai* 1697. — Règlement portant que les intendants des finances auront, en cette qualité, comme conseillers d'État ordinaires, rang et séance en tous les conseils d'État et privé et direction des finances. (Guillard, p. 369.)

29 *juin* 1700. — Arrêt du conseil portant création d'un conseil de commerce. (Guillard, p. 137.)

23 *juillet* 1701. — Déclaration du roi concernant les évocatious. (Néron.)

23 *décembre* 1702. — Déclaration du roi servant de nouveau règlement pour les lettres d'État. (Néron.)

Mars 1708. — Édit du roi qui attribue aux intendants des finances l'entrée au conseil royal des finances. (Guillard, p. 752.)

Mai 1708. — Création de six commissions d'intendants du commerce pour demeurer unies à six charges de maitres des requêtes. (Guillard, p. 139.)

5 *juin* 1708. — Arrêt du conseil pour la tenue du conseil de commerce. (Guillard, p. 139.)

6 *février* 1709. — Déclaration du roi relative au rang des avocats aux conseils du roi. (Guillard, p. 163.)

Règne de Louis XV.

1er *et* 8 *mai* 1719. — Arrêts du conseil instituant des inspecteurs généraux du domaine de la couronne avec entrée et séance au conseil et dans les bureaux des commissaires du conseil.

22 *juin* 1722. — Arrêt du conseil portant organisation du bureau du commerce.

Août 1737. — Ordonnance du roi concernant les évocations et les règlements de juge.

29 *avril* 1738. — Règlement concernant la procédure que Sa Majesté veut être observée en son conseil. (Tolozan, Isambert.)

28 *juin* 1738. — Règlement concernant la procédure que Sa Majesté veut être observée pour l'instruction des affaires renvoyées devant les commissaires nommés par arrêt de son conseil. (Tolozan, Isambert.)

3 *février* 1739. — Arrêt du conseil d'État du roi portant règlement sur la forme de procéder aux ventes et adjudications qui se poursuivent au sceau, ou en la grande direction, ou par devant des commissaires nommés par arrêt du conseil de Sa Majesté. (Tolozan.)

3 *février* 1739. — Déclaration du roi concernant les évocations par rapport aux affaires du domaine.

12 *septembre* 1739. — Arrêt du conseil d'État du roi portant règlement sur les droits des secrétaires greffiers du conseil, greffiers gardes-scels, commis du greffe et greffiers des commissions extraordinaires. (Cet arrêt rappelle la série des actes relatifs à ces greffiers depuis 1597.)

4 *avril* 1742. — Arrêt du conseil d'État privé du roi relatif aux officiers des huissiers de ses conseils. (Cet arrêt rappelle la série des précédents depuis l'arrêt du 18 juin 1567.)

2 *octobre* 1742. — Arrêt du conseil d'État du roi portant règlement sur les oppositions au titre ou au sceau des offices dépendant des ordres du roi.

Mars 1761. — Arrêt du conseil qui ordonne que sur les évocations, règlements de juges, demandes en cassation, en contrariété d'arrêts ou en revision, appels des ordonnances des gouverneurs ou intendants des colonies, les parties procéderont au conseil.

19 *août* 1769. — Arrêt du conseil d'État relatif à la procédure des requêtes en cassation.

4 *novembre* 1769. — Arrêt qui confirme le précédent.

Règne de Louis XVI.

18 *décembre* 1775. — Règlement qui défend de faire imprimer les requêtes en cassation avant l'arrêt de loi. — Communiqué.

Juin 1777. — Édit portant suppression de six offices d'intendants des finances et création d'un comité contentieux pour les affaires de finances. (Isambert.)

26 *février* 1783. — Règlement pour l'administration des finances portant création d'un comité des finances. (Isambert.)

5 *juin* 1787. — Règlement qui réunit le conseil royal des finances et le conseil royal du commerce et organise le nouveau conseil royal des finances et du commerce. (Isambert.)

27 *octobre* 1787. — Règlement portant réorganisation des bureaux et commissions ordinaires et extraordinaires du conseil. (Isambert.)

28 *novembre* 1787. — Arrêt du conseil portant réduction du nombre des conseillers d'État au conseil privé à celui de trente-deux. (Isambert.)

2 *février* 1788. — Règlement concernant les fonctions et la composition du bureau du commerce. (Isambert.)

LÉGISLATION POSTÉRIEURE A 1789.

9 août 1789. — *Règlements pour la réunion des Conseils du roi.*

20 octobre 1789-29 août 1790. — *Loi sur les attributions du Conseil du roi.*

5 juin 1790. — *Loi pour le traitement des ministres et du Conseil.*

31 juillet-22 août 1790. — *Loi sur les pensions*, art. 17 (Voy. Pensions).

7 et 11 septembre 1790. — *Loi sur l'organisation judiciaire (art. 16, tit. II, et 13 tit. XIV). Supprimant le Grand Conseil et la juridiction des requêtes et de l'Hôtel.*

27 novembre-1ᵉʳ décembre 1790. — *Loi pour la formation du tribunal de cassation, que supprime le Conseil des parties.*

28 avril-25 mai 1791. — *Loi relative à l'organisation du ministère, portant qu'il y aura le Conseil d'État composé du roi et des ministres.*

22 frimaire an VIII. — *Constitution réorganisant le Conseil d'État.*

5 nivôse an VIII. — *Règlement pour l'organisation du Conseil d'État.*

7 fructidor an VIII. — *Arrêté distinguant le service des conseillers d'État en ordinaire et extraordinaire.*

16 thermidor an X. — *Sénatus-consulte organique déterminant le rôle du Conseil d'État.*

19 germinal an XI. — *Arrêté portant création des auditeurs près des ministres et des sections du Conseil d'État.*

28 floréal an XII.— *Sénatus-consulte organique de la Constitution.* •

27 mars 1806. — *Décret qui réserve les places de secrétaires d'ambassade et de légation aux auditeurs au Conseil d'État.*

11 juin 1806. — *Décret sur l'organisation et les attributions du Conseil d'État.*

22 juillet 1806. — *Décret contenant règlement des affaires contentieuses portées au Conseil d'État.* (Voy. Contentieux administratif.)

2 septembre 1806. — *Décret portant établissement d'une commission de pétitions.*

16 septembre 1807. — *Loi relative à l'organisation de la Cour des Comptes, qui soumet les arrêts de cette cour à l'appel devant le Conseil d'État.* (Voy. Contentieux administratif, Comptabilité.)

27 mars 1809. — *Décret relatif au mode de communication de pièces justificatives déposées à la Cour des comptes en cas de pourvoi devant le Conseil d'État.* (Voy. Contentieux administratif, Comptabilité.)

26 décembre 1809. — *Décret concernant l'organisation et le service des auditeurs près le Conseil d'État.*

21 janvier 1810. — *Décret contenant règlement sur les fonctions des auditeurs attachés au ministère de la police, et aux quatre conseillers d'État chargés chacun d'un arrondissement.*

7 avril 1811. — *Décret relatif à la classification des auditeurs près le Conseil d'État.*

18 juin 1811. — *Décret qui fixe le rang des auditeurs dans les cérémonies publiques.*

8 avril 1813. — *Décrets admettant les maréchaux et grands officiers de la couronne aux séances du Conseil d'État, lorsqu'il est présidé par l'Empereur.*

29 juin 1814. — *Ordonnance concernant l'organisation du Conseil d'État.*

1er octobre 1814. — *Ordonnance sur le remplacement des membres du Comité de Contentieux en cas d'empêchement ou d'absence.*

31 mars 1815. — *Décret qui rétablit la commission du contentieux telle qu'elle était établie par les décrets des 11 juin et 22 juillet 1806.*

23 août 1815. — *Ordonnance portant organisation du Conseil d'État.*

5 novembre 1815. — *Ordonnance qui prescrit la réunion au secrétariat du Conseil d'État des archives du conseil des pairs.*

13 novembre 1815. — *Ordonnance sur la présidence du Conseil d'État.*

19 avril 1817. — *Ordonnance portant règlement pour le Conseil d'État.*

10 septembre 1817. — *Ordonnance qui réunit les avocats aux Conseils du roi et les avocats à la Cour de cassation.*

16 juillet 1820. — *Ordonnance portant que des maîtres des requêtes en service extraordinaire pourront être attachés aux divers comités du Conseil d'État.*

26 août 1824. — *Ordonnance relative à l'organisation du Conseil d'État.*

18 janvier 1826. — *Ordonnance relative aux tarifs des dépens pour les procédures qui s'instruisent au Conseil d'État* (*Voy.* CONTENTIEUX ADMINISTRATIF).

5 novembre 1828. — *Ordonnance concernant l'organisation du Conseil d'État.*

25 mars 1830. — *Ordonnance relative aux affaires qui ne doivent pas être portées aux assemblées générales du Conseil d'État.*

12 août 1830. — *Ordonnance sur le Conseil d'État.*

20 août 1830. — *Ordonnance relative à la réorganisation provisoire du Conseil d'État.*

2 février 1831. *Ordonnance concernant les affaires contentieuses du Conseil d'État.* (Voy. CONTENTIEUX ADMINISTRATIF.)

12 mars 1831. — *Ordonnance sur le mode de décision des affaires contentieuses* (Voy. CONTENTIEUX ADMINISTRATIF.)

2 avril 1831. — *Ordonnance relative à la présidence des séances du Conseil d'État.*

13 mai 1831. — *Ordonnance qui admet les auditeurs de 1re classe à exercer les fonctions du ministère public près du Conseil.*

9 septembre 1831. — *Ordonnance sur les formes du jugement au Conseil d'État, des prises maritimes.* (Voy. PRISES MARITIMES.)

5 février 1838. — *Ordonnance créant au Conseil d'État un comité des travaux publics, de l'agriculture et du commerce.*

18 septembre 1839. — *Ordonnance sur l'organisation du Conseil d'État.*

19 juin 1840. — *Ordonnance portant règlement intérieur pour le Conseil d'État.*

19 juillet 1845. — *Loi sur le Conseil d'État.*

22 août 1845. — *Ordonnance relative à la composition du comité chargé de préparer le rapport des affaires contentieuses au Conseil d'État.* (Voy. CONTENTIEUX ADMINISTRATIF.)

30 novembre 1845. — *Ordonnance relative à l'examen des aspirants au titre d'auditeur au Conseil d'État.*

27 décembre 1846. — *Ordonnance déterminant les affaires qui ne sont pas soumises à l'examen de l'Assemblée générale du Conseil d'État et ne seront soumises qu'à celui des comités.*

18 avril 1848. — *Décret qui supprime le service extraordinaire.*

5 septembre 1848. — *Décret portant désignation des chefs de service qui pourront être appelés à prendre part aux délibérations du Conseil d'État.*

4 novembre 1848. — *Constitution de la République française.*

3 mars 1849. — *Loi organique du Conseil d'État.*

9 mai 1849. — *Règlement d'administration publique sur le concours pour la nomination des auditeurs au Conseil d'État.*

26 mai 1849. — *Règlement intérieur du Conseil d'État.*

15 juin 1850. — *Règlement intérieur du Conseil d'État.*

2 décembre 1851. — *Décret qui dissout le Conseil d'État.*

2 décembre 1851. — *Décret qui, en attendant la réorganisation du Conseil d'État, établit une commission consultative.*

11 décembre 1851. — *Décret qui détermine les fonctions de la commission consultative.*

15 décembre 1851. — *Décret créant dans la série de la commission consultative un comité dit d'administration.*

14 janvier 1852. — *Constitution impériale rétablissant le Conseil d'État.*

25 janvier 1852. — *Décret organique sur le Conseil d'État.*

30 janvier 1852. — *Décret portant règlement intérieur pour le Conseil d'État.*

22 mars 1852. — *Décret réglant les rapports du Sénat et du Corps législatif avec le Président de la République et le Conseil d'État.*

18 décembre 1852. — *Décret créant dans le sein du Conseil d'État une commission de pétitions.*

25 novembre 1853. — *Décret concernant les maîtres des requêtes en service extraordinaire et les auditeurs au Conseil d'État.*

10 octobre 1860. — *Décret qui modifie la répartition en deux classes des auditeurs au Conseil d'État.*

3 février 1861. — *Décret portant règlement des rapports du Sénat et du Corps législatif avec le Conseil d'État.*

7 septembre 1863. — *Décret qui réserve aux auditeurs du Conseil d'État un certain nombre de places dans l'administration et la magistrature, et fixe la durée de leur stage au Conseil.*

18 octobre 1863. — *Décret sur la vice-présidence du Conseil d'État.*

7 septembre 1864. — *Décret modificatif du règlement intérieur du Conseil d'État.*

2 novembre 1864. — *Décret relatif à la procédure devant le Conseil d'État en matière contentieuse.*

22 janvier 1867. — *Décret relatif aux attributions de la section des travaux publics au Conseil d'État.*

5 février 1867. — *Décret portant règlement des rapports du Sénat et du Corps Législatif avec le Conseil d'État.*

23 mars 1867. — *Décret modificatif du précédent.*

30 décembre 1868. — *Décret portant que les fonctions d'auditeur au Conseil d'État sont incompatibles avec toutes autres fonctions publiques salariées.*

3 novembre 1869. — *Décret concernant les auditeurs au Conseil d'État.*

8 novembre 1869. — *Décret portant règlement des rapports du Sénat et du Corps législatif avec le Conseil d'État.*

16 mars 1870. — *Décret relatif au concours pour la nomination des auditeurs au Conseil d'État.*

28 mai 1870. — *Décret sur les attributions de la section de l'intérieur, de l'instruction publique et des cultes.*

29 mai 1870. — *Décret réglant les rapports entre l'Empereur le Sénat, le Corps législatif et le Conseil d'État.*

15 septembre 1870. — *Décret suspendant de leurs fonctions les membres du Conseil d'État, et, en attendant la réorganisation du Conseil, instituant une commission provisoire.*

19 septembre 1870. — *Décret constituant la commission provisoire.*

30 octobre 1870. — *Décret réglant les conditions des délibérations de la commission provisoire.*

24 mai 1872.— *Loi portant réorganisation du Conseil d'État.*

TITRE PREMIER.

COMPOSITION DU CONSEIL D'ÉTAT.

Art. 1er (1). Le Conseil d'État se compose de vingt-deux conseillers d'État en service ordinaire, et de quinze conseillers d'État en service extraordinaire.

Il y aura auprès du Conseil d'État: 1° vingt-quatre maîtres des requêtes, et 2° trente auditeurs.

Un secrétaire général est placé à la tête des bureaux du Conseil; il a le rang et le titre de maître des requêtes.

Un secrétaire spécial est attaché au contentieux.

Art. 2. Les ministres ont rang et séance à l'assemblée générale du Conseil d'État. Chacun d'eux a voix délibérative, en matière non contentieuse, pour les affaires qui dépendent de son ministère. — Le garde des sceaux a voix délibérative toutes les fois qu'il préside soit l'assemblée générale, soit les sections.

Art. 3 (2). Les conseillers d'État en service ordinaire sont élus par l'Assemblée nationale, en séance publique, au scrutin de liste et à la majorité absolue. Après deux épreuves, il est procédé à un scrutin de ballottage entre les candidats qui ont obtenu le plus de suffrages en nombre double de ceux qui restent encore à élire.

Avant de procéder à l'élection, l'Assemblée nationale charge une commission de quinze membres, nommée dans les bureaux, de lui proposer une liste de candidatures.

Cette liste contient des noms en nombre égal à celui des conseillers à élire, plus une moitié en sus; elle est dressée par ordre alphabétique.

L'élection ne peut avoir lieu que trois jours au moins après la distribution et la publication de la liste. Le choix de l'Assemblée peut porter sur des candidats qui ne sont pas proposés par la commission.

Les membres du Conseil d'État ne pourront être choisis parmi les membres de l'Assemblée nationale.

---

(1) Abrogé, L. 13 juillet 1879, art. 1er.
· Abrogé, L. 25 février 1875, art. 4.

Les députés démissionaires ne pourront être élus que six mois après leur démission.

En cas de vacance, par décès ou démission d'un conseiller d'État, l'Assemblée nationale procède, dans le mois, à l'élection d'un nouveau membre.

Les conseillers d'État en service ordinaire peuvent être suspendus pour un temps qui ne pourra pas excéder deux mois, par décret du Président de la République, et, pendant la durée de la suspension, le conseiller suspendu sera remplacé par le plus ancien maître des requêtes de la section.

L'Assemblée nationale est de plein droit saisie de l'affaire par le décret qui a prononcé la suspension ; à l'expiration du délai, elle maintient ou révoque le conseiller d'État.

En cas de révocation, on procède au remplacement dans le mois.

Les conseillers d'État sont renouvelés par tiers tous les trois ans, les membres sortants sont désignés par le sort et indéfiniment rééligibles.

Art. 4. Le Conseil d'État est présidé par le garde des sceaux, ministre de la justice, et, en son absence, par un vice-président. Le vice-président est nommé par décret du Président de la République et choisi parmi les conseillers en service ordinaire.

En l'absence du garde des sceaux et du vice-président, le Conseil d'État est présidé par le plus ancien des présidents de section, en suivant l'ordre du tableau.

Art. 5. Les conseillers d'État en service extraordinaire sont nommés par le Président de la République ; ils perdent leur titre de conseiller d'État, de plein droit, dès qu'ils cessent d'appartenir à l'administration active.

Les maîtres des requêtes, le secrétaire général et le secrétaire spécial du contentieux sont nommés par décret du Président de la République ; ils ne peuvent être révoqués que par un décret individuel.

Pour la nomination des maîtres des requêtes, du secrétaire général ou du secrétaire du contentieux, le vice-président et les présidents de section seront appelés à faire des présentations.

Les décrets portant révocation ne seront rendus qu'après avoir pris l'avis des présidents.

Les auditeurs sont divisés en deux classes, dont la première se compose de dix et la deuxième de vingt (1).

---

(1) Modifié, L. 13 juillet 1879, art. 1er.

Les auditeurs de deuxième classe sont nommés au concours, dans les formes et aux conditions qui seront déterminées dans un règlement que le Conseil d'État sera chargé de faire. Ils ne restent en fonctions que pendant quatre ans et ne reçoivent aucune indemnité (1).

Les auditeurs de première classe seront nommés au concours, dans les formes déterminées par le règlement du 9 mai 1849. Ne seront admis à concourir que les auditeurs de deuxième classe (2).

Néanmoins, seront admis aux épreuves du premier concours, qui aura lieu après la promulgation de la présente loi, pour la première classe, tous les candidats âgés de vingt-cinq à trente ans, qui remplissent les conditions prévues par l'article 5 du règlement du 9 mai 1849.

Les anciens auditeurs au Conseil d'État et ceux qui ont été attachés à la commission provisoire instituée par le décret du 15 septembre 1870 seront dispensés des épreuves préparatoires.

Les auditeurs de première classe reçoivent un traitement égal à la moitié de celui des maîtres des requêtes; la durée de leurs fonctions n'est pas limitée.

Le tiers au moins des places de maître des requêtes sera réservé aux auditeurs de première classe.

Les auditeurs tant de seconde que de première classe ne peuvent être révoqués que par des décrets individuels et après avoir pris l'avis du vice-président du Conseil d'État délibérant avec les présidents de section.

Les employés des bureaux sont nommés par le vice-président du Conseil d'État, sur la proposition du secrétaire général.

Art. 6. Nul ne peut être nommé conseiller d'État s'il n'est âgé de trente ans accomplis; maître des requêtes, s'il n'est âgé de vingt-sept ans; auditeur de deuxième classe, s'il a moins de vingt et un ans et plus de vingt-cinq; auditeur de première classe, s'il a moins de vingt-cinq ans et plus de trente (3).

Art. 7. Les fonctions de conseiller en service ordinaire et de maître des requêtes sont incompatibles avec toute fonction publique salariée (4).

Néanmoins, les officiers généraux ou supérieurs de l'armée de terre ou de mer, les inspecteurs et ingénieurs des ponts et chaus-

---

(1) Modifié, L. 1er juillet 1887, art. 1er.
(2) Modifié, L. 13 juillet 1879, art. 2.
(3) Modifié, L. 1er juillet 1887, art. 2.
(4) Modifié, L. 13 juillet 1889, art. 3.

sées, des mines et de la marine, les professeurs de l'enseignement supérieur, peuvent être détachés au Conseil d'État. Ils conservent, pendant la durée de leurs fonctions, les droits attribués à leurs positions, sans pouvoir toutefois cumuler leur traitement avec celui du Conseil d'État.

Les fonctions de conseiller, de maître des requêtes, sont incompatibles avec celles d'administrateur de toute compagnie privilégiée ou subventionnée.

Les conseillers d'État et les maîtres des requêtes, lorsqu'ils quittent leurs fonctions, peuvent être nommés conseillers ou maîtres des requêtes honoraires (1).

Est supprimé le titre d'auditeur et de maître de requêtes en service extraordinaire.

TITRE II.

FONCTIONS DU CONSEIL D'ÉTAT.

Art. 8. Le Conseil d'État donne son avis : 1° sur les projets d'initiative parlementaire que l'Assemblée nationale juge à propos de lui renvoyer ; 2° sur les projets de loi préparés par le Gouvernement et qu'un décret spécial ordonne de soumettre au Conseil d'État; 3° sur les projets de décret et, en général, sur toutes les questions qui lui sont soumises par le Président de la République ou par les ministres. Il est appelé nécessairement à donner son avis sur les règlements d'administration publique et sur les décrets en forme de règlements d'administration publique. Il exerce en outre, jusqu'à ce qu'il en soit autrement ordonné, toutes les attributions qui étaient conférées à l'ancien Conseil d'État par les lois ou règlements qui n'ont pas été abrogés.

Des conseillers d'État peuvent être chargés par le Gouvernement de soutenir devant l'Assemblée les projets de loi qui ont été renvoyés à l'examen du Conseil.

Art. 9. Le Conseil d'État statue souverainement sur les recours en matière contentieuse administrative et sur les demandes d'annulation pour excès de pouvoirs formés contre les actes des diverses autorités administratives.

----

(1) Modifié, L. 13 juillet 1879, art. 3

TITRE III.

FORMES DE PROCÉDER.

Art. 10. Le Conseil d'État est divisé en quatre sections, dont trois seront chargées d'examiner les affaires d'administration pure, et une de juger les recours contentieux (1).

La section du contentieux sera composée de six conseillers d'État et du vice-président du Conseil d'État; les autres sections se composeront de quatre conseillers et d'un président (2).

Les présidents de section sont nommés par décrets du Président de la République et choisis parmi les conseillers en service ordinaire. — Le ministre de la justice a la droit de présider les sections, hormis la section du contentieux. — Les conseillers en service ordinaire sont répartis entre les sections par décrets du Président de la République. Les conseillers en service extraordinaire, les maîtres des requêtes et les auditeurs sont distribués entre les sections par arrêtés du ministre de la justice, suivant les besoins du service. Les conseillers en service extraordinaire ne peuvent pas être attachés à la section du contentieux.

Un règlement d'administration publique statuera sur l'ordre intérieur des travaux du Conseil, sur la répartition des affaires entre les sections, sur la nature des affaires qui devront être portées à l'assemblée générale, sur le mode de roulement des membres entre les sections et sur les mesures d'exécution non prévues par la présente loi.

Art. 11. Les conseillers en service extraordinaire ont voix délibérative, soit à l'assemblée générale, soit à la section, dans les affaires qui dépendent du département ministériel auquel ils appartiennent. Ils n'ont que voix consultative dans les autres affaires.

Les maîtres des requêtes ont voix délibérative, soit à l'assemblée générale, soit à la section, dans les affaires dont le rapport leur a été confié, et voix consultative dans les autres.

Les auditeurs ont voix délibérative à leur section et voix consultative à l'assemblée générale, seulement dans les affaires dont ils sont les rapporteurs.

---

(1) Modifié, L. 13 juillet 1879, art. 4.
(2) Modifié, L. 13 juillet 1879, art. 4.

Art. 12. Le Conseil d'État, en assemblée générale, ne peut délibérer si treize au moins de ses membres ayant voix délibérative ne sont présents (1).

En cas de partage, la voix du président est prépondérante. Les sections administratives ne peuvent délibérer valablement que si trois conseillers en service ordinaire sont présents. En cas de partage, la voix du président est prépondérante.

Art. 13. Les décrets rendus après délibération de l'assemblée générale mentionnent que le conseil d'État a été entendu.

Les décrets rendus après délibération d'une ou de plusieurs sections mentionnent que ces sections ont été entendues.

Art. 14. Le gouvernement peut appeler à prendre part aux séances de l'assemblée ou des sections, avec voix consultative, les personnes que leurs connaissances spéciales mettraient en mesure d'éclairer la discussion.

Art. 15. La section du contentieux est chargée de diriger l'instruction écrite et de préparer le rapport des affaires contentieuses qui doivent être jugées par le Conseil d'État. Elle ne peut délibérer que si trois au moins de ses membres ayant voix délibérative sont présents.

En cas de partage, on appellera le plus ancien des maîtres des requêtes présents à la séance. — *Tous les rapports au contentieux sont faits par écrit.*

Art. 16. Trois maîtres des requêtes sont désignés par le Président de la République pour remplir au contentieux les fonctions de commissaires du Gouvernement (2).— Ils assisteront aux délibérations de la section du contentieux.

Art. 17. Le rapport est fait, au nom de la section du contentieux, à l'assemblée publique du Conseil d'État statuant au contentieux. Cette assemblée se compose : 1° des membres de la section ; 2° de six conseillers en service ordinaire pris dans les autres sections et désignés par le vice-président du Conseil délibérant avec les présidents de section (3). — Les conseillers adjoints à la section du contentieux ne peuvent y être remplacés que par une décision prise dans la forme qui est suivie pour leur désignation.

Art. 18. Après le rapport, les avocats des parties présentent leurs observations orales. — Les questions posées par les rapports sont communiquées, sans déplacement, aux avocats, quatre jours

---

(1) Modifié, L. 13 juillet 1879, art. 6.
(2) Modifié, L. 13 juillet 1879, art. 4.
(3) Modifié, L. 13 juillet 1879, art. 5.

au moins avant la séance. — Le commissaire du gouvernement donne ses conclusions dans chaque affaire.

Art. 19. Les affaires pour lesquelles il n'y a pas de constitution d'avocat ne sont portées à l'audience publique que si ce renvoi a été demandé par l'un des conseillers d'État de la section ou par le commissaire du Gouvernement à qui elles sont préalablement communiquées. Si le renvoi n'a pas été demandé, ces affaires sont jugées par la section du contentieux, sur le rapport de celui de ses membres que le président en a chargé et après les conclusions du commissaire du Gouvernement.

Art. 20. Les membres du Conseil d'État ne peuvent participer au jugement des recours dirigés contre les décisions qui ont été préparées par les sections auxquelles ils appartiennent, s'ils ont pris part à la délibération.

Art. 21. L'assemblée du Conseil d'État statuant au contentieux ne peut délibérer qu'en nombre impair ; elle ne décide valablement que si neuf membres au moins, ayant voix délibérative, sont présents.

Pour compléter l'assemblée, les conseillers d'État absents ou empêchés peuvent être remplacés par d'autres conseillers en service ordinaire, suivant l'ordre du tableau.

Art. 22. Toutes les décisions prises par l'assemblée du Conseil d'État délibérant au contentieux et par la section du contentieux sont lues en séance publique, transcrites sur le procès-verbal des délibérations et signées par le vice-président, le rapporteur et le secrétaire du contentieux. Il y est fait mention des membres ayant délibéré. Les expéditions qui sont délivrées par le secrétaire portent la formule exécutoire.

Art. 23. Le procès-verbal des séances de la section et de l'assemblée du Conseil d'État statuant au contentieux mentionne l'accomplissement des dispositions contenues dans les articles 15, 17, 18, 19, 20, 21 et 22.

Dans le cas où ces dispositions n'ont pas été observées, la décision peut être l'objet d'un recours en revision, qui est introduit dans les formes établies par l'article 33 du décret du 22 juillet 1806 et dans les délais fixés par le décret du 2 novembre 1864.

Art. 24. Le décret du 22 juillet 1806, les lois et règlements relatifs à l'instruction et au jugement des affaires contentieuses continueront à être observés devant la section et l'assemblée du Conseil d'État statuant au contentieux.

Sont applicables à l'assemblée les dispositions des articles 88 et suivants du Code de procédure civile sur la police des audiences.

Les recours formés contre les décisions des autorités administratives continueront à n'être pas suspensifs.

Néanmoins les conseils de préfecture pourront subordonner l'exécution de leurs décisions en cas de recours, à la charge de donner caution ou de justifier d'une solvabilité suffisante.

Les formalités édictées par les articles 440 et 441 du Code de procédure civile seront observées pour la présentation de la caution.

TITRE IV.

DES CONFLITS ET DU TRIBUNAL DES CONFLITS.

Art. 25. Les conflits d'attributions entre l'autorité administrative et l'autorité judiciaire sont réglés par un tribunal spécial composé :

1° Du garde des sceaux *président ;* 2° de trois conseillers d'État en service ordinaire élus par les conseillers en service ordinaire ; 3° de trois conseillers à la Cour de cassation nommés par leurs collègues ; 4° de deux membres et deux suppléants qui seront élus par la majorité des autres juges désignés aux paragraphes précédents.

Les membres du tribunal des conflits sont soumis à réélection tous les trois ans et indéfiniment rééligibles.

Ils choisissent un vice-président au scrutin secret à la majorité absolue des voix.

Ils ne pourront délibérer valablement qu'au nombre de cinq membres présents au moins.

Art. 26. Les ministres ont le droit de revendiquer devant le tribunal des conflits les affaires portées à la section du contentieux et qui n'appartiendraient pas au contentieux administratif.

Toutefois, ils ne peuvent se pourvoir devant cette juridiction qu'après que la section du contentieux a refusé de faire droit à la demande en revendication qui doit lui être préalablement communiquée.

Art. 27. La loi du 4 février 1850 et le règlement du 26 octobre 1849, sur le mode de procéder devant le tribunal des conflits, sont remis en vigueur.

Art. 28. Les délais fixés pour le jugement des conflits seront suspendus pendant le temps qui s'écoulera entre la promulgation de la présente loi et l'installation du tribunal des conflits.

DISPOSITIONS TRANSITOIRES.

Sans intérêt.

4 octobre 1872. — *Décret portant règlement du concours pour la nomination des auditeurs de seconde classe au Conseil d'État.*

TITRE PREMIER.

ANNONCE DU CONCOURS ET FORMATION DE LA LISTE DES CANDIDATS.

Art. 1er. Pour la première nomination des auditeurs au Conseil d'État, et pour les nominations ultérieures aux places qui deviendront vacantes, le président du Conseil d'État indiquera par un arrêté le nombre de places à mettre au concours et déterminera l'époque à laquelle le concours devra s'ouvrir.

Art. 2. L'arrêté du président du Conseil d'État sera inscré au *Journal officiel* avec le texte des articles 4, 5, 6, 7 et 11 du présent règlement et adressé immédiatement aux préfets des départements ainsi qu'aux recteurs des académies.

Art. 3. Le délai entre l'insertion de l'arrêté au *Journal officiel* et le jour fixé pour l'ouverture du concours sera de deux mois.

Dans le cas où des places deviendraient vacantes pendant cet intervalle, elles pourront être ajoutées, par un nouvel arrêté pris avant l'ouverture du concours, au nombre de celles précédemment indiquées.

Art. 4. Les aspirants se feront inscrire au secrétariat du Conseil d'État dans les vingt jours à partir de l'insertion de l'arrêté au *Journal officiel*; ils déposeront au secrétariat leur acte de naissance, ainsi que les pièces justificatives des conditions énoncées dans l'article suivant.

Les aspirants auront aussi la faculté de se faire inscrire et de produire les pièces au secrétariat de la préfecture de leur résidence dans le même délai. La liste des inscriptions et les pièces seront transmises dans les dix jours, par les préfets, au secrétariat du Conseil d'État.

Art. 5 (D. 14 août 1879). Nul ne peut se faire inscrire en vue du concours : 1° s'il n'est Français jouissant de ses droits ; 2° s'il a, au 1er janvier de l'année du concours, moins de vingt et un ans ou plus de vingt-cinq ans ; 3° s'il ne produit soit un diplôme de licencié en droit, ès sciences ou ès lettres, obtenu dans une des Facultés de l'État, soit un diplôme de l'École des chartes, soit un certificat attestant qu'il a satisfait aux examens de sortie de l'École polytechnique, de l'École nationale des mines, de l'École nationale des ponts et chaussées, de l'École centrale des arts et manufactures, de l'École forestière, de l'École spéciale militaire ou de l'École navale, soit un brevet d'officier dans les armées de terre et de mer ; 4° s'il ne justifie avoir satisfait aux obligations imposées par la loi du 27 juillet 1872 sur le recrutement de l'armée, et notamment, dans le cas où il aurait contracté un engagement conditionnel d'un an, aux obligations imposées par l'article 56 de ladite loi.

Art. 6. La liste des inscriptions sera close par le secrétaire général du Conseil d'État cinq jours après l'expiration du délai fixé par l'article 4 pour l'envoi des pièces.

Art. 7. La liste des candidats qui seront admis à concourir sera dressée et arrêtée définitivement par le vice-président du Conseil d'État, assisté des présidents de section.

Cinq jours au moins avant l'ouverture du concours, elle sera déposée au secrétariat du Conseil d'État, où toute personne pourra en prendre communication.

TITRE II.

ORGANISATION DU JURY.

Art. 8 (D. 19 février 1878). Le jury du concours se composera de trois conseillers d'État, dont un faisant les fonctions de président, et de deux maîtres des requêtes, choisis par le président du Conseil d'État.

Le président du jury aura la direction et la police du concours ; il aura voix prépondérante en cas de partage, sauf pour la nomination des candidats.

Art. 9. Le nombre des juges présents jusqu'à la fin des épreuves ne pourra être moindre de trois.

Art. 10. Il sera dressé procès-verbal de chaque séance, et le procès-verbal sera signé par chacun des juges.

TITRE III.

MATIÈRES DES ÉPREUVES.

Art. 11. Les épreuves du concours porteront :

1° Sur les principes du droit politique et constitutionnel français ;

2° Sur les principes généraux du droit des gens ;

3° Sur les principes généraux du droit civil français et organisation judiciaire de la France ;

4° Sur l'organisation administrative et sur les matières administratives indiquées dans le programme joint au présent règlement ;

5° Sur les éléments de l'économie politique.

TITRE IV.

NATURE ET MODE DES ÉPREUVES.

Art. 12. Il y aura une épreuve préparatoire et des épreuves définitives.

Art. 13. L'épreuve préparatoire consistera en une composition par écrit sur un sujet relatif à la législation administrative.

Art. 14. Le sujet de composition, commun à tous les candidats, sera tiré au sort entre trois sujets qui auront été choisis, séance tenante, par le jury, et mis sous enveloppe cachetée. Le tirage au sort sera fait par le président en présence des candidats.

Art. 15. Tous les candidats seront immédiatement renfermés de manière à n'avoir aucune communication avec le dehors.

La surveillance sera confiée à l'un des juges désignés par le président du jury. Les candidats ne pourront s'entr'aider dans leur travail, ni se procurer d'autres secours que les lois françaises.

Le temps accordé pour la composition sera de six heures.

Art. 16. Les compositions seront faites sur un papier délivré aux candidats, et en tête duquel ils inscriront leurs nom et prénoms.

Lors du dépôt de la composition sur le bureau, le juge surveillant placera en tête un numéro d'ordre qui sera répété sur le manuscrit.

Les têtes de compositions seront détachées à l'instant et réunies sous une enveloppe cachetée, laquelle ne sera ouverte qu'après l'examen et le jugement.

Art. 17. La liste des candidats admis aux épreuves définitives sera dressée par ordre alphabétique ; elle sera déposée au secrétariat général du Conseil d'État, où les concurrents pourront en prendre communication.

Art. 18. Les épreuves définitives consisteront en une épreuve par écrit et une épreuve orale.

Art. 19. Pour l'épreuve par écrit, les concurrents feront une composition sur un sujet tiré au sort par le président du jury, ainsi qu'il a été dit en l'article 14.

Ce sujet, commun à tous les candidats, pourra porter sur les diverses matières indiquées en l'article 11. Il sera donné vingt-quatre heures avant la composition.

Les candidats devront rédiger leur travail dans les conditions fixées par l'article 15. Ils ne devront avoir à leur disposition ni notes ni collection de lois.

Art. 20. Après la remise des compositions, il sera procédé en séance publique à l'épreuve orale.

Art. 21. L'épreuve orale durera trois quarts d'heure.

Elle consistera : 1° en une exposition de principes faite par chaque candidat sur une matière tirée au sort ; et 2° en un examen.

L'exposition ne durera pas plus d'un quart d'heure.

L'examen portera sur toutes les matières indiquées en l'article 11 ci-dessus.

Le sujet de l'exposition, contenu dans une enveloppe cachetée, sur laquelle le président et le candidat apposeront leur signature, sera remis à celui-ci une heure avant le commencement de son épreuve.

Les interrogations seront faites par les membres du jury, sans argumentation entre les concurrents.

Art. 22. Dans l'épreuve orale, l'ordre à suivre entre les candidats sera indiqué par un tirage au sort.

TITRE V.

JUGEMENT.

Art. 23. Lorsque les épreuves seront terminées, le président prononcera la clôture du concours, et le jury procédera immédiatement, et en séance secrète, à la délibération.

Art. 24. Si, d'après le résultat du concours, le jury estime qu'il n'y a pas lieu à nomination, ou qu'il n'y a pas lieu de nommer à toutes les places vacantes, il en sera fait déclaration en séance publique.

Art. 25. La liste des nominations sera dressée par ordre de mérite.

Art. 26. Le jury pourra faire procéder à une nouvelle épreuve orale entre les candidats qui se trouveraient placés sur le même rang.

Art. 27. Le jugement sera rendu sans désemparer, et le résultat du concours proclamé en séance publique. Extrait du procès-verbal, signé par le président et tous les juges, sera transmis immédiatement au Président de la République.

TITRE VI.

DISPOSITIONS TRANSITOIRES.

Art. 28. Pour le premier concours des auditeurs de seconde classe, les candidats seront admis à concourir s'ils ont vingt et un ans, et s'ils n'ont pas vingt-sept ans accomplis au moment de l'ouverture du concours.

Art. 29. Les anciens auditeurs au Conseil d'État et ceux qui ont été attachés à la commission provisoire, instituée par le décret du 15 septembre 1870, seront dispensés de l'épreuve préparatoire.

Art. 30. Pour le prochain concours, les candidats qui n'auraient pu déposer, dans les délais fixés par l'article 4, les diplômes exigés par le paragraphe 3 de l'article 5, seront admis à produire ces diplômes ou les certificats constatant leur réception jusqu'au dixième jour avant l'ouverture du concours.

Art. 31. Le garde des sceaux, ministre de la justice, est chargé de l'exécution du présent décret, qui sera inséré au *Bulletin des lois.*

ANNEXE.

Programme détaillé des matières administratives arrêté en exécution du paragraphe 4 de l'article 11 du présent règlement.

I. Organisation, attributions et mode de procéder de l'Administration préposée aux soins des intérêts de l'État. — Agents et conseils qui composent la hiérarchie administrative.

Organisation, attributions et mode de procéder des agents et conseils préposés à la gestion des intérêts locaux dans les départements et les communes. Rapports de ces autorités avec l'autorité centrale.

Organisation spéciale à l'Algérie et aux colonies.

Organisation, attributions et mode de procéder de diverses juridictions administratives.

Du principe de la séparation des pouvoirs, notamment de l'indépendance de l'autorité administrative à l'égard de l'autorité judiciaire. Conflits d'attributions positifs et négatifs. Des poursuites dirigées contre les agents du Gouvernement.

II. Du budget d'État. Comment il est préparé, voté, modifié et réglé. Principes généraux de la comptabilité publique. De l'établissement et de la liquidation des dettes de l'État. Du recouvrement des créances de l'État.

Des diverses ressources de l'État. Des impôts directs; leur assiette et leur recouvrement. Des impôts indirects; notions générales sur leur assiette. Des monopoles. Des produits de la gestion des biens de l'État.

De la dette publique. De la caisse d'amortissement.

Des pensions civiles. Des pensions de l'armée de terre. Des pensions servies sur les fonds de la caisse des invalides de la marine.

De la monnaie. Des divers systèmes relatifs à l'étalon monétaire. De la théorie des monnaies d'appoint et des conditions qui les distinguent des monnaies courantes.

Des charges et des ressources des départements.

Des charges et des ressources des communes. Des biens communaux. Des immeubles affectés aux services publics communaux, notamment des églises, presbytères et cimetières.

Du régime des cultes. Rapports de l'État avec les différents cultes au point de vue spirituel et au point de vue temporel. Administration, charges et ressources des établissements publics institués pour l'exercice du culte catholique. Règles spéciales aux congrégations religieuses.

Administration des établissements publics institués pour l'exercice des cultes protestants reconnus et du culte israélite.

Du régime de l'instruction publique. Enseignement supérieur, secondaire, primaire. Droits des citoyens. Pouvoirs de l'autorité publique. Des dépenses imposées à l'État, aux départements et aux communes pour l'organisation de l'instruction publique à ses différents degrés. Établissements publics et d'utilité publique qui se rattachent au service de l'instruction publique. Leur administration.

De l'assistance publique. Constitution et administration des hôpitaux, hospices, bureaux de bienfaisance.

Règles spéciales aux aliénés et aux enfants assistés.

Des établissements d'utilité publique institués en vue de l'assistance ou de la prévoyance.

Règles relatives au mode d'exécution des travaux publics. Des marchés ou entreprises. Des concessions de travaux.

Des préjudices causés aux propriétaires par l'exécution des travaux publics. Dommages proprement dits. Extraction de matériaux et occupation de terrains. Expropriation pour cause d'utilité publique.

Routes nationales et départementales. Établissement des routes. Droits et charges de l'État et des départements. Obligations et droits des riverains. De l'alignement et des autres servitudes imposées aux riverains. Police de la grande voirie. Police du roulage.

Chemins de fer. Divers modes d'exécuction de ces chemins. Droits et obligations de l'État et des compagnies concessionnaires. Exécution des travaux. Servitudes imposées aux riverains. Règles générales de l'exploitation.

Chemins de fer d'intérêt local. Création et exploitation.

Voirie urbaine. Droits et charges des communes. Obligations et droits des riverains. Police.

Chemins vicinaux. Leur établissement. Ressources spéciales au moyen desquelles ils s'exécutent. Obligations et droits des riverains. Police.

Chemins publics ruraux. Différence de leur condition légale et de celle des chemins vicinaux.

Du rivage de la mer. Conservation, délimination, administration, police du rivage. Concession des lais et relais de mer et du droit d'endiguage.

Des ports maritimes. Règles spéciales de police de ces ports.

Cours d'eau navigables et flottables. Leur condition légale. Ses conséquences. Droits des propriétaires riverains. Concessions de prises d'eau pour la mise en mouvement des usines et pour l'irrigation des terres. Obligations des riverains, notamment en ce qui concerne le chemin de halage. Police des cours d'eau navigables et de la navigation.

Canaux de navigation. Canaux exploités par l'État. Canaux concédés. Exploitation. Obligations des riverains. Police spéciale de la navigation sur les canaux.

Des cours d'eau flottables à bûches perdues. Régime spécial de ces cours d'eau.

Des cours d'eau non navigables ni flottables. Leur condition légale. Droit des riverains. Établissement de barrages et de prises d'eau pour les usines et pour l'irrigation. Curage. Règles de police.

De la pêche dans la mer, dans les cours d'eau navigables, dans les cours d'eau non navigables et dans les étangs. Droits de l'État et des particuliers. Police de la pêche.

Des associations syndicales. Organisation et mode de procéder. de ces associations. Travaux qu'elles peuvent accomplir d'après la loi du 21 juin 1865. Moyens de suppléer à leur inaction pour le desséchement des marais et l'endiguement des cours d'eau.

Des mines, minières et carrières.

Du régime forestier. Du régime des bois et forêts appartenant aux particuliers. Du reboisement des montagnes.

Des institutions établies dans l'intérêt de l'agriculture et de l'industrie: 1° Comices agricoles. Concours. Haras; 2° Chambres de commerce. Chambres consultatives des arts et manufactures. Établissements exploités par les chambres de commerce.

Des ateliers dangereux, insalubres et incommodes. Des machines à vapeur. De la police sanitaire.

Des sources d'eaux minérales. Protection et exploitation de ces sources.

Force publique. Organisation de l'armée de terre et de mer. Recrutement. Inscription maritime. État des officiers.

Places fortes et fortifications. Servitudes imposées à la propriété pour la défense du territoire. Régime de la zone frontière. Travaux mixtes.

Prises maritimes.

De la naturalisation des étrangers. Droits du Gouvernement à l'égard des étrangers.

Des changements de nom.

1ᵉʳ août 1874. — *Loi sur le Conseil d'État.*

Art. 1ᵉʳ. La section du contentieux sera présidée par un président de section, qui sera nommé dans les conditions et les formes déterminées par l'article 10 de la loi du 24 mai 1872. Il n'aura la présidence de l'assemblée publique du Conseil d'État au contentieux qu'en l'absence du vice-président.

Art. 2 et 3 (1).

25 février 1875. — *Loi relative à l'organisation des pouvoirs publics.*

. . . .

Art. 4. Au fur et à mesure des vacances qui se produiront à

---

(1) Abrogés, L. 13 juillet 1879, art. 2.

partir de la promulgation de la présente loi, le Président de la République nomme, en conseil des ministres, les conseillers d'État en service ordinaire.

. . . .

10 août 1876. — *Loi concernant le renouvellement des auditeurs de deuxième classe au Conseil d'État.*

(Abrogée par la loi du 1ᵉʳ juillet 1887.)

13 juillet 1879. — *Loi relative au Conseil d'État.*

Art. 1ᵉʳ. Le Conseil d'État se compose :

1° De trente-deux conseillers d'État en service ordinaire ;

2° De dix-huit conseillers en service extraordinaire ;

3° De trente maîtres des requêtes ;

4° De trente-six auditeurs, savoir : douze de première classe et vingt-quatre de seconde classe.

Art. 2. Le concours pour les fonctions d'auditeur de première classe est supprimé.

Les auditeurs de première classe seront choisis parmi les auditeurs de seconde classe ou parmi les anciens auditeurs sortis du Conseil qui comptent quatre années d'exercice soit de leurs fonctions, soit des fonctions publiques auxquelles ils auraient été appelés.

Ils seront nommés par décret du Président de la République.

Le vice-président et les présidents de section seront appelés à faire des présentations.

Art. 3. Les conseillers d'État en service ordinaire, maîtres des requêtes et auditeurs de première classe, après trois années depuis leur entrée au Conseil d'État, pourront, sans perdre leur rang au Conseil, être nommés à des fonctions publiques pour une durée qui n'excédera pas trois ans.

Le nombre des membres du Conseil ainsi nommés à des fonctions publiques ne pourra excéder le cinquième du nombre des conseillers, maîtres des requêtes et auditeurs.

Pendant ces trois années, ils ne seront pas remplacés.

Les traitements ne pourront être cumulés.

Les conseillers et maîtres des requêtes qui seront remplacés dans leurs fonctions pourront obtenir le titre de conseillers et de maîtres des requêtes honoraires.

Les auditeurs de première classe remplacés dans leurs fonctions pourront être nommés maîtres des requêtes honoraires, s'ils comptent huit ans de fonctions au Conseil d'État. .

Art. 4. Le Conseil d'État est divisé en cinq sections, dont une section du contentieux et une section de législation.

Les sections sont composées de cinq conseillers d'État en service ordinaire et d'un président, à l'exception de la section du contentieux, qui est composée de six conseillers en service ordinaire et d'un président.

Il y aura un quatrième commissaire du Gouvernement attaché à cette section.

Un règlement d'administration publique statuera sur l'ordre intérieur des travaux du Conseil, sur la répartition des membres et des affaires entre les sections, sur la nature des affaires qui devront être portées à l'assemblée générale, sur le mode de roulement des membres entre les sections et sur les mesures d'exécution non prévues par la présente loi.

Art. 5. L'assemblée publique du Conseil d'État statuant au contentieux se compose :

1° Du vice-président ;

2° Des membres de la section ;

3° De huit conseillers en service ordinaire, pris dans les autres sections et désignés conformément à l'article 17 de la loi du 24 mai 1872.

Lorsque les membres de l'assemblée du contentieux, délibérant dans une affaire, seront en nombre pair, le dernier des conseillers dans l'ordre du tableau devra s'abstenir.

Art. 6. Le Conseil d'État, en assemblée générale, ne peut délibérer si seize au moins des conseillers en service ordinaire ne sont présents. En cas de partage, la voix du président est prépondérante.

Art. 7. Toutes les lois antérieures sont abrogées en ce qu'elles auraient de contraire à la présente loi.

2 août 1879. — *Décret portant règlement intérieur du Conseil d'État.*

TITRE PREMIER.

DE L'ORGANISATION INTÉRIEURE DU CONSEIL D'ÉTAT.

Art. 1er. Les projets et les propositions de loi renvoyés au Conseil d'État, soit par les Chambres, soit par le Gouvernement, et les affaires administratives ressortissant aux différents ministères sont répartis entre les quatre sections suivantes : .

1° Section de législation, de la justice et des affaires étrangères ;

2° Section de l'intérieur, des cultes, de l'instruction publique et des beaux-arts ;

3° Section des finances, des postes et télégraphes, de la guerre, de la marine et des colonies ;

4° Section des travaux publics, de l'agriculture et du commerce.

Les projets et les propositions de loi, les projets de règlement d'administration publique et les affaires administratives concernant l'Algérie sont examinés par les différentes sections suivant la nature du service auquel ils se rattachent.

Art 2. Le ministre de la justice ou le vice-président du Conseil d'État pourra toujours réunir à la section compétente soit la section de législation, soit telle autre section qu'il croira devoir désigner.

Art. 3. Les conseillers d'État, maitres des requêtes et auditeurs de 1re classe qui sont nommés à des fonctions publiques, conformément à l'article 3 de la loi du 13 juillet 1879, ont entrée à la section administrative à laquelle ils appartiennent et à l'assemblée générale.

Toutefois les conseillers d'État ainsi nommés à des fonctions publiques ne peuvent prendre part aux travaux du Conseil que dans les conditions prévues, pour les conseillers d'État en service extraordinaire, par l'article 11 de la loi du 24 mai 1872.

Art. 4. Les trente maitres des requêtes, les douze auditeurs de 1re classe et les vingt-quatre auditeurs de 2e classe sont répartis ainsi qu'il suit :

1° A la section de législation, etc. : 3 maitres des requêtes, 2 auditeurs de 1re classe, 3 auditeurs de 2e classe ;

2° A la section du contentieux : 12 maitres des requêtes, y compris les 4 commissaires du Gouvernement, 4 auditeurs de 1re classe, 10 auditeurs de 2e classe ;

3° A la section de l'intérieur, etc. : 5 maitres des requêtes, 2 auditeurs de 1re classe, 4 auditeurs de 2e classe ;

4° A la section des finances, etc. : 5 maitres des requêtes, 2 auditeurs de 1re classe, 3 auditeurs de 2e classe ;

5° A la section des travaux publics, etc. : 5 maitres des requêtes, 2 auditeurs de 1re classe, 4 auditeurs de 2e classe.

Néanmoins cette répartition, dans le cas où les besoins du service le rendraient nécessaire, pourra être modifiée par le vice-président du Conseil d'État, sur la proposition des présidents de section.

Art. 5. Tous les trois ans, il peut être procédé à une nouvelle répartition des conseillers d'État et des maîtres des requêtes entre les diverses sections. Cette répartition est faite par décret du Président de la République en ce qui concerne les conseillers d'État, et par arrêté du ministre de la justice, sur la proposition du vice-président et des présidents de section, en ce qui concerne les maîtres des requêtes.

En dehors des époques fixées pour le roulement, les conseillers d'État ne peuvent être déplacés par décret du Président de la République que sur leur demande et de l'avis du vice-président du Conseil d'État.

Chaque année, au 15 octobre, le ministre de la justice arrête, sur la même proposition, la répartition des auditeurs entre les sections.

Art. 6. Le secrétaire général dirige les travaux des bureaux et tient la plume à l'assemblée générale du Conseil. Il signe et certifie les expéditions des actes, des décrets et des avis au Conseil d'État délivrées aux personnes qui ont qualité pour les réclamer, sauf pour les décisions rendues en matière contentieuse.

En cas d'absence ou d'empêchement, il est suppléé par un maître des requêtes désigné par le ministre de la justice.

TITRE II.

DE L'ATTRIBUTION DES AFFAIRES A L'ASSEMBLÉE GÉNÉRALE ET AUX SECTIONS.

Art. 7. (D. 3 avril 1886.) Sont portés à l'assemblée générale du Conseil d'État :

1° Les projets et les propositions de loi renvoyés au Conseil d'État ;

2° Les projets de règlement d'administration publique ;

3° L'enregistrement des bulles et autres actes du Saint-Siège ;

4° Les recours pour abus ;

5° Les autorisations des congrégations religieuses et la vérification de leurs statuts ;

6° La création des établissements ecclésiastiques ou religieux ;

7° L'autorisation d'accepter les dons et legs excédant cinquante mille francs, lorsqu'il y a opposition des héritiers ;

8° L'annulation des délibérations prises par les conseils généraux des départements dans les cas prévus par les articles 33 et 47 de la loi du 10 août 1871 ;

9° Les impositions d'office établies sur des départements dans les cas prévus par l'article 61 de la loi du 10 août 1871 ;

10° Les traités passés par la ville de Paris pour les objets énumérés dans l'article 16 de la loi du 24 juillet 1867 ;

11° Les changements apportés à la circonscription territoriale des communes ;

12° La création des octrois ;

13° La création des tribunaux de commerce et des conseils de prud'hommes, la création ou la prorogation des chambres temporaires dans les cours et tribunaux ;

14° La création des chambres de commerce ;

15° La naturalisation des étrangers accordée à titre exceptionnel, en vertu de l'article 2 de la loi du 29 juin 1867 ;

16° Les prises maritimes ;

17° La délimitation des rivages de la mer ;

18° Les demandes en concession de mines, soit en France, soit en Algérie ;

19° L'exécution des travaux publics à la charge de l'État qui peuvent être autorisés par décret ;

20° L'exécution des tramways ;

21° Les concessions de desséchement de marais, les travaux d'endiguement et ceux de redressement des cours d'eau non navigables ;

22° L'approbation des tarifs de ponts à péage et de bacs et le rachat des concessions de ponts à péage ;

23° L'établissement de droits de tonnage dans les ports maritimes ;

24° L'autorisation des sociétés d'assurances sur la vie, des tontines et les modifications des statuts des sociétés anonymes autorisées avant la loi du 24 juillet 1867 ;

25° La suppression des établissements dangereux, incommodes et insalubres, dans les cas prévus par le décret du 15 octobre 1810 ;

26° Toutes les affaires non comprises dans cette nomenclature sur lesquelles il doit être statué, en vertu d'une disposition spéciale, par décrets rendus dans la forme des règlements d'administration publique ;

27° Enfin, les affaires qui, à raison de leur importance, sont renvoyées à l'examen de l'assemblée générale, soit par les ministres, soit par le président de section d'office ou sur la demande de la section.

TITRE III.

DE L'ORDRE INTÉRIEUR DES TRAVAUX.

§ Iᵉʳ. — Assemblées de section.

Art. 8. Il est tenu dans chaque section un rôle sur lequel toutes les affaires sont inscrites d'après leur ordre de date.

Le président de la section distribue les affaires entre les rapporteurs. Il désigne celles des affaires qui sont réputées urgentes soit par leur nature, soit par des circonstances spéciales.

Art. 9. La date de la distribution des affaires, avec l'indication de leur nature, est inscrite sur un registre particulier qui reste à la disposition du président de la section.

Art. 10. Le secrétaire de chaque section tient note, sur un registre spécial, des affaires délibérées à chaque séance et de la décision prise par la section. Il y fait mention de tous les membres présents.

Art. 11. En l'absence du président de la section, la présidence appartient à celui des conseillers d'État qui est le premier inscrit sur le tableau.

Art. 12. Lorsque plusieurs sections sont réunies, la présidence appartient, en l'absence du ministre de la justice, au vice-président, ou à celui des présidents de ces sections qui est le premier dans l'ordre du tableau.

Les lettres de convocation contiennent l'indication des affaires qui doivent être traitées dans ces réunions.

§ 2. — Des assemblées générales.

Art. 13. Les jours et heures des assemblées générales sont fixés par le Conseil d'État, sur la proposition du Ministre de la justice.

En cas d'urgence, le Conseil est convoqué par le vice-président.

Art. 14. Il est dressé par le secrétaire général, pour chaque séance, un rôle des affaires qui doivent être délibérées en assemblée générale. Ce rôle mentionne le nom du rapporteur et contient la notice de chaque affaire rédigée par le rapporteur.

Art. 15. Le rôle est imprimé et adressé aux conseillers d'État, maîtres des requêtes et auditeurs, deux jours au moins avant la séance.

Sont imprimés et distribués en même temps que le rôle, s'ils n'ont pu l'être antérieurement, les projets de loi et de règlement d'administration publique, les avis proposés par les sections, ainsi que les documents à l'appui desdits projets dont l'impression aura été jugée nécessaire par les sections.

Les documents non imprimés sont déposés au secrétariat général le jour où a lieu la distribution du rôle et des impressions, et ils y sont tenus à la disposition des membres du Conseil, sauf les cas d'urgence.

Art. 16. Le procès-verbal contient les noms des conseillers d'État présents.

Les conseillers d'État et les maitres des requêtes qui sont empêchés de se rendre à la séance doivent en prévenir d'avance le vice-président du Conseil d'État.

Il en est de même des auditeurs qui sont chargés de rapports inscrits à l'ordre du jour.

En cas d'urgence, les rapporteurs empêchés doivent, de l'agrément du président de leur section, remettre l'affaire dont ils sont chargés à un de leurs collègues.

Art. 17. Le président a la police de l'assemblée; il dirige les débats, résume la discussion, pose les questions à résoudre.

Nul ne peut prendre la parole sans l'avoir obtenue.

Art. 18. Les votes ont lieu par assis et levé ou par appel nominal.

Toutes les élections ont lieu au scrutin secret, à la majorité absolue des membres présents et sur convocation spéciale.

Le président proclame le résultat des votes.

3. — De l'instruction et du jugement des affaires contentieuses (1).

Art. 19. La communication des recours aux parties intéressées et aux ministres, s'il y a lieu, les demandes de pièces, les mises en cause et tous les autres actes d'instruction sont délibérés par la section du contentieux, sur l'exposé du rapporteur.

Les décisions relatives aux actes d'instruction sont signées par le président de la section.

Art. 20. Le président de la section du contentieux distribue les affaires entre les quatre maitres des requêtes qui remplissent les fonctions du ministère public.

Art. 21 (2).

____

(1) Voy. Déc. 12 novembre 1888.
(2) Modifié Voy. Déc. 12 novembre 1888, art. 6.

Art. 22. Le rôle de chaque séance publique du Conseil d'État est préparé par le commissaire du Gouvernement chargé de porter la parole dans la séance; il est arrêté par le président.

Ce rôle, imprimé et contenant sur chaque affaire une notice sommaire rédigée par le rapporteur, est distribué, quatre jours au moins avant la séance, à tous les conseillers d'État de service à l'assemblée du Conseil statuant au contentieux, ainsi qu'aux maîtres des requêtes et auditeurs de la section du contentieux.

Il est également remis aux ministres qui ont pris des conclusions et aux avocats dont les affaires doivent être appelées.

Art. 23. En l'absence du vice-président du Conseil d'État, la présidence de l'assemblée du Conseil statuant au contentieux appartient au président de la section du contentieux.

En cas d'empêchement du secrétaire du contentieux, un secrétaire adjoint peut être désigné par le vice-président du Conseil d'État, sur la proposition du président de la section du contentieux.

Art. 24. Toutes les décisions rendues par le Conseil d'État statuant au contentieux ou par la section du contentieux contiennent les noms et demeures des parties, leurs conclusions, le vu des pièces principales et des lois appliquées.

Elles portent en tête la mention suivante :

AU NOM DU PEUPLE FRANÇAIS,

« Le Conseil d'État statuant au contentieux (*ou* La section du contentieux du Conseil d'État). »

Art. 25. L'expédition des décisions, délivrée par le secrétaire du contentieux, porte la formule exécutoire suivante :

« La République mande et ordonne aux ministres de (ajouter le département ministériel désigné par la décision), en ce qui les concerne, et à tous huissiers à ce requis, en ce qui concerne les voies de droit commun contre les parties privées, de pourvoir à l'exécution de la présente décision. »

TITRE IV.

DISPOSITIONS GÉNÉRALES.

Art. 26. Les présidents de section et les conseillers d'État siègent dans l'ordre du tableau.

Le tableau comprend : 1° le vice-président; 2° les présidents de section; 3° les conseillers d'État en service ordinaire; 4° les conseillers d'État en service extraordinaire; 5° les maîtres des requêtes et les auditeurs.

Ils y sont tous inscrits dans l'ordre de leur nomination.

Art. 27. Les conseillers d'État ne peuvent s'absenter sans un congé donné par le ministre de la justice, après avoir pris l'avis du vice-président et du président de leur section.

Les maîtres des requêtes et les auditeurs ne peuvent s'absenter sans un congé donné par le vice-président, après avoir pris l'avis du président de la section dont ils font partie.

Art. 28. Dans le cas où, par suite de vacance, d'absence ou d'empêchement d'un ou de plusieurs conseillers d'État, une section ne se trouve pas en nombre pour délibérer, le vice-président du Conseil, de concert avec les présidents de section, la complète par l'appel de conseillers d'État pris dans les autres sections.

En cas d'urgence, la décision est prise par le président de la section.

Art. 29. Tout conseiller d'État, maître des requêtes ou auditeur qui s'absente sans congé, ou qui excède la durée du congé qu'il a obtenu, subit la retenue intégrale de la portion de son traitement afférente au temps pendant lequel a duré son absence non autorisée.

Si l'absence non autorisée dure plus d'un mois, le ministre de la justice en informe le Président de la République.

Art. 30. Au procès-verbal des sections et des assemblées générales du Conseil d'État est annexé un résumé des discussions relatives aux projets de loi, aux règlements d'administration publique et aux affaires pour lesquelles, en raison de leur importance, le président jugerait que la discussion doit être recueillie.

Ce résumé est fait par un auditeur désigné par le président et assisté d'un rédacteur spécial.

Il reproduit sommairement les discussions; il est soumis à la revision du président ou de l'un des conseillers d'État ou maîtres des requêtes présents à la séance, délégué par le président.

Art. 31. L'époque des vacances du Conseil d'État est fixée, chaque année, par un décret du Président de la République.

Le même décret forme deux sections pour délibérer sur les affaires urgentes et désigne neuf conseillers d'État en service ordinaire, huit maîtres des requêtes et dix auditeurs pour composer ces sections.

L'assemblée générale ne peut délibérer pendant les vacations qu'autant que neuf au moins de ses membres ayant voix délibérative sont présents.

Les conseillers d'État désignés pour faire partie de la section des vacations peuvent se faire remplacer, de l'agrément du président, par un autre conseiller d'État.

Art. 32. La bibliothèque est placée sous la surveillance d'une commission de trois conseillers d'État élus au scrutin. Cette commission règle tout ce qui concerne l'acquisition, le prêt et l'usage des livres.

Art. 33. Le garde des sceaux, ministre de la justice, est chargé de l'exécution du présent décret, qui sera inséré au *Bulletin des lois*.

23 mars 1880.—*Loi relative au renouvellement des auditeurs de deuxième classe au Conseil d'État.*

Art. 1, 2 et 3. (Transitoires, sans intérêt.)

Art. 4. Les auditeurs de deuxième classe reçoivent, après une année de service, un traitement annuel qui sera déterminé par une loi de finances. Il ne peut être cumulé.

1er juillet 1887. — *Loi relative au renouvellement des auditeurs de deuxième classe au Conseil d'État.*

Art. 1er. La limite de quatre années fixée pour les fonctions d'auditeur de deuxième classe au Conseil d'État, par l'article 5, paragraphe 6, de la loi du 24 mai 1872, est portée à huit années.

Art. 2. La limite d'âge pour la nomination aux fonctions d'auditeur de première classe au Conseil d'État, fixée à trente ans par l'article 6 de la loi du 24 mai 1872, est portée à trente-trois ans, qui seront comptés au 1er janvier de l'année de la nomination.

Art. 3. Chaque année, le gouvernement fera connaître, par une décision prise en conseil des ministres, et insérée au *Journal officiel* dans le mois de janvier, les fonctions qui seront mises à la disposition des auditeurs de deuxième classe qui auront au moins quatre ans de services.

Ces fonctions seraient les suivantes :

Commissaire du Gouvernement près le Conseil de préfecture de la Seine;

Secrétaire général d'une préfecture de première ou deuxième classe ;

Sous-préfet de première ou de deuxième classe ;

Substitut dans un tribunal de deuxième classe.

Art. 4. Chaque année, s'il y a lieu, un concours sera ouvert dans le mois de décembre pour la nomination d'autant d'auditeurs de deuxième classe qu'il y aura de places vacantes.

Les auditeurs nommés à la suite de ce concours entreront en fonctions le 1er janvier.

Art. 5. L'article 5, paragraphe 6, de la loi du 24 mai 1872, la loi du 10 août 1876 et toutes les dispositions contraires à la présente loi sont abrogés.

26 octobre 1886. — *Loi relative à la création d'une section temporaire du contentieux au Conseil d'État.*

Art. 1er. Lorsque les besoins du service l'exigeront, il sera formé, par décret en Conseil d'État, une section temporaire qui concourra au jugement des affaires d'élections et de contributions directes ou taxes assimilées.

Art. 2. La section temporaire sera composée d'un président de section et de quatre conseillers d'État, pris dans les différentes sections du Conseil, auxquelles ils continueront d'appartenir, et désignés par décret du Président de la République.

Il pourra y avoir auprès d'elle un ou deux commissaires suppléants du Gouvernement, nommés par arrêté du ministre de la justice, et qui pourront être choisis parmi les auditeurs de première classe.

Pour la désignation des membres de la section temporaire et des commissaires suppléants du Gouvernement, le vice-président du Conseil d'État et les présidents de section seront appelés à faire des présentations.

Art. 3. La section du contentieux et la section temporaire peuvent statuer, en audience publique, sur les affaires d'élections et de contributions directes ou taxes assimilées dans lesquelles il y a constitution d'avocat.

Le renvoi de ces affaires à l'assemblée du Conseil d'État statuant au contentieux peut avoir lieu dans les conditions prévues par l'article 19 de la loi du 24 mai 1872.

Art. 4. Dans les affaires mentionnées ci-dessus, il ne sera pas reçu de constitution d'avocat après un délai de deux mois, qui courra du jour de l'enregistrement des protestations ou des pourvois au secrétariat du contentieux, à moins que, dans ce délai, l'une des parties n'ait déjà constitué avocat. Le délai ci-dessus ne fera, dans aucun cas, obstacle au jugement des affaires en état.

Art. 5. Un règlement d'administration publique déterminera les mesures propres à assurer l'exécution de la présente loi, notamment celles qui concernent le service des rapporteurs, des commissaires du Gouvernement et du secrétariat.

12 novembre 1888. — *Décret portant règlement d'administration publique pour l'exécution de la loi du 26 octobre 1888 relative à la création d'une Section temporaire du contentieux au Conseil d'État.*

Art. 1er. Les affaires d'élections et de contributions directes ou taxes assimilées sont réparties, sauf jonction des affaires connexes, entre la section du contentieux et la section temporaire en nombre égal, et alternativement d'après l'ordre fixé par l'enregistrement des pourvois.

Art. 2. La section du contentieux et la section temporaire dirigent l'instruction écrite et procèdent au jugement des affaires sur lesquelles elles sont appelées à statuer, conformément aux règles actuellement en vigueur devant la section du contentieux, en tant qu'il n'y est pas dérogé par la loi du 26 octobre 1888 ou par le présent règlement.

Art. 3. Trois maîtres des requêtes sont attachés à la section temporaire.

Les rapports sont présentés devant elle par ces maîtres des requêtes, par les auditeurs de la section du contentieux, et par ceux des autres sections désignés à cet effet par le vice-président du Conseil d'État délibérant avec les présidents de section.

Art. 4. Lorsque la section du contentieux ou la section temporaire statuent en audience publique, les questions posées par le rapport sont communiquées aux avocats quatre jours au moins avant la séance.

Le rôle de chaque séance publique de la section du contentieux ou de la section temporaire, préparé dans les conditions indiquées en l'article 22 du règlement du 2 août 1879, est distribué à tous les conseillers d'État faisant partie des deux sections, aux maîtres des requêtes et aux auditeurs qui y sont attachés ainsi qu'aux avocats dont les affaires doivent être appelées.

Art. 5. Après le rapport, les avocats des parties présentent leurs observations orales. Des conclusions sont données dans chaque affaire par un des maîtres des requêtes commissaires du Gouvernement près la section du contentieux ou par l'un des commissaires suppléants du Gouvernement près la section temporaire.

Art. 6. La section du contentieux et la section temporaire ne peuvent statuer que si cinq au moins de leurs membres, ayant voix délibérative conformément à la loi du 24 mai 1872, sont présents. En cas de partage, on appellera le plus ancien des maîtres des requêtes assistant à la séance.

Art. 7. Le secrétariat du contentieux fait fonction de secrétariat de la section temporaire. *Le secrétaire du contentieux est remplacé aux séances de la section temporaire par un secrétaire adjoint désigné par le vice-président du Conseil d'État, conformément à l'article 23 du règlement du 2 août 1879.*

Art. 8. Lorsqu'une affaire soumise à la section temporaire est renvoyée par elle à l'assemblée du Conseil d'État statuant au contentieux, conformément à l'article 3 de la loi du 26 octobre 1888, le dossier est immédiatement transmis à la section du contentieux qui est chargée d'en préparer le rapport. Le renvoi est établi par un extrait du procès-verbal de la séance dans laquelle ce renvoi a été ordonné.

Art. 9. Toutes les décisions prises par la section du contentieux et par la section temporaire sont lues en séance publique, transcrites sur le procès-verbal des délibérations et signées par le président de la section, le rapporteur et le secrétaire.

Les décisions rendues par la section temporaire portent en tête la mention suivante :

« Au nom du peuple français,

« La section temporaire du contentieux du Conseil d'État... »

Les règles relatives à la forme et à l'expédition des décisions rendues par le Conseil d'État statuant au contentieux sont applicables aux décisions de la section du contentieux et de la section temporaire.

Art. 10. Le procès-verbal des séances de la section du contentieux et de la section temporaire mentionne l'accomplissement des dispositions contenues dans les articles 3 de la loi du 26 octobre 1888 et 4, § 1er, 5, 6 et 9 du présent règlement.

Art. 11. Sont applicables aux audiences publiques de la section du contentieux et de la section temporaire les dispositions de l'article 24, § 2, de la loi du 24 mai 1872, relatif à la police des audiences.

TABLEAU DU CONSEIL D'ÉTAT

DEPUIS 1682

LE CONSEIL D'ÉTAT EN 1682

CONSEILLERS D'ÉTAT

Charles-Maurice Le Tellier, archevêque de Reims.
Jean-Jacques Renouard de Villayes.
Ferdinand de Neuville de Villeroy, évêque de Chartres.
François Rouxel de Medavy de Grancery, archevêque de Rouen.
Michel de Marillac.
Louis Boucherat de Compans.
François du Gué.
Louis Le Tonnelier de Breteuil.
Claude Bazin de Bezons.
Henry Pussort.
Daniel Voisin de Cerisay.
Honoré Courtin des Menus.
Cyprien Benard de Rezé.
Gaspard de Fieubet.
Louis-François Le Fèvre de Caumartin.
Jacques Barin de la Galissonière.
Claude Bouchu.
Paul Barillon de Morangis.
Charles d'Aligre, abbé de Saint-Riquier.
Claude Pelletier.
Robert de Pomereu.
François d'Argouges.
N. du Pas de Fecquières.
Jérôme Bignon.
Colbert de Terron.
Gabriel-Nicolas de la Reynie.
Jean Rouillé.
Jean-Baptiste Colbert.
Vincent Hotman de Fontenay.
Nicolas des Marets.

MAITRES DES REQUÊTES

Nicolas Jassant.
Jacques Paget de Villenomble.

BERNARD DE FORTIA.
PIERRE D'ALBERTAS DE NERS.
JACQUES AMELOT CHAILLOU.
EDMOND DE FIEUX DE BONNE-MARE.
LOUIS GIRAD DE LA COUR DES BOIS.
PHILIPPE POTEL DE BRETINIÈRES.
LOUIS LE BOULANGER D'HACQUEVILLE.
FRANÇOIS MOLÉ DE SAINTE-CROIX.
AUGUSTE MACÉ LE BOULANGER DE VIARME.
ANTOINE LADVOCAT.
HENRI LAMBERT D'HERBIGNY.
LOUIS COURTIN.
ANNE DE FIEUBET DE LAUNAC.
THIÉRY BIGNON.
CYPRIEN PERROT DE FERCOURT.
MICHEL BARBERY DE CONTES.
MATHIAS PONCET DE LA RIVIÈRE, COMTE D'ABLIS.
BERNARD-HECTOR DE MARLE DE VERSIGNY.
CHARLES DE FAUCON DE RIS.
ANTOINE DE RIBEYRE.
ANTOINE TURGOT DE SAINT-CLAIR.
JÉRÔME IGNACE GOUJON DE THUISY.
PIERRE LE GENDRE DE LORMOY.
MICHEL COLBERT.
THOMAS HUC DE MIROMENIL DE LA ROQUE.
HYACINTHE FOULLÉ DE MORTANGIS.
PHILIPPE DREUX.
LOUIS LE BLANC.
JEAN DE CREIL.
ROLAND LE VOYER DE BOUTIGNY.
DOMINIQUE DE MONTFORT DE SAINTE-FOY.
DENYS FEYDEAU DE BROU.
FRANÇOIS LE TONNELIER DE BRISOTTES.
RENÉ DE MARILLAC D'AULINVILLE.
PAUL PELLISSON FONTANIÉ, abbé de Bénévent.
JEAN QUENTIN DE RICHEBOURG.
ANTOINE BARILLON DE MORANGIS.
CHARLES DE BENOISE.
PIERRE D'HODICQ DE MARLY.
FRANÇOIS BAZIN.
THOMAS GOBELIN DU QUESNOY.
CLAUDE MELIAND.
NICOLAS DE LAMOIGNON DE BAVILLE.

Urbain Le Soulx de la Berchère.
Nicolas des Marets.
Jean-Jacques Charron de Menars.
Anne-Louis-Jules de Malon de Bercy.
Louis Bazin de Bezons.
Thomas-Alexandre Morant.
Louis Bechameil de Nointel.
Joseph-Nicolas Foucault.
André Jubert de Bouville.
Jean-Mathias Riquet de Bonrepos.
Antonin Monet de la Salle.
Antoine Bossuet.
André-Pierre Hébert de Buc.
Nicolas-Auguste de Harlay de Bonœil.
André Le Fèvre d'Ormeson.
Dreux Louis du Gué de Bagnols.
Jean de Creil de Bournezea.
Timoléon-Gilbert de Seiglières de Boisfranc.
Armand de la Briffe.
Claude de la Fonds de la Beuvrière.
Florent d'Argouges.
Pierre Cardin le Bret de Flacourt.
François-Michel de Vertamont du Bréan.
Michel-Jean Amelot de Gournay.
Claude Boussan.
Jean-Baptiste-Louis Berric de la Ferrière.
Armand-Jacques de Gourgues.
Constantin Heudebert de Buisson.
Nicolas du Bois de Baillet.
Robert Le Blanc du Rolet.
Gabriel le Coigneux.
René de Ragarn.
Louis Chauvelin.
Jean-Baptiste des Marais de Vaubourg.

LE CONSEIL D'ÉTAT EN 1700

ET DEPUIS 1700 JUSQU'EN 1789.

CONSEILLERS D'ÉTAT ORDINAIRES
ET SEMESTRES

SUIVANT L'ORDRE DE LEUR RÉCEPTION ET SÉANCE AU CONSEIL

1700	L'ARCHEVÊQUE DUC DE REIMS (doyen, 1705)....	1711
	DUC DE BEAUVILLIERS (ministre d'État de 1703 à 1715)...................................	1703
	L'ÉVÊQUE COMTE DE NOYON...................	1702
	COURTIN (doyen, 1700).....................	1705
	BERNARD DE REZÉ..........................	1705
	DE POMEREU..............................	1703
	DE LA REYNIE.	1710
	DE MARILLAC (doyen, 1711)................	1720
	LE MARQUIS DE VILLARS....................	1702
	LE PELLETIER DE SOUZY (doyen, 1720).......	1726
	D'AGUESSEAU..............................	1717
	DE RIBEYRE..............................	1713
	LE COMTE D'AVAUX.........................	1710
	DE BRETEUIL.............................	1707
	DE LAMOIGNON DE BASVILLE.................	1717
	BAZIN DE BEZONS.........................	1701
	DE HARLAY DE BONNEUIL....................	1701
	DU GUÉ DE BAGNOLS.......................	1715

	De Heudebert du Buisson	1700
	Lefèvre de Caumartin	1772
	Chamillart	1710
1694	Fleuriau d'Armenonville (doyen, 1727)	1729
	De Fourcy	1708
	Chauvelin	1720
	Phelypeaux	1712
	Voisin de la Noraye	1710
1695	D'Argouges de Rannes (doyen, 1729)	1731
	Le marquis de Dangeau	1721
	Jubert de Bouville	1721
	De Harlay de Beaumont	1717
	Bossuet, évêque de Meaux	1705
	Bignon	1726
	Bignon sieur de Blanzy	1725
1704	Marquis de la Vrillière	1726
1701	Bechameil de Nointel	1720
1701	Monet de la Salle	1725
1701	L'abbé Bignon (doyen, 1731)	1744
1701	Le Peletier des Forts	1731
1703	Le comte de Briord	1703
1703	Rouillé du Coudray	1730
1703	Bosc	1716
1704	Bouchu	1713
1704	Desmarest	1717
1705	Foucault	1722
1705	L'archevêque de Sens	1716
1705	Phelypeaux d'Herbault	1715
1705	Guyet	1715
1705	Le Rebours	1715
1707	Foullé de Martangis	1708
1708	Le marquis de Puysieux	1720
1708	Le Pelletier de la Houssaye	1724
1710	Poulletier	1716
1710	Boucher d'Orsay	1715
1710	D'Argenson	1718
1710	Desmaretz de Vaubourg	1744
1710	Malon de Bercy	1716
1712	Trudaine	1722

1723	D'Herbigny	1730
1761	Le duc de Praslin	1771
1723	Le comte de Saint-Florentin	1771
1723	De Fortia	1743
1724	Le marquis de Breteuil (marquis en 1726)	1727
1723	Chauvelin de Beauséjour	1756
1723	De la Brisse	1741
1723	D'Argenson	1758
1726	Berthelot de Montchesne	1727
1726	Amelot de Chaillou	1743
1727	Le marquis de Bonnac	1739
1729	D'Arguesseau	1766
1730	Le Bret	1735
1730	L'Escalopier	1754
1730	Orry	1748
1730	Herault	1741
1731	Jubert de Bouville	1742
1734	De Bernage de Saint-Maurice	1768
1732	Duc d'Aiguillon	1774
1732	Duc de la Vrillière	1776
1733	Le maréchal d'Aubeterre	1789
1734	Le maréchal de Castries	1788
1734	Le maréchal de Ségur	1788
1734	Le comte de Vergennes	1788
1734	Daguesseau de Fresne (doyen, 1786)	1785
1734	Trudaine	1770
1735	Le comte Céreste Brancas	1755
1737	Orry de Fulvy	1752
1737	Turgot de Sousmons	1752
1738	Poulletier	1766
1738	Le marquis de Fénelon	1746
1740	Le marquis de Breteuil	1744
1740	Gilbert de Voysins	1770
1740	De Villeneufve	1746
1740	Bidé de la Granville	1761
1740	Le comte de Muy	1760
1740	De Fontanieu	1768
1742	De Creil de Bournezeau	1762
1742	Moreau de Seychelles	1758

1774	LE COMTE DE MUY	1776
1774	LE COMTE DE VERGENNES	1784
1774	TURGOT	1777
1774	D'ORMESSON	1790
1774	L'ABBÉ DE RADONVILLIERS	1790
1774	DUFOUR DE VILLENEUVE	1782
1774	AMELOT	1784
1775	LAMOIGNON DE MALESHERBES	1777
1775	D'ORCEAU DE FONTETTE	1790
1775	LENOIR	1790
1775	VIDAUD DE LA TOUR	1790
1775	DE MONTHYON	1790
1775	TABOUREAU DES RÉAUX	1783
1775	BELLANGER	1785
1775	DROUYN DE VAUDEUIL	1789
1775	LE COMTE DE SAINT-GERMAIN	1778
1778	D'ORMESSON	1790
1776	FARGÈS	1791
1776	LE PRINCE DE MONTBAREY	1782
1776	DE COTTE	1790
1777	BIGNON	1785
1778	LAMBERT	1790
1779	SAUNIER (doyen des doyens)	1786
1780	DUPLEIX DE BACQUENCOURT	1790
1780	LE MARQUIS DE CASTRIES	1784
1780	LE MARQUIS DE SÉGUR	1784
1781	LE BARON DE BRETEUIL	1790
1781	LEFÈVRE DE CAUMARTIN	1790
1782	DE MONTHOLON	1790
1782	DE CHAUMONT DE LA GALAISIÈRE	1790
1783	PELLETIER DE MORFONTAINE	1790
1783	DE CALONNE	1788
1784	FARGÈS	1790
1784	PAJOT DE MARCHEVAL	1790
1784	D'AGUESSEAU	1790
1784	DE FLESSELLES	1790
1785	DUPRÉ DE SAINT-MAUR	1790
1785	MERAULT DE VILLERON (doyen des doyens)	1790
1785	DE CYPIERRE	1790

1787	Feydeau de Brou	1790
1787	Angran d'Alleray	1790
1787	Le comte de Montmorin	1790
1787	Le comte d'Angeviller	1790
1787	Le comte de Vintimille	1790
1787	Laurens de Villedeuil	1790
1787	Le comte de Brienne	1790
1788	Le comte de la Luzerne	1790
1788	Albert	1790
1788	Le marquis de Pons	1790
1789	Thiroux de Crosne	1790
1789	L'abbé Royer	1790
1789	Le comte de Saint-Priest	1790
1789	Le comte de la Tour du Pin	1790

MAITRES DES REQUÊTES

1700	Amelot sieur de Chaillou.
	Gérard sieur de la Cour des Bois.
	Molé.
	Ladvocat.
	Turgot sieur de Saint-Clair.
	De Goujon de Thuisy.
	Le Blanc.
	Quantin sieur de Richebourg.
	De Hodic sieur de Marly.
	De Goux sieur de la Berchére.
	De Malon sieur de Bercy.
	Béchameil sieur de Nointel.
	Monet sieur de la Salle.
	Hébert sieur de Bucy.
	De Creil sieur de Bournezeau.
	Dargouges.
	Berryer sieur de la Ferrière.
	De Gourgue.
	Desmarets sieur de Vaubourg.
	Dey sieur de Seraucourt.
	De Ragarne.
	D'Ernothon.

De Berthemet.
De Maupeou sieur d'Ablege.
Le Fèvre d'Ormesson.
De Pomereu sieur de la Bretesche.
Bouchu.
Jassaud sieur d'Arquinvilliers.
Carré sieur de Montgeron.
Pinon
Le Camus.
De la Boutière.
Larcher.
De Lambert sieur d'Herbigny.
Guillemin sieur de Courchany.
Guillaume sieur de la Vieuxville.
Le Vayer.
D'Aligre.
De la Bourdonnaye sieur de Cotyon
De Fourcy sieur de Chezy.
Poncher.
Trudaine.
De Jau.
Guyet sieur de la Foye.
Rouillé.
Bertin sieur de Vaugier.
De Bernage.
Amelot.
Le Pelletier sieur de la Houssaye.
De Frémont sieur d'Auneuil.
Ferrand.
Sauson.
Turgot sieur de Soubmon.
De Fieubet.
Camus sieur de Pontcarré.
Le Boulanger.
De Turmenges.
Guynet.
Brunet sieur de Chailly.
Le Gendre.
Le Fèvre de Caumartin sieur de Boissy.

De Machault.
De Voyer sieur d'Argenson.
Milon.
D'Harouy.
Maignard sieur de Bernière.
De la Martelière.
De Bérulle.
Maboul.
Pecoil sieur de Ville-Dieu.
De Barberie sieur de Saint-Contest.
Roujault.
De Gourgue sieur d'Aulnay.
De Bagelongue.
Bosc sieur de Servières.
Rouillé sieur de la Coste.
Barentin.
Le Bret.
Bossuet.
Le Camus sieur de la Grange.
Bouyer sieur d'Augervillier.
Le Pelletier des Forts.
Melian.
1701 Le Blanc.
Le Guerchois.
1702 Rioult de Douilly.
De la Court.
De Lamoignon de Courson.
De Langeois d'Imbercourt.
De Monmor.
De Barillon.
Le Meirat.
Foullé de Martangis.
De Saint-Contest de Teigne.
Doujot.
De la Vie.
Le Cocq.
1704 Barbary de Courteille.
De Fénoil.
Dorcey.

1705   DE BOUVILLE.
       DUGUÉ BAGNOLS.
       DE LA BERCHÈRE.
       THÉVENIN.
       CHAUVELIN.
       FOUCAULT.
       TURGOT.
1706   DE LA BRISSE.
1707   QUENTIN DE RICHEBOURG.
       MANSARD DE SAGONNE.
       VOILLE DE LA GARDE.
       MALON DE CONFLANS.
       BARILLON DE MORANGIS.
1708   DE HARLAY DE CELY.
       DE BERCY.
       DE THUISY.
       D'ORMESSON.
1709   DESCHIENS DE LA NEUVILLE.
       AMELOT DE GOURNAY.
       DE MAUPEOU D'ABLEYE.
       POULLETIER DE NAINVILLE.
       LESCALOPIER.
       GOUJON DE GASVILLE.
1710   LE VAYER.
       FAGON.
       LE FÈVRE D'EAUBONNE.
1711   BRUNET D'IVRY.
       FEYDEAU DE BROU.
       BÉCHAMEIL DE NOINTEL.
       DE CREIL DE BOURNEZEAU.
       DANYCOUT DE LÉPINE.
       BERNARD.
1712   GILBERT DE VOYSIN.
       DE LESSEVILLE.
       CHAUVELIN.
       HÉBERT.
       DOUBLET DE CROUY.
       DE GAUMONT.
       TACHEREAU DE BAUDRY.

De Baussan.
1714 De Croisat.
De Maupeou.
De Breteuil.
De la Tour Galoys.
Amelot de Chaillou.
De Pomereu des Rizays.
D'Ormesson du Chéret.
1715 Phelypeaux d'Outreville.
De Bernage.
1716 Le Gendre de Saint-Aubin.
De Bérulle.
Bidé de la Granville.
Orry.
Morlat de Montour.
1717 De la Grange-Trianon.
De la Claverie.
Rouillé du Coudray.
1718 De la Fond.
Angrand.
1719 Asselin de Beauville.
Ponchet.
De Courchamp.
De la Vigerie.
Doublet de Persan.
Bertin de Blagny.
Parisot de Crugey.
De Voyer d'Argenson.
Aubery de Vastan.
1720 De Mydorge.
Olier de Touquin.
Rossignol.
Regnault.
De Féron.
De Villayer.
Le Pelletier de Signy.
De Verthamon.
Pajot.
De Gras du Luart.

Le Tellier.

Bignon.

Moreau de Sechelles.

D'Argenson.

Hérault.

Lallement de Levignan.

De Fontanieu.

Aubert de Tourny.

1721 De la Pierre de Talhouet.

Mandat.

Pecquot de Saint-Maurice.

De Bonnel.

Dupuis.

Panier d'Orgeville.

De Chaumont.

Pinon d'Avor.

De Racinoux.

1722 Dodun.

Le Fèvre de Caumartin de Boissy.

1723 Camus de Pontcarré.

Maboul.

Dujardin.

Perenc de Moras.

Richer d'Aube.

Dodart.

Ravot d'Ombreval.

De Vanolles.

Meliand.

Le Pelletier de Beaupré.

1724 Choppin d'Arnouville.

Conaye.

Mailhard de Bastore.

Prevot de Saint-Cyr.

De Vougny.

Jubert de Bouville.

Arnauld de Bouex.

1725 De la Bourdonnaye.

De Vauvré.

Berthelot.

De Lamoignon de Montrevault.
De la Brisse d'Amilly.
Crozat de Tugny.
Masson.
Bertin de Saint-Gérand.
1727 Camus de Pontcarré de Viarme.
Durey de Noinville.
Le Nain.
Farges de Polisy.
1728 Pallu.
Daguesseau de Fresne.
Trudaine.
1729 Chauvelin.
De Lamoignon de Bournand.
De Machault d'Arnouville.
De Saint-Contest.
1730 Rouillé d'Orfeuil.
Castanier d'Aurillac (d'Auriac).
1731 Briçonnet d'Auteuil.
1732 Marans
Barentin.
Meliand.
Orry de Fulvy.
Haillet.
1733 Mégret de Sérilly.
Delpech de Forty.
Barberie de Courteille.
1734 Lescalopier.
Saunier.
Berthier de Sauvigny.
D'Ormeson d'Amboisse.
1735 De la Brisse de Ferrières.
De la Porte.
1736 De Masson de Conflans.
De Barberie de Saint-Contest de la Chataigneraye.
1737 Du Tillet de la Bussière.
Feydeau de Marville.
Caye de Bove.
Gagnat de Longny.

1738   Bignon.
      Le Vayer de Marcilly.
      Pineau de Lucé.
      Blancheton de Chevry.

1739   Savalete.
      Gagne de Perigny.
      De la Tour de Gléné (de Glesné).

1740   Boula de Quincy.
      Lescalopier de Nourar.

1741   Berryer.
      Merault de Villeron.
      Amelot.
      Thiroux d'Ouarville.
      De Bernage de Vaux.
      Thoynard de Jouy.
      Moreau de Beaumont.

1742   Larcher.
      De Pleurre de Romilly.
      L'abbé de Caraman.

1743   D'Aligre.
      Thiroux d'Espersennes.
      De Blair de Boismon.
      De la Bourdonnaye de Blossac.
      Baillon.
      De Gourgue.
      Peirenc de Moras.

1744   Joly de Fleury.
      Terray de Rossière.
      Turgot d'Ussy.

1745   De Chaumont de la Millière.
      Mégret d'Etigny.
      Gillet de Castelnau.
      Dufour de Villeneuve.
      Gallet de Cannes.

1746   Silva.
      Orseau de Fontette.
      Bertin.
      De Silloitte (de Silhoüette).
      Guignard de Saint-Priest.

De la Michodière.
Poulletier de la Salle.
1747 Dargouges de Fleury.
Bourgeois de Boynes.
1748 Maynon d'Invault.
De Voyer de Paulmy.
1749 De Bérullet.
De Charmousset.
1750 Bernard de Ballainvilliers.
Boutin.
Le Nain.
Le Fèvre de Caumartin.
De la Corée.
De Cypierre.
Pajot de Marcheval.
De Chaumont de la Galaisière.
1751 De Boullongue.
Le Pelletier de la Houssaye.
De la Vergne.
1752 Dedelay de la Garde de Saint-Vrain.
Hue de Miromenil.
De Beaussan.
Feydeau de Brou.
De Fontanieu.
Hébert de Casteldon.
1753 Pouynet de la Blinière.
1754 De Gourgue.
Turgot.
Rouillé d'Orfeuil.
Le Pileur d'Apligny.
Amelot de Chaillou.
1755 Trudaine de Montigny.
Doublet de Persan.
Morel de Vindé.
Le Peletier de Mortfontaine.
1756 De Flesselles.
De Pont.
Pinault de Tenelles.
Dupré de Saint-Maur.

Aubert de Tourny.
Moreau de Plancy.
1757 Dupleix de Bacquencourt.
Fargès.
1758 De Boullongne.
Taboureau des Réaux.
Guignard de Saint-Pries.
Daine.
1759 Desvieux.
Da Cotte (de Cotte).
Le Boulanger d'Hacqueville.
Bastard.
1760 Ducluzel.
Astruc.
De Vilevault.
Journet.
Dagay de Mutigney.
De Sartine.
1761 De Montyon.
Foulon.
1762 Esmangard.
Lalive de la Briche.
Daniel de Pernay.
Thiroux de Crosne.
De Pomereu.
1763 Brochet de Verigny.
Brochet de Saint-Prest.
Chaillou de Jonville.
Baudouin.
Douet de la Boulaye.
1764 Bertier.
1765 Choppin d'Arnouville.
Senac de Meilhan.
De Clugny.
Meulan d'Ablois.
1766 De Calonne.
Case de la Bove.
Gueau de Reverseaux.
Le Noir.

Jullien.

Chardon.

1767 Tolozan.

Guyot de Chenisot.

De Bacalan.

De la Bourdonnaye.

Raymond de Saint-Sauveur.

Guerrier de Bezance.

Courtois de Minut.

1768 Lambert.

De Vin de Gallande.

1769 De Montholon.

De la Porte de Meslay.

Dufour de Villeneuve.

Hericart de Thury.

De Giac.

Valdec de Lessart.

Debonnaire de Forges.

1770 De Reneaulinc.

De Maupeou.

Chaumont de la Millière.

Le Jay.

1771 De Barbarat de Marizot.

De Bertongles de Lilly.

D'Ormesson.

1772 Terray.

Fournier de la Chapelle.

Joly de Fleury.

1773 L'abbé de Pernon.

Roslin d'Ivry.

Pavyot de Saint-Aubin.

Fumeron de la Berlière.

Bertrand de Bonchepoin.

Froidefond du Chatenet.

De Trimond.

Lallemand le Cocq.

Coupard de la Bloterge.

1774 De Chazerat.

Cordier de Launay.

L'abbé Royer.

De Colonia.

1775 De Bertrand Molleville.

De Menc.

Mayou d'Aunoy.

Bignon.

Feydeau de Brou.

De la Bourdonnaye de Blossac.

1776 Tassard.

Fagnier de Montlambert.

Laurens de Villedeuil.

De la Bourdonnois de Bloissac.

Chevignard.

Le Camus de Neuville.

Foulon de Doué.

De Berthelot.

Pajot.

De Maussion.

Albert.

Dagay.

Blondel.

Huet d'Ambrun.

1777 Boula de Nanteuil.

Dumetz de Rosnay.

Foullon Descotières.

Thilorier.

1778 De Caumartin de Saint-Ange.

Gravier de Vergennes.

1779 De Selle.

De Caze.

Malbois.

1780 Bernard de Balinvilliers.

Amelot de Chaillou.

Deslandes de Blanville.

Clugny.

1781 Rouillé d'Orfeuil.

Chaumont de la Galaisière.

De Sartine.

1782 Cypierre de Chevilly.

De Fumeron de Verrières.
Boullongne de Nogent.
Douet.
1783 Guillemin de Vaivre.
Tourteau d'Orvilliers.
Charpentier de Boisgibault.
1784 Alexandre.
Poitevin de Maissemy.
1785 De la Porte.
Raillard de Granvelle.
Cromot de Fougy.
Pluvault de Mondragon.
Masson de Saint-Amand.
1786 Malartic.
D'Orceau de Fontette.
De la Porte la Lanne.
Drouyn de Vaudeuil.
Dufaure de Rochefort.
1787 Gigault de Crisenoy.
Asselin de Crèvecœur.
De Chateaubriand.
De Cotte.
1788 Boscheron Desportes.
Boula d'Orville.
Grégoire de Rumare.
De Fondat de Malartic.
1789 Lambert.
De Pastoret.
1790 Tercier.
De la Guillaumie.
De Barberé de Saint-Bomer.

LE CONSEIL D'ÉTAT

DEPUIS L'AN VIII.

PRÉSIDENTS

Consulat et Premier Empire.

Le Premier Consul.
L'Empereur.

Première Restauration.

(De mai 1814 au 20 mars 1815.)

Le Chancelier de France (vicomte DAMBBAY).

Cent-Jours.

(Du 20 mars 1815 à juin 1815.)

L'Empereur.

Seconde Restauration.

(De juin 1815 au 29 juillet 1830.)

Président de droit : le Ministre président du conseil des Ministres ou, en son absence, le Ministre de la Justice, Garde des Sceaux.

Règne de Louis-Philippe.

(Du 29 juillet 1830 au 24 février 1848.)

Président de droit :

De 1830 à 1839, le Ministre de l'Instruction publique.
De 1839 à 1848, le Ministre de la Justice.

Seconde République.

(Du 24 février 1848 au 18 avril 1849.)

Le Ministre de la justice.

(Du 18 avril 1849 au 2 décembre 1851.)

Le Vice-Président de la République.

Présidence décennale et Second Empire.

(Du 2 décembre 1851 au 4 septembre 1870.)

Le Prince-Président. — L'Empereur.

1852	BAROCHE (Jules)	1863
1863	ROUHER	1863
1863	ROULAND	1864
1864	VUITRY	1869
1869	DE CHASSELOUP-LAUBAT	1870
1870	DE PARIEU	1870
1870	BUSSON-BILLAULT	1870

Troisième République.

(Du 4 septembre 1870 au 1er août 1872.)

DE JOUVENCEL.

Depuis le 1er août 1872 le Conseil d'État est présidé de droit par le Ministre de la Justice, Garde des Sceaux.

VICES-PRÉSIDENTS

Premier Empire.

Cambacérès, premier archichancelier de l'Empire.

Restauration et Monarchie de Louis-Philippe.

Il n'y a point eu de vice-président avant 1839.
1839   Girod (de l'Ain)......................   1847

Seconde République.

Première période. (Gouvernement provisoire.)

1848   De Cormenin La Haye (vicomte).........   1848

Deuxième période. (Du 18 avril 1849 au 2 décembre 1851.)

1849   Vivien...............................   1851

Second Empire.

1863   Chaix d'Est-Ange.....................   1867
1863   De Forcade La Roquette...............   1867

Troisième République.

Commission provisoire. (Pas de vice-président.)

Conseil d'État actuel.

1872   Odilon Barrot........................   1873
1873   Andral (Paul)   1879
1879   Faustin Hélie........................   1884
1884   Ballot...............................   1885
1885   Laferrière (Édouard).

PRÉSIDENTS DE SECTIONS OU COMITÉS

Consulat et Premier Empire.

1810	BOULAY DE LA MEURTHE (Antoine-Claude-Joseph comte de)	1814
An VIII	BRUNE (général)	An X
An VIII	DEFERMON (comte)	1814
An VIII	GANTEAUME (vice-amiral)	1814
An VIII	RŒDERER (comte)	An X
An IX	FLEURIEU (comte de)	1806
An X	LACUÉE (comte de Cessac)	1810
An X	REGNAUD DE SAINT-JEAN-D'ANGELY (comte)	1814
An X	BIGOT DE PRÉAMENEU (comte)	1808
1808	TREILHARD (comte)	1810
1810	ANDRÉOSSI (général comte)	1812

Seconde Restauration.

1817	ALLENT (chevalier)	1819
1817	BECQUEY (Louis)	1817
1817	CHABROL-CROUZOL (comte)	1819
1817	LABOUILLERIE (comte de)	1818
1825	—	1827
1817	TABARIE (vicomte de)	1817
1819	BEGOUEN (comte)	1820
1819	BÉRANGER (comte Jean)	1823
1828	—	1830
1819	CUVIER (baron Georges)	1830
1819	SIMÉON (comte Joseph-Jérôme)	1820
1820	DUMAS (baron Mathieu)	1823
1821	FORESTIER	1822
1822	JURIEN (vicomte)	1823
1825	BALAINVILLIERS (baron de)	1830
1823	DE COLONIA	1825
1823	DELAMOLLE (chevalier)	1830
1825	RUTY (comte de)	1829
1827	DUDON (baron)	1827

Monarchie de Louis-Philippe.

1830	Constant de Rebecque (Benjamin).......	1830
1830	Béranger (comte Jean).................	1846
1830	Cuvier (Georges baron).	1832
1831	Dumas (Mathieu comte).................	1837
1832	De Gérando (baron de Ramthauzen).....	1842
1832	Hély-d'Oissel (Abdon-Patrocle baron)....	1833
1833	Maillard.............................	1848
1837	Préval (général vicomte de)............	1848
1838	Fréville (baron de)....................	1847
1840	Dumon...............................	1843
1846	Vitet (Ludovic).......................	1848
1847	Legrand..............................	1848

Seconde République.

Première période. (Du 24 février 1848 au 18 avril 1849.)

1848	Maillard	1849
1848	Préval (vicomte de)....................	1849
1848	Vivien...............................	1848

Seconde période. (Du 18 avril 1849 au 2 décembre 1851.)

1849	Cormenin (vicomte de).................	1849
1849	Bethmont	1851
1849	Maillard.............................	1851
1849	Stourm	1851
1849	Macarel	1851
1851	Tournouer...........................	1851

Second Empire.

(1851-1870.)

1852	Maillard.............................	1852
1852	Delangle	1852
1852	Leblanc	1852
1852	Magne...............................	1852
1852	Bonjean	1855

1852	ALLARD (général)	1870
1852	BOUDET	1863
1852	VUILLEFROY	1863
1855	BOINVILLIERS	1864
1855	BOULAY DE LA MEURTHE (François-Joseph).	1857
1863	GODELLE (Camille)	1864
1863	BAUCHARD (Quentin)	1867
1863	THUILLIER	1865
1866	DUVERGIER	1869
1867	CORNUDET (Léon)	1870
1867	DE LAVENAY	1870
1867	MARCHAND	1870
1869	RICHÉ	1870
1870	GENTEUR	1870
1870	BOULATIGNIER	1870

Troisième République.

(Depuis le 24 mai 1872.)

1872	GROUALLE	1878
1872	AUCOC (Léon)	1879
1872	GOUSSARD	1879
1872	DU MARTRAY (vicomte)	1879
1879	BALLOT	1884
1879	LAFERRIÈRE (Édouard)	1885
1879	COLLET (Paul)	1890
1879	BLONDEAU	
1879	GENDARME DE BÉVOTTE	1882
1882	BERGER	
1884	FLOURENS (Émile)	1885
1886	PICARD	
1886	TÉTREAU	
1890	COULON (Georges)	

CONSEILLERS D'ÉTAT

Consulat et Premier Empire.

An VIII BENEZECH.................................. An XI
An VIII BERLIER (comte).......................... 1813
An VIII CAFARELLI (comte) 1814
An VIII CHAMPAGNY (Jean-Baptiste-Nompère de) (duc
        de Cadore) .... An X
An VIII CHAPTAL (comte).......................... An IX
An VIII CRÉTET (comte de Champmol) 1808
An VIII DEJEAN (Jean-François-Aimé comte) ...... An VIII
An VIII DEVAISNES .... An XI
An VIII DUBOIS, des Vosges....................... An XI
An VIII DUFRESNE .... An IX
An VIII EMMERY (comte de Gozieulx)............ An XII
An VIII FOURCROY (comte de)...................... 1809
An VIII JOLIVET (comte).......................... 1814
An VIII LESCALLIER (baron) .... An VIII
An VIII MARMONT (général) (duc de Raguse)...... An VIII
An VIII MOREAU DE SAINT-MÉRY.................... An VIII
An VIII PETIET................................... An VIII
An VIII RÉAL (Pierre-François comte)............ 1814
An VIII REDON (comte) 1810
An VIII RÉGNIER (duc de Massa).................. An X
An VIII BERNADOTTE .... An VIII
An VIII BONAPARTE (Joseph) .... An X
An VIII BARBÉ-MARBOIS (comte de) .... An VIII
An VIII NAJAC (comte)........................... 1814
An VIII TRUQUET (vice-amiral).................... An XI
An VIII GOUVION-SAINT-CYR (maréchal comte) 1812
An VIII MIOT (comte de Melito) 1807
An VIII PORTALIS (Jean-Étienne-Marie)............ An XII
An VIII SHÉE (comte)............................ An XII
An VIII THIBAUDEAU (comte)....................... An XI
An VIII DUCHATEL (comte)......................... 1810
An VIII FRANÇOIS (comte), de Nantes............. 1810

An IX	Bruneteau-Sainte-Suzanne (général)	An XI
An IX	Dumas (Mathieu comte)	1813
An X	Bertin................................	An X
An X	Bruix (amiral)........................	An XII
An X	Forfait..............................	An XII
An X	Dessolles (général marquis).............	An XII
An X	Dupuy (comte).......................	1806
An X	Laumond (comte).....................	1806
An X	Bérenger (Jean comte)................	1810
An X	Collin de Sussy (comte)..............	1810
An X	Dauchy (comte)	An XIII
An X	Pelet (comte), de la Lozère	1810
An XI	Bégouen (comte)....................	1814
An XI	Galli (comte)	1810
An XI	Ségur (comte de)	1813
An XI	Bourcier (général comte)	1810
An XII	Bonaparte (Louis)....................	An XII
An XII	Jourdan (maréchal)...................	An XII
An XII	Lavalette (comte)	1810
An XII	Mollien (comte).....................	1806
An XII	Siméon (Joseph-Jérôme comte)...........	1806
An XIII	Clarke (général) (duc de Feltre)..........	1808
An XIII	Blanc d'Hauterive (comte)	1814
An XIII	Daru (comte)......................	1812
An XIII	Deloé (comte)	1807
An XIV	Corvetto (comte)...................	1814
1806	Gassendi (général comte)	1813
1806	Jaubert (comte)	1814
1806	Bergon (comte).....................	1810
1806	Maret (comte)......................	1810
1806	Beugnot (comte)	1811
1807	Albisson	1810
1807	Faure (chevalier)	1814
1807	Montalivet (comte de)................	1809
1808	De Saint-Martin	1808
1808	Portalis (Joseph-Marie comte)...........	1810
1809	Jiunti................................	1814
1809	Molé (comte)	1813
1809	Chaban (comte de)...................	1811

1809	Vincent-Marniola (comte)	1809
1809	Neri-Corsini (comte)	1814
1810	Malouet (baron)	1812
1810	Pasquier (Étienne-Denis baron)	1814
1810	Appelins	1814
1810	Chauvelin (baron)	1812
1810	Dalberg (duc de)	1814
1810	Dubois (Louis-Joseph comte)	1814
1811	De Gérando (baron de Ramthauzen)	1812
1811	Bartolucci	1814
1811	Delamalle (chevalier)	1814
1811	Le Camus de Néville (baron)	1811
1811	Van der Heim	1811
1811	Chasseloup-Laubat (général comte de)	1813
1813	Besnadière (comte de la)	1814
1813	Duvoisin (baron)	1814
1813	Mannay (baron)	1814
1813	Henrion de Pansey (baron)	1814
1813	Costay (baron)	1814
1813	Randon-Dulauloy (général comte)	1814
1813	Louis (baron)	1814
1813	Otto (comte)	1814

CONSEILLERS D'ÉTAT EN SERVICE ORDINAIRE HORS SECTIONS

participant aux travaux de l'assemblée générale du Conseil d'État.

An X	Muraire (comte)	1814
An XII	Frochot (comte)	1812
1806	Merlin (comte)	1814
1807	Asinari-Saint-Marsan (comte)	1810
1810	Pommereul (général baron de)	1814
1810	Quinette de Rochemont (baron)	1814

Gouvernement provisoire.

(Avril 1814.)

MEMBRES DU CONSEIL D'ÉTAT PROVISOIRE.

1814	Beurnoville (comte de).
1814	Conegliano (duc de).

1814   DALBERG (duc de).
1814   DESSOLES (général marquis).
1814   JAUCOUR (comte de).
1814   MONTESQUIOU (l'abbé de).
1814   OUDINOT (duc de Reggio).
1814   DE TALLEYRAND (prince de Bénévent).
1814   VITROLLES (baron de).

Première Restauration.

(Mai 1814.)

CONSEILLERS D'ÉTAT EN SERVICE ORDINAIRE (1).

1814	ANGLÈS (Jules).	
1814	BALAINVILLIERS (baron de)	1815
1814	BÉGOUEN (comte)	1815
1814	HELMONT DE MALCORS	1815
1814	BÉRENGER (Jean comte)	1815
1814	BEUGNOT (comte)	1815
1814	DE COLONIA	1815
1814	CHABROL-CROUZOL (comte)	1819
1814	CORVETTO (comte)	1815
1814	CUVIER (Georges baron)	1815
1814	DELAMALLE (chevalier)	1815
1814	DOUTREMONT	1815
1814	DUBOURBLANC	1815
1814	DUPONT	1815
1814	DUPONT DE NEMOURS	1815
1814	FAURE (chevalier)	1815
1814	FRANÇOIS (comte), de Nantes	1815
1814	FUMERON DE VERRIÈRES	1815
1814	DE GÉRANDO (baron de Ramthauzen)	1815
1814	HENRION DE PANSEY (baron)	1815
1814	JOURDAN (baron)	1815

(1) Il a paru inutile de reproduire dans ce tableau les noms de MM. le comte Dubois, comte Bérenger, comte Montalivet, comte Laumond, comte Mole, comte Collin de Sussy, comte Bergon, baron Pasquier, comte Duhâtel (de la Gironde), comte François (de Nantes), comte Lavalette, comte Maret, comte Pelet (de la Lozère) et comte Portalis, qui ont été mentionnés précédemment.

1814	LABOURDONNAYE DE BLOSSAC (comte de)..	1815
1814	LAMBERT...	1815
1814	LAPORTE-LALANNE.............................	1815
1814	PELET (comte), de la Lozère..............	1815

Seconde Restauration.

1815	BELMONT DE MALCORS.....................	1818
1815	BENOIST.....................................	1821
1815	BESNADIÈRE (comte de la)...............	1815
1815	BLANC D'HAUTERIVE (comte).............	1823
1815	DE BOURRIENNE...........................	1817
1815	CORVETTO (comte).........................	1815
1815	DEBLAIRE..................................	1830
1815	DUPONT.....................................	1815
1815	DURAND DE MAREUIL.......................	1820
1815	FAURE (chevalier).........................	1828
1815	DE GÉRANDO (baron de Ramthauzen)......	1830
1815	MOLÉ (comte)...............................	1819
1815	MOUNIER (baron)...........................	1823
1815	PORTAL (baron).............................	1818
1815	REYNHARD (comte)..........................	1816
1815	ROYER-COLLARD.............................	1820
1815	SAINT-CRICQ (comte de)..................	1817
1816	CAPELLE (baron de).......................	1828
1816	JORDAN (Camille).........................	1820
1816	LAPORTE-LALANNE	1819
1816	LAUMOND (comte)..........................	1817
1816	MAINE DE BIRAN...........................	1824
1816	SERRE (comte de).........................	1817
1817	BERGON (comte)............................	1819
1817	BROGLIE (Victor duc de).................	1823
1817	CAUX (vicomte de)........................	1828
1817	ESMANGART DE FREYSNES...................	1820
1817	FAVARD DE LANGLADE (baron).............	1829
1817	GUIZOT (François-Pierre-Guillaume).....	1819
1817	PERNETY (vicomte de).....................	1819
1817	RICARD (comte)............................	1823
1819	ARGOUT (comte d').........................	1830

1819	HÉLY-D'OISSEL (Abdon-Patrocle baron)....	1830
1819	RAMOND (baron)........................	1822
1820	PICHON (baron)........................	1822
1820	FROC DE LA BOULAYE.....................	1822
1820	ZANGIACOMI (baron)....................	1824
1822	AUGIER (vice-amiral comte d')..........	1824
1822	BERTIER (Ferdinand comte de)...........	1829
1822	DUPLEIX DE MÉZY.......................	1824
1822	HAMEL (comte du)......................	1830
1822	JACQUINOT-PAMPELUNE...................	1830
1822	KERGARIOU (comte de)..................	1830
1822	LEPILLEUR DE BRÉVANNE.................	1830
1823	BERTIN DE VEAUX.......................	1830
1823	FORBIN DES ISSARTS (général marquis de).	1828
1823	MARTIGNAC (vicomte de)................	1828
1823	TOURNON (comte)	1830
1824	DE VATISMESNIL	1828
1824	AMY..................................	1830
1824	BROCHET DE VÉRIGNY....................	1825
1824	FRÉNILLY (baron de)...................	1828
1824	FRÉVILLE (baron de)...................	1830
1824	HÉRON DE VILLEFOSSE...................	1830
1824	PASTORET (Amédée comte de)............	1827
1824	SAINT-GÉRY (marquis de)...............	1830
1825	FRANCHET-DESPEREY	1828
1825	MAILLARD.............................	1830
1827	SAINT-CHAMANS (vicomte de)............	1830
1828	DELAVAU	1830
1828	COETLOSQUET (comte du)................	1830
1828	AGIER................................	1830
1828	CAMBON (marquis de)...................	1830
1828	FLOIRAC (comte de)....................	1830
1828	LACHAPELLE (l'abbé de)................	1830
1828	LEPELLETIER D'AULNAY (baron)..........	1830
1828	LOVERDO (comte de)....................	1830
1828	SALVANDY (comte de)...................	1830
1828	VILLEMAIN (Abel-François).............	1830
1829	SIMÉON (vicomte)......................	1830
1830	RAINNEVILLE (Alphonse de).	

CONSEILLERS D'ÉTAT EN SERVICE EXTRAORDINAIRE.

1818	BARANTE (Amable-Guillaume-Prosper, baron de)	1820
1817	BARRAIRON (comte)	1821
1821	RAYNEVAL (Gérard de)	1821
1823	BELLART	1827
1823	BOUTHILLIER (marquis de)	1829
1823	CASTELBAJAC (vicomte de)	1830
1824	CORNET D'INCOURT	1830
1824	FRÈRE DE VILLEFRANÇON (comte)	1828
1824	LATIL (comte de)	1826
1824	VAULCHIER (marquis de)	1830
1824	VICHY (comte de)	1830
1824	SIRIEYS DE MAYRINHAC	1830
1826	CROUSEILHES (baron de)	1830
1826	TESSIÈRES DE BOISBERTRAND	1830
1826	PASQUIER (Jules)	1830
1828	BACOT DE ROMAND (baron)	1830
1828	VILLENEUVE-BARGEMONT (Joseph comte de)	1830
1828	MEYRONNET-SAINT-MARC (baron)	1830
1828	BALSAC (baron de)	1830
1828	CHARENCEY (comte de)	1830
1828	CHEVERUS (comte de)	1830
1828	FROISDEFOND DE BELLISLE	1830
1828	HALGAN	1830
1828	LEPAPE DE TRÉVERN	1830
1828	TARBÉ DE VAUX-CLAIRS (chevalier)	1830
1829	RIVES	1830
1829	MANGIN	1830
1830	SULEAU (vicomte de)	1830
1830	VAUFRELAND (baron de)	1830
1830	CONNY (vicomte de)	1830
1830	FORMON	1830
1830	VAUBLANC (comte de)	1830

Monarchie de Louis-Philippe.

1830	ALLENT (chevalier)	1837
1830	CAMBON (marquis de)	1832
1830	BAUDE (baron)	1848
1830	DUCHATEL (Tanneguy comte de)	1834
1830	FERRI-PISANI	·1845
1830	JACQUEMINOT (Jean-Baptiste-François comte de Ham)	1848
1830	KÉRATRY	1848
1830	RENOUARD	1836
1830	LECHAT	1834
1830	LEPILLEUR DE BRÉVANNES	1835
1830	SALVANDY (comte de)	1837
1830	SIMÉON (vicomte)	1842
1830	THIERS	1830
1830	DENIS-LAGARDE	1838
1830	MACAREL	1848
1831	BARROT (Odilon)	1831
1831	TARBÉ DE VAUX-CLAIRS	1836
1831	DEVAUX	1839
1832	TABOUREAU	1848
1833	JANZÉ (comte de)	1848
1834	DIDIER	1837
1835	AURE (comte d')	1846
1835	FUMERON D'ARDEUIL	1848
1836	DUFAURE	1836
1836	THOMAS	1838
1837	RÉAL (Félix-Martin)	1848
1837	QUÉNAULT	1839
1837	JANET (baron)	1842
1837	O'DONNELL (comte)	1848
1838	DUNOYER (Charles)	1848
1839	BOULAY (François-Joseph, baron de la Meurthe)	1848
1839	CHASSELOUP-LAUBAT (Prosper marquis de)	1848
1839	HAUBERSAERT (vicomte d')	1848
1839	LANYER	1848

1839	MOTTET	1848
1839	RIVET (baron)	1848
1839	TOURNOUER	1848
1840	DUVAL (Maurice baron)	1840
1840	VINCENS	1848
1841	JANVIER	1848
1842	TUPINIER (baron)	1848
1842	MARCHAND (Armand-Marie-Louis)	1848
1846	LIADIÈRES	1848
1846	PARAVEY	1848

CONSEILLERS D'ÉTAT EN SERVICE EXTRAORDINAIRE

Participant aux travaux des comités et aux délibérations du Conseil.

1830	HALGAN	1834
1830	BOURSAINT	1834
1830	CALMON	1848
1830	DELAIRE (baron)	1847
1830	DUPIN (Charles baron)	1847
1830	HAXO (lieutenant général baron)	1838
1830	JURIEN (vicomte)	1830
1830	MIGNET	1846
1830	MOUNIER (baron)	1832
1830	PASQUIER (Jules)	1840
1830	RICHEMONT (baron de)	1840
1830	VILLEMAIN (Abel-François)	1839
1830	BÉRARD	1833
1830	LANGLOIS D'AMILLY	1830
1830	AUDIFFRET (comte d')	1838
1831	AUBERNON (Joseph-Victor)	1840
1831	TAILLEPIED DE BONDY (comte)	1840
1831	PATRY (baron)	1840
1831	COUSIN (Victor)	1839
1832	FAIN (Camille baron)	1837
1833	RAMBUTEAU (comte de)	1848
1833	BARADÈRE	1840
1833	MARTINEAU DU CHESNEY	1847
1833	DAVID	1839

1833	Pouyer	1838
1834	Rodier (baron)	1848
1834	Celles (Wischer comte de)	1840
1834	Gisquet	1839
1834	De Rigny (Édouard)	1840
1834	Valée (comte)	1838
1835	Filleau-Saint-Hilaire	1842
1835	Barennes	1837
1835	Genty de Bussy	1848
1835	Pichon (baron)	1840
1836	Dejean (comte)	1848
1836	Schramm (lieutenant général comte)	1847
1836	Delessert (Gabriel)	1848
1836	Joinville (baron)	1840
1837	Saint-Marc-Girardin	1848
1837	Vatout	1848
1837	Boursy	1848
1837	Conte	1840
1837	Gréterin	1848
1837	Blanc (Edmond)	1840
1837	Choppin d'Arnouville (Augustin)	1840
1837	Laurence	1840
1838	Aubé	1840
1838	Reynard	1840
1838	Las Cases (baron de)	1840
1838	Boubers (comte de)	1839
1838	Chevalier (Michel)	1840
1838	Cordier	1848
1838	Héricart-Ferrand de-Thury (vicomte)	1840
1838	Villiers de Terrage (vicomte de)	1840
1838	Lamy	1839
1839	Baumes	1848
1839	Boudet	1840
1839	Lebrun	1840
1839	Passy (Antoine)	1848
1841	Desclozeaux	1848
1841	Paganel	1848
1842	Dessauret	1848
1843	Magnier de Maisonneuve	1843

1844	JUBELIN	1848
1844	SIMÉON (Henri)	1848
1847	GALOS	1848

Seconde République.

PREMIÈRE PÉRIODE. (Gouvernement provisoire.)

1848	KÉRATRY	1849
1848	MACAREL	1849
1848	JANZÉ (comte de).	
1848	O'DONNELL (comte)	1849
1848	BAUDE (baron)	1849
1848	DUNOYER (Charles)	1849
1848	CHASSELOUP-LAUBAT (comte de)	1849
1848	BOULAY (François-Joseph baron), de la Meurthe	1849
1848	LANYER	1849
1848	TOURNOUER	1849
1848	RIVET (baron)	1849
1848	VINCENS	1848
1848	JANVIER	1849
1848	MARCHAND (Armand-Marie-Louis)	1849
1848	SAINT-AIGNAN (vicomte de)	1849
1848	PARAVEY	1849
1848	DE JOUVENCEL (Ferdinand-Aldegonde)	1849
1848	BOUCHENÉ-LEFER	1849
1848	BOULATIGNIER	1849
1848	LESSEPS (Charles)	1849
1848	BILLARD	1849
1848	PONS, de l'Hérault	1849
1848	CARTERET	1849

SECONDE PÉRIODE. (D'avril 1849 au 2 décembre 1851.)

1849	BOULATIGNIER	1851
1849	DE JOUVENCEL (Ferdinand-Aldegonde)	1851
1849	MARCHAND (Armand-Marie-Louis)	1851
1849	BOUCHENÉ-LEFER	1851
1849	SIMON (Jules)	1849
1849	RIVET	1851

1849	CARTERET	1851
1849	GAUTIER DE RUMILLY	1851
1849	DARRICAU	1849
1849	BOUDET	1851
1849	LANDRIN	1849
1849	PARAVEY	1851
1849	HAVIN	1851
1849	BOULAY (François-Joseph), de la Meurthe.	1851
1849	REYNAUD (Jean)	1849
1849	CHARTON	1851
1849	PÉRIGNON	1851
1849	PONS, de l'Hérault	1851
1849	LIGNIER	1849
1849	CUVIER (Frédéric)	1851
1849	ADAM	1849
1849	DUNOYER (Charles)	1851
1849	VERNINAC	1849
1849	LANYER	1851
1849	DE CHASSELOUP-LAUBAT (Prosper)	1849
1849	HÉLY-D'OISEL (Antoine-Pierre)	1851
1849	LAFERRIÈRE (Louis-Firmin-Julien)	1849
1849	DUSSARD	1849
1849	CRÉPU	1849
1849	SAY (Horace)	1851
1849	MAHÉRAULT	1851
1849	VUILLEFROY	1851
1849	BOUSSINGAULT	1851
1849	BAUMES	1851
1849	TOURANGIN	1851
1849	BUREAU DE PUSY	1851
1849	DE RENNEVILLE	1851
1849	HERMAN	1851
1849	TARLÉ (général de)	1851
1849	DEFRESNE	1851
1849	BÉHIC	1851
1849	O'DONNELL	1851
1849	DE SAINT-AIGNAN	1851
1849	JUBELIN	1851
1851	CAUSSIN DE PERCEVAL	1851

Présidence de la République et second Empire.

1852	ALLARD	1852
1852	BARBAROUX.	1858
1852	BONJEAN.	1852
1852	BARROT (Ferdinand)	1853
1852	BOULATIGNIER	1870
1852	CARLIER	1858
1852	BOUDET	1852
1852	CHARLEMAGNE	1860
1852	BOINVILLIER	1855
1852	CHEVALIER (Michel)	1860
1852	BOULAY, de la Meurthe.	1855
1852	CONTI	1864
1852	CORNUDET	1867
1852	CUVIER (Frédéric)	1866
1852	DARISTE.	1853
1852	DELANGLE	1852
1852	DENJOY	1860
1852	FLANDIN	1870
1852	FRÉMY (Louis)	1857
1852	GODELLE	1863
1852	GIRAUD (Charles)	1852
1852	HERMAN	1856
1852	JANVIER.	1852
1852	LACAZE.	1866
1852	LEFÈVRE (Armand)	1855
1852	MARCHAND.	1867
1852	LEROY DE SAINT-ARNAUD	1857
1852	QUENTIN-BAUCHARD	1863
1852	STOURM	1855
1852	SUIN	1863
1852	DE THORIGNY.	1853
1852	VILLEMAIN (François-Emile)	1863
1852	VAISSE (Claude-Marius)	1854
1852	VUITRY	1857
1852	TOURANGIN.	1854
1852	VINCENT (baron de)	1859
1852	VUILLEFROY	1812

1852	Arrighi (Ernest marquis de Padoue)	1853
1852	Cochetet	1857
1852	Cormenin (La Haye vicomte de)	1868
1852	Maigne	1863
1852	Persil	1864
1853	Dubetsey	1858
1853	Montaud	1860
1856	Rouland	1856
1853	Thierry (Amédée)	1860
1853	Butenval (baron His de)	1865
1854	Blondel (Léon)	1867
1854	Quinette (baron)	1870
1854	Chantérac (comte de)	1870
1854	Guéronnière (vicomte de la)	1861
1854	Bussière (Léon baron de)	1870
1854	Rougé (vicomte de)	1870
1855	Dubois (Eugène comte de)	1867
1855	Gasc	1870
1855	Duvergier	1866
1855	Heurtier	1870
1855	Le Play	1867
1855	Lestiboudois	1870
1855	Delacour	1860
1855	Du Martroy (vicomte)	1870
1856	Bréhier	1870
1864	Boilay	1866
1857	Bavoux	1870
1857	Chaix d'Est-Ange	1863
1857	Chassériau	1870
1857	Langlais	1866
1857	Abbatucci	1870
1857	Bataille	1870
1858	Manceaux	1870
1858	Guillois (contre-amiral)	1860
1859	Sibert de Cornillon (baron de)	1864
1859	Gomel (André-Marie-Charles-Samson)	1870
1860	Thuillier	1863
1860	Loyer	1870
1860	De Lavenay	1867

1860	Besson	1870
1860	De Forcade La Roquette	1863
1860	Blanche (Alfred)	1865
1860	Riché	1869
1861	Merruau	1870
1861	Gaudin	1869
1863	Gaslonde	1870
1863	Marchand (Eugène)	1868
1863	Vernier	1870
1864	Genteur	1870
1864	Chassaigne-Goyon	1870
1864	Jahan (Louis-Henri-Auguste)	1870
1864	Treilhard (Achille comte)	1870
1865	Bayle-Mouillard	1870
1865	Pagès	1866
1865	Chamblain	1870
1865	Migneret	1870
1865	Pascalis	1870
1866	Ambert (général baron)	1870
1866	Goupil	1870
1866	Pinard	1867
1866	L'Hôpital	1870
1866	Jolibois	1870
1867	De Berthier	1869
1867	Goussard	1870
1867	Roujoux (baron de)	1870
1867	De Vallée	1870
1867	Chassiron (baron de)	1870
1868	Ségur (comte de)	1870
1868	Jeanin (baron)	1870
1866	Chignon de Montigny	1870
1869	Cottin	1870
1869	Robert (Charles)	1870
1869	Aucoc (Léon)	1870
1870	De Bosredon	1870
1870	Géry	1870
1870	Bertier (Charles-Pierre)	1870
1870	Guiod (général)	1870
1870	Aubernon (Joseph-François-Georges)	1870

CONSEILLERS D'ÉTAT EN SERVICE ORDINAIRE HORS SECTION

Participant aux travaux du Conseil d'Etat.

1852	BRENIER (baron)	1855
1852	DARRICAU	1868
1852	DAUMAS (général)	1857
1852	GRÉTERIN	1860
1852	MESTRO	1857
1852	NIEL (général)	1857
1852	PETITET	1862
1852	SIBERT DE CORNILLON	1859
1852	DE ROYER	1857
1852	HEURTIER	1855
1852	TRAYRE (Edouard)	1857
1853	CHEVREAU (Henri)	1853
1853	LAYRLE	1860
1853	DUBOIS	1855
1855	LEFÈVRE (Armand)	1863
1855	DE CONTENCIN	1862
1855	STOURM	1861
1856	VAÏSSE (Marc-Antoine-Henri-Marius)	1862
1857	MONCEAUX	1858
1857	DE BOUREUILLE	1870
1857	BLANCHE	1860
1857	DE FRANQUEVILLE (Alfred-Charles-Ernest-Franquet)	1870
1858	CORNUAU	1860
1858	PELLETIER	1864
1858	DE ROUJOUX	1867
1858	GAUTIER	1870
1858	SERVEUX	1861
1859	LASCOUX	1863
1860	BENEDETTI	1861
1860	HERBET	1867
1860	BAROCHE (Ernest)	1861
1860	MARCHAND	1863
1860	MERCIER-LACOMBE	1864
1860	DUPUY DE LÔME	1865

1861	Barbier	1869
1861	Vandal	1870
1862	Cordoen	1869
1862	Blanchot	1862
1862	Petetin (Anselme)	1870
1862	Rouland (Gustave)	1863
1863	Blondel (général)	1867
1863	Chamblain	1865
1863	Lenormant	1869
1864	Haudry de Janvry	1870
1864	Chabanacy de Marnas	1867
1864	Guillemot	1870
1864	Ségaud	1865
1864	Ozenne	1870
1865	Blanche	1870
1865	Robert	1869
1865	De Saint-Paul	1868
1865	De Bosredon	1870
1867	Fare	1868
1867	Doutrelaine (général)	1868
1867	Grandperret	1870
1867	Desprez	1870
1868	Dejean (général vicomte)	1870
1868	Guillot	1870
1868	Sencier (Léon)	1870
1869	Roy	1870
1869	Delarbre	1870
1869	Greffier	1869
1869	Pigeard	1870
1869	De Guigné	1870
1870	Philis	1870
1870	Blanc (Ernest-Edmond)	1870
1870	Guillaume d'Auribeau	1870
1870	Saint-René-Taillandier	1870
1870	Weiss	1870

Troisième République.

Première période. (Du 4 septembre 1870 au mois d'août 1872.)

1870	Bouchené-Lefer	1871

1870	Aucoc (Léon)	1872
1870	Versigny	1872
1870	Desmarest	1870
1870	Brésillion	1872
1870	Arnaud, de l'Ariège	1872
1870	Lamé-Fleury	1872
1870	Hubbard	1872
1871	Hérold	1872

Seconde période. (Depuis le mois d'août 1872.)

CONSEILLERS D'ÉTAT EN SERVICE ORDINAIRE.

1872	Collignon	1879
1872	Tourret (colonel)	1878
1872	Saglio	1875
1872	Tranchant	1879
1872	Chateaurenard (d'Aymar marquis de)	1879
1872	Marbeau (Eugène)	1879
1872	Ségur (marquis de)	1879
1872	Le Trésor de la Rocque	1879
1872	Montesquiou-Fézensac (vicomte de)	1879
1872	Pascalis	1879
1872	Silvy	1879
1872	De Bellomayre	1879
1872	Circourt (comte de)	1878
1872	Bourgois (contre-amiral)	1875
1872	Pascal	1873
1872	De Gaillard	1879
1873	Weiss	1879
1873	Perret	1879
1875	Rambuteau (Lombard de Buffières comte de)	1879
1875	Lefebvre (contre-amiral)	1879
1878	Gaillard (colonel)	1879
1879	David	1879
1879	Gougeard	1881
1879	Berger	1881
1879	Decrais	1881
1879	Lamé-Fleury	

1879	COURCELLE-SENEUIL.	
1879	BOURGOIS (vice-amiral)	1887
1879	CHAUFFOUR (Victor)	1888
1879	BLONDEL	1881
1879	CLAMAGERAN	1881
1879	CASTAGNARY	1888
1879	DU MESNIL.	
1879	DUPRÉ (Paul)	1888
1879	MONOD	1881
1879	BERTOUT	1888
1879	DUBOY (Hippolyte).	
1879	BERAL	1882
1879	FLOURENS	1883
1879	BRAUN.	
1879	TÉTREAU	1886
1879	DUNOYER	1887
1879	CHAUCHAT.	
1889	HÉLY-D'OISSEL	1887
1879	TIRMAN	1881
1879	DELMAS	1889
1879	ROUSSEL.	
1879	MOJON.	
1880	DUBOST	1880
1880	COLONNA CECCALDI.	
1880	DURAND-DESORMAUX	1881
1880	COULON (Georges)	1889
1881	SÉE (Camille).	
1881	CHABROL.	
1881	DISLERE (Paul).	
1881	PICARD (Alfred)	1887
1881	GOUGEARD	1886
1882	OUSTRY	1883
1883	BÉQUET.	
1883	MARQUÈS DI BRAGA (Léon).	
1885	ROUSSEAU.	
1886	CHANTE-GRELLET.	
1886	BOUSQUET (Georges).	
1887	CAZELLES.	
1887	COTELLE.	

1887	CLOUÉ (vice-amiral)............................	1889
1888	DUVAL.	
1888	JACQUIN.	
1888	SCHNERB.	
1888	MARGUERIE.	
1889	SAISSET-SCHNEIDER.	
1889	CONRAD (vice-amiral).....................	1891
1890	MAYNIEL.	
1891	MIET (contre-amiral)	

CONSEILLERS D'ÉTAT EN SERVICE EXTRAORDINAIRE.

1872	AMÉ...............................	1879
1872	DE BOUREUILLE...........................	1876
1872	DELARBRE..............................	1877
1872	DESPREZ	1880
1872	DUFRAYER.............................	1888
1872	DURANGEL.............................	1877
1872	DURIER	1873
1872	FOURNIER	1873
1872	DE FRANQUEVILLE (Alfred-Charles-Ernest-Franquet)	1876
1872	GRIMPREL	1878
1872	GUILLOT...............................	1876
1872	OZENNE	1878
1872	ROVENSAL.............................	1874
1872	ROY	1874
1872	TARDIF...............................	1879
1873	LE GUAY (baron).......................	1874
1873	MERVEILLEUX-DAVIGNAUX.................	1874
1874	WELCHE	1874
1874	RENAULT (Léon)........................	1876
1874	GODELLE (Camille)......................	1875
1874	DE ROSSY.............................	1882
1874	AUDIBERT.............................	1879
1875	DUCROS..............................	1876
1876	RIBOT...............................	1876
1876	GRESLEY (général)......................	1876
1877	DUMESNIL.............................	1879
1877	PASCAL..............................	1877

1877	Le Myre de Villers	1877
1877	De Bon	1877
1877	De Crisenoy	1879
1877	Savary	1879
1878	Véron-Duverger	1881
1878	Levavasseur	1879
1878	Rousseau	1881
1879	Sevestre	1879
1879	De Chappotin	1881
1879	Fay (général)	1879
1879	Zévort	1881
1879	Dubost	1880
1879	Michaux	1881
1879	Boyetet de Bagnaux	1882
1879	Journault	1879
1879	Camescasse	1881
1879	Lecler	1882
1879	Ambaud	1883
1879	Chodron de Courcel (baron)	1881
1879	Cosseron de Villenoisy (général)	1881
1879	Coulombeix	1881
1880	Durand-Désormeux	1880
1880	Tanon	1882
1880	Roucoux	1882
1881	Filleau	1881
1881	Le Guay (Gilbert)	1884
1881	Ferron (général)	1885
1881	Perrier	1882
1881	Fournier	1885
1881	Picard (Alfred)	1881
1881	Leblanc	1882
1881	Dumont	1883
1881	Vételay	1882
1881	Tisserand.	
1881	Herbette (Jules)	1882
1882	Zévort	1887
1882	Jacquin	1888
1882	Billot	1884
1882	Gay	1884

1882	LAX..	1882
1882	GIRARD...	1883
1882	DE PANAFIEU......................................	1884
1882	CENDRE...	1884
1882	BELLOT...	1884
1883	RENAUD (Félix)...................................	1886
1883	NICOLAS.	
1883	BUISSON.	
1883	BIROUSTE...	1884
1883	HERBETTE (Jules).................................	1885
1884	BIHOURD..	1886
1884	HERBETTE (Louis).	
1884	BOUTIN.	
1884	DE LIRON D'AIROLES.	
1884	SORET DE BOISBRUNET..............................	1885
1884	GOUZAY...	1888
1884	FORICHON...	1887
1885	ROUBAUD..	1885
1885	PEAUCELLIER (général)............................	1886
1885	CHATELAIN..	1887
1885	CHARMES (Francis)................................	1888
1886	PRIOUL.	
1886	BOURGEOIS..	1887
1887	CATUSSE.	
1887	GONSE..	1888
1887	CAFFAREL (général)...............................	1887
1887	FOURNIER.	
1887	DE SAINT-GERMAIN (général).	
1887	DUMAY.	
1887	DUVAL..	1888
1888	BARD.	
1888	BOUFFET.	
1888	GUILLAIN.	
1888	TIPHAIGNE.	
1888	GAY.	
1889	CLAVERY.	

MAITRES DES REQUÊTES

Premier Empire.

MAITRES DES REQUÊTES EN SERVICE ORDINAIRE.

1806	CHADELAS	1809
1806	JANET	1808
1806	LOUIS	1813
1806	MOLÉ	1807
1806	PASQUIER	1809
1806	PORTALIS	1807
1807	LE CAMUS DE NEVILLE	1808
1807	DELPOZZO	1809
1807	BARON FÉLIX	1814
1808	COQUEBERT DE MONTBRET	1814
1808	CHABROL	1809
1808	BARON FREVILLE	1810
1808	LACUÉE	1809
1808	DE REUILLY	1809
1809	GUIEU	1811
1809	ANGLÈS	1810
1809	JAUBERT	1814
1809	DELABORDE	1810
1809	COMTE TAILLEPIED DE BONDY	1811
1809	BARON DE LABOUILLERIE	1814
1809	ALBERT	1814
1809	BARON DE PRÉVAL	1812
1810	BRUYN	1814
1810	COMTE DE LAS CASES	1814
1811	COMTE DE BRIGNOLE	1812
1811	PORTAL	1814
1811	FIÉVÉE	1812
1811	BARON PELET (de la Lozère)	1814
1811	BARON BELLEVILLE	1814
1812	FAVARD DE LANGLADE	1814

Première Restauration.

(1814.)

CROMAZ DE FONGY.
GILBERT DES VOISINS.
BARON FAVARD DE LANGLADE.
MAILLARD.
CHEVALIER JAUBERT.
PORTAL.
BARON PELET.
BARON LABOULLERIE.
BARON FREVILLE.
BARON COFFINHAL DUNOYER.
BARON ZANGIACOMI.
MALLEVILLE.
BÉRARD.
FROIDEFOND DE BELLISLE.
JOLY DE FLEURY.
AMYOT.
LEPILEUR DE BREVANNES.
MARQUIS DE GASVILLE.
ROLLAND DE CHAMBODORIS.
JOUFFRET.
HENRY DE LONGUÈVES.
BARON DUHAMEL.
DE BLAIRE.
BARON CHANDRUC DE CROZANNES.
LA CHEZE.
DELAIRE.
D'ARLINCOURT.
ROUX.
LECHAT.

MAITRES DES REQUÊTES SURNUMÉRAIRES

DE LA HAYE DE CORMENIN.
EMMANUEL DAUBRAY.
D'ORMESSON.

Marquis de Portes.
Débonnaire de Forges.
Doula du Colombier.
D'Argout.
O'Donnel.
Le Riche de Cheveigné.
Brochet de Verigny.
Baron Cardon de Montigny.
De Gourgues.
Bastard de l'Étang.
Leblanc de Castillon.
De Sugny.
Émile Patry.
Frachot.
Chopin d'Arnouville.
Brière.
Feutrier.
Baron Pavée de Vandœuvres.
Paulze d'Ivoy.
Galz de Malvirade.
Lambert Rivière.
Vicomte de Umay.
Baron Camus Dumartroy.
Baron Boissy d'Anglas.
Taboureau.
De la Bourdonnaye de Blossac.
De Malartic.
Bourgeois de Jessaint.
D'Espagnac.
Baron Lambert.
Baron Maurice.
Pépin de Bellisle.
Saur.
De Pastoret.
Tabary.
Esmargard de Feysnes.
Sallier.
Didier.
Saint Cricq.

Chevalier Suchet.
De Rigny.
Le Rebours.
De Jonzé.

Seconde Restauration.

1815	De Longueve	1824
1815	Sollier.	
1815	Roux	1818
1815	Esmargart de Freysnes	1817
1815	Baron Duhamel	1818
1813	Baron Maurice	1820
1815	Amiot	1820
1815	Taboureau	1830
1815	Amédée de Brevannes	1821
1815	Chevalier de Maleville	1830
1815	De Janzé	1830
1815	De Malartic	1829
1815	De Pastoret	1818
1815	Héron de Villefosse	1824
1815	Baron Pavée de Vandœuvres	1821
1815	Prévost	1830
1815	Emmanuel Daubray	1821
1815	Paulze d'Ivoy	1819
1815	Feutrier	1819
1815	La Haye de Cormenin	1830
1815	Leblanc de Castillon	1818
1815	Chopin d'Arnouville	1819
1815	Baron Ramond	1818
1815	Pichon.	
1815	Baron Hély-d'Oissel	1818
1815	D'Arlincourt	1818
1815	Schéaffino	1818
1815	Fumeron d'Ardeuil.	
1815	Baron Camet de la Bonardière	1829
1815	Rivière	1818
1815	Jacquinot Pampelune	1821
1815	Le Riche de Cheveigné.	

1816	GUIZOT	1817
1816	DE BRICOGNE	1819
1817	BARON DUNOYER	1829
1817	BARON ZANGIACOMI	1818
1817	BÉRARD	1820
1817	JOLY DE FLEURY	1820
1817	MARQUIS DE PORTES	1819
1817	TARBÉ DE VAUXCLAIR	1829
1817	MAZOIER	1830
1817	DE MIRBEL	1820
1817	DE SAINT-CHAMANS	1827
1817	ÉMILE PATRY	1830
1817	FORMON	1830
1817	MARQUIS D'ORMESSON	1818
1817	AMELOT DE GUÉPÉAC	1830
1817	DELAITRE	1820
1818	BALLYET	1821
1818	CHEVALIER DE RIGNY	1821
1817	COMTE O'DONNELL	1820
1817	BRIÈRE	1824
1817	BARON DE FRÉVILLE	1824
1817	MAILLARD	1825
1817	CASSAING	1821
1817	BARON PELET	1819
1819	BARON DE LA BORDE	1821
1819	VINCENT ABRIAL	1829
1819	LECHAT	1822
1819	FROIDEFOND DE BELLISLE	1822
1819	JAUFFRET	1830
1820	VILLEMAIN	1827
1820	THÉNOT DE SAINT-AGNAN	1830
1820	LANGLOI D'AMILLY	1821
1820	FLAUGUERGUES	1822
1821	FOREST	1822
1821	BARON JANET	1830
1821	MASSON	1830
1821	DE MOYDIER	1822
1821	DE JESSAINT	1823
1821	BARON DE CROUSEILHES	1826

1821	BARON DASEZAS	1830
1821	ROULLET DE LA BOUILLERIE	1830
1821	DE VATIMESNIL	1822
1821	EDOUARD DE PEYRONNET	1827
1822	LE BEAU	1829
1822	BARON DE POYSERRÉ DE CÈRE	1820
1822	AGIER	1829
1822	VICOMTE DE SENONNES	1830
1822	DE FRESLON	1825
1822	NOU DE CHAMPLOUIS	1827
1822	DE ROZIÈRE	1830
1822	DE RAINNEVILLE	1827
1825	HUTTEAU D'ORIGNY	1830
1825	BARON CHEVALIER	1827
1825	VICOMTE DE CORMY	1830
1825	DE VILLEBOIS	1829
1826	DE BROE	1829
1826	BRIÈRE	1829
1827	DE RESSEGUIER	1830
1828	VICOMTE DE KERSAINT	1830
1828	VICOMTE DE RICHEMONT DESBASSAYNS	1830
1829	BARON LOCARD	1830
1829	COMTE DE LA ROCHEFOUCAULD	1830
1829	SAUVAIRE BARTHELEMY	1830
1829	PAULZE D'IVOY	1830
1830	AUDIBERT	1830

Monarchie de Louis-Philippe.

1830	JAUFFRET	1835
1830	TABOUREAU	1831
1830	VICOMTE JANZÉ	1832
1830	DE CHEVEIGNÉ.	
1830	COMTE O'DONNELL	1837
1830	BRIÈRE	1846
1830	FLAUGUERGUES	1835
1830	BARON JANET	1836
1830	DUPARQUET	1838
1830	GENTY DE BUSSY	1831

1830	Coulmann	1832
1830	Saint-Marc Girardin	1836
1830	Vicomte d'Haubersart	1839
1830	Tournouer	1839
1830	De Chasseloup-Laubat	1838
1830	Moiroud	1831
1830	Guizot	1834
1831	Vitet	1836
1831	Marchand	1842
1831	De Jouvencel	1848
1831	Germain	1846
1832	De Marmier	1846
1832	Boulay (de la Meurthe)	1836
1832	Bourlon	1838
1832	Paravey	1847
1832	Portal	1848
1832	Lucas	1848
1832	De Lorgne d'Ideville	1848
1832	Vicomte Debonnaire de Gif	1848
1832	Camille Paganel	1839
1832	Bouchené Lefert	1848
1834	Humann	1838
1835	Lanyer	1839
1836	Pagès	1848
1836	Mortimer Ternaud	1848
1836	Achille Guilhem	1848
1836	Azevedo	1840
1836	Hely-d'Oissel	1848
1837	Raulin	1848
1838	Bellon	1839
1838	Perignon	1848
1838	Vuillefroy	1848
1838	Thierry	1848
1830	Cornudet	1848
1838	Louyer Villermay	1848
1839	Zédé	1840
1839	François	1848
1839	Montaud	1848
1839	Masson	1848

1839	Vicomte Redon de Beaupréau	1848
1839	Boulatignier	1848
1840	Lafon de Ladebat	1848
1841	De Sahune	1848
1841	Gomel	1848
1842	Calmon	1848
1843	Baron Hallez Claparède	1848
1846	Baron de Bussière	1848
1846	Vuitry	1848
1846	Reverchon	1848
1846	Vicomte Camus Dumartroy	1848

Seconde République.

(1849-1851.)

1849	De Cheveigné	1848
1849	Lucas	1848
1849	Pages	1848
1849	Raulin	1848
1849	Thierry	1848
1849	Cornudet	1848
1849	François	1848
1849	Montaud	1848
1849	Masson	1848
1849	De Sahune	1848
1849	Gomel	1851
1849	Calmon	1851
1849	Hallez Claparède	1851
1849	De Bussierre	1851
1849	Vuitry	1850
1849	Reverchon	1851
1849	Camus Dumartroy	1851
1849	Daverne	1851
1849	Dubois	1851
1849	Tripier	1851
1849	Goupil	1851
1849	Pascalis	1851
1849	Fabas	1851

| 1849 | MAIGNE | 1851 |
| 1850 | LOUYER VILLERMAY | 1851 |

Second Empire.

1852	GASC	1854
1852	DABEAUX	1854
1852	THIERRY	1852
1852	LESTIBOUDOIS	1855
1852	CHADENET	1852
1852	BREHIER	1856
1852	MONTAUD	1852
1852	GOMEL	1859
1852	CHASSÉRIAU	1857
1852	LOYER.	
1852	DE BUSSIERRE	1854
1852	REVERCHON	1852
1852	GASLONDE	1862
1852	CAMUS DUMARTROY	1855
1852	MAIGNE	1852
1852	ARRIGHI	1852
1852	CHASSAIGNE GOYON	1852
1852	DE FORCADE LA ROQUETTE	1857
1852	PASCALIS	1865
1852	BATAILLE	1857
1852	PAGES	1865
1852	DAVERNE	1855
1852	FRANÇOIS	1866
1852	VICOMTE REDON DE BEAUPRÉAU	1865
1852	GOUPIL	1865
1852	LOUYER VILLERMAY	1866
1852	RICHAUD	1859
1852	JAHAN	1864
1852	COMTE DUBOIS	1855
1852	DE BERTHIER	1866
1852	VICOMTE PORTALIS (Ernest)	1866
1852	VICOMTE D'ARGOUT (Gaston)	1867
1852	BARON DE CHASSIRON (Charles)	1867

1852	De Bernon	1869
1852	Aubernon	1866
1852	De Maupas (Paul).	
1852	De Ségur (Anatole)	1867
1852	De Lavenay	1859
1852	Grignon de Montigny	1868
1852	Léon Berger	1865
1852	De Beaumont-Vassy	1854
1852	Baron Dufay de Launaguet	1854
1852	Abbatucci	1857
1852	De Missiessy.	
1852	Léopold Lehon	1859
1852	Ernest Baroche	1859
1852	Baron de Montour	1864
1853	Baron de Cardan de Sandraus	1870
1853	De Calvimont	1870
1854	Ernest Leblanc	1870
1854	Leviez	1859
1854	Charles Robert	1864
1854	De Casabianca	1870
1854	Mesnard	1869
1855	Colas de la Noue	1864
1855	Fouquier	1870
1856	Fortoul	1870
1857	Hudault	1870
1857	Lhopital	1866
1857	Boinvillers (Ernest).	
1857	Faré.	
1857	De Bosredon	1864
1857	Marbeau	1870
1859	Lemarié	1860
1859	Bordet	1870
1860	De Belbeuf.	
1860	Aucoc	1869
1860	Bauchart	1870
1860	Chamblain	1863
1862	Cottin	1869
1863	Le Roy	1870
1864	Moreau (Adolphe)	1870

1864	Taigny (Edmond)	1870
1864	Bartholony	1870
1864	Bayard	1870
1864	De Ravignan (Gustave)	1870
1864	Perret	1870
1865	Baron Brincard	1870
1865	David	1870
1865	Braun	1870
1865	Rouher (Gustave)	1870
1865	Hély-d'Oissel	1870
1866	Vicomte de Luçay	1870
1866	De Meynard	1870
1866	Arthur Legrand	1870
1866	De Baulny	1870
1866	Bouard	1870
1866	De Juigné	1870
1867	Baron de Vaufreland	1870
1867	Monnier	1870
1867	Vicomte Lombard de Buffières de Rambuteau	1870
1868	Chauchat	1870
1869	Darey	1880
1869	Savoye	1870
1889	De Franqueville	1870
1869	Michel Cornudet	1870
1869	De Salverte	1870
1869	Gustave Rouher	1870

Troisième République.

(Commission provisoire, 1870-1872.)

Leblanc.
Marbeau.
David.
Braun.
De Baulny.
Julien Laferrière (Édouard).
Carnot (Marie-Adolphe).

Fabas.
Leveillé.
Dunoyer.

Seconde période. (Depuis le mois d'août 1872.)

1872	De Baulny	1879
1872	Bérenger (Paul-Marcellin)	1879
1872	Braun	1879
1872	Chauchat	1879
1872	Compaignon de Marchéville	1879
1872	Cornudet (Michel)	1879
1872	De la Coste du Vivier (baron)	1879
1872	David (Edmond)	1879
1872	Demongeot	1875
1872	Dunoyer (Anatole)	1873
1872	Fabas	1887
1872	Flourens	1879
1872	Fould (Paul)	1879
1872	De Franqueville (Charles-Franquet)	1879
1872	Griolet	1875
1872	Hély-d'Oissel (Léonce)	1879
1872	Jacqueminot (Édouard comte de Ham)	1879
1872	Laferrière (Édouard-Louis-Julien)	1879
1872	Leblanc (Ernest)	1876
1872	De Richemont (Albert)	1885
1872	Tambour	1873
1872	Tétreau	1879
1872	Vacherot	
1873	De Salverte	
1873	Gomel (Charles)	1880
1874	Billard de Saint-Laumer	1879
1875	Le Vavasseur de Précourt	
1875	Le Loup de Sancy	1879
1878	Chabrol	1881
1879	Cotelle	1887
1879	Mayniel	1890
1879	Matheus	1882
1879	Marguerie	1888

1879	Marquès di Braga	1884
1879	Vergé.	
1879	Gervais de Rouville.	
1879	Gauwain	1891
1879	Francisque Bonthoux.	
1879	Alicot	1881
1879	Chante-Grellet	1885
1879	Camille Krantz.	
1879	Paul Labbé	1880
1879	Paul Dislere	1881
1879	Chauffard	1880
1879	Hébrard de Villeneuve.	
1879	Cazalens	1881
1879	Georges Bousquet	1885
1879	Paul Boiteau	1885
1879	Léon Béquet	1883
1879	Berard Varagnac.	
1880	Valabrègue.	
1880	Roze	1881
1880	Abel Flourens	1889
1880	Dedebat	1890
1881	Vallon	1881
1881	Cavaignac	1881
1881	Bailly.	
1881	Camille Lyon.	
1881	Léon Grévy.	
1881	Brossard-Marcillac	1887
1882	Jagerschmidt.	
1883	Colson.	
1884	Auburtin.	
1884	Marcel.	
1885	Vacherie.	
1885	Baudenet.	
1885	Martin.	
1885	Bize.	
1885	De Mouy.	
1887	Guéret-Desnoyers.	
1887	Henri Ducos	1888
1887	Lionel Laroze	1890

1888   DORNOIS.
1889   SAINT-PAUL.
1889   BÉNAC.
1889   CH. MOURIER.
1890   LABICHE.
1890   VIGNON.
1891   ROMIEU.

SECRÉTAIRES GÉNÉRAUX DU CONSEIL D'ÉTAT.

An VIII   BARON LOCRÉ   1814
1815   HOCHET (Claude-Jean-Baptiste)   1839
1839   HOCHET (Prosper)   1851
1852   BOILAY   1864
1864   DE LA NOUE-BILLAUT   1870
1882   FOUQUIER   1889
1889   FLOURENS (Abel).

LE CONSEIL D'ÉTAT

EN 1891

PRÉSIDENT DU CONSEIL D'ÉTAT

M. FALLIÈRES

Garde des Sceaux, Ministre de la Justice et des Cultes.

VICE-PRÉSIDENT DU CONSEIL D'ÉTAT

M. LAFERRIÈRE (C. ✳)

Rue Saint-Lazare, 62.

PRÉSIDENTS DE SECTION

MM.

BLONDEAU (G. O. ✻), *Président de la Section des Finances, de la Guerre, de la Marine et des Colonies*............... Rue de Hambourg, 3.

BERGER (C. ✻), *Président de la Section du Contentieux* .... Avenue Malakoff, 123.

Alfred PICARD (G. O. ✻), *Président de la Section des Travaux publics, de l'Agriculture, du Commerce, de l'Industrie et des Postes et Télégraphes*............ Cité Vaneau, 12.

TÉTREAU (O. ✻), *Président de la Section de Législation, de la Justice et des Affaires étrangères* .... Boul. Saint-Germain, 127.

Georges COULON (O. ✻), *Président de la Section de l'Intérieur, des Cultes, de l'Instruction publique et des Beaux-Arts.* Rue de la Faisanderie, 86.

NOMS	SECTIONS	ADRESSES

CONSEILLERS D'ÉTAT EN SERVICE ORDINAIRE

MM.

NOMS	SECTIONS	ADRESSES
LAMÉ FLEURY (O. ✱).....	Intérieur, etc.....	Rue de Verneuil, 62.
COURCELLE SENEUIL (O.✱)	Législation, etc...	Rue de l'Assomption, 70 (Passy-Paris).
DU MESNIL (C. ✱)...... ..	Intérieur, etc.....	Pl. de l'Estrapade, 1.
Hippolyte DUBOY (O. ✱)...	Législation, etc...	Rue d'Amsterdam, 67.
BRAUN (O. ✱)........... ..	Contentieux..... ..	Rue du Ranelagh, 98 (Passy-Paris).
CHAUCHAT (O. ✱)	Travaux publics, etc.	B. Haussmann. 121.
ROUSSEL (✱)	Intérieur, etc. ...	Rue du Regard, 22.
Général MOJON (C. ✱).....	Finances, etc.....	R. de Miromesnil, 68.
COLONNA CECCALDI (O.✱).	Législation, etc...	Rue Lamennais, 8.
Camille SÉE (✱)	Législation, etc...	Avenue des Champs-Élysées, 65.
CHABROL (O. ✱)...	Travaux publics, etc.	B. Haussmann, 85.
Paul DISLERE (C. ✱......	Finances, etc.....	Avenue de l'Opéra, 10.
Léon BÉQUET (✱)........	Travaux publics, etc.	Rue Jacob, 33.
MARQUÈS DI BRAGA (C.✱).	Finances, etc.....	Rue de Rivoli, 200.
ROUSSEAU (O. ✱)........	Travaux publics, etc.	B. Saint-Germain, 134.
CHANTE-GRELLET (✱. ..	Contentieux......	R. Rouget-de-l'Isle, 5.
Georges BOUSQUET (✱)...	Contentieux......	Rue Prony, 59.
CAZELLES (C. ✱).........	Intérieur, etc.....	Rue de Londres, 60.
COTELLE (✱)...........	Travaux publics, etc.	Rue de Phalsbourg, 9.

NOMS	SECTIONS	ADRESSES
MM.		
DUVAL (O. ✱)	Finances, etc.....	Av. de Villiers, 16.
JACQUIN (O. ✱)..........	Législation, etc...	Boul. Beauséjour, 55 (Passy-Paris).
SCHNERB (C. ✱)	Contentieux	B. des Batignolles, 13.
MARGUERIE (✱)	Contentieux	Cité Martignac, 6 (R. de Grenelle, 111).
SAISSET-SCHNEIDER (C. ✱).	Intérieur, etc.....	R. de la Victoire, 64.
MAYNIEL (✱)	Contentieux	R. des Écuries-d'Artois, 29.
Contre-Amiral MIET.... ...	Finances, etc.....	

NOMS	SECTIONS	ADRESSES

CONSEILLERS D'ÉTAT EN SERVICE EXTRAORDINAIRE

MM.

NOMS	SECTIONS	ADRESSES
TISSERAND (G. O. ✻), *Directeur de l'Agriculture au Ministère de l'Agriculture.*	Travaux publics, etc.	**Rue du Cirque, 17.**
PALLAIN (C. ✻), *Directeur général des Douanes*	Finances, etc.....	**Quai de Billy, 12.**
NICOLAS (C. ✻), *Directeur du Commerce intérieur au Ministère du Commerce, de l'Industrie et des Colonies*	Travaux publics, etc.	**Au Ministère du Commerce, de l'Industrie et des Colonies, rue de Varennes, 80.**
BUISSON (C. ✻), *Directeur de l'Enseignement primaire au Ministère de l'Instruction publique et des Beaux-Arts*..........	Intérieur, etc.....	**B. Montparnasse, 166.**
Louis **HERBETTE** (C. ✻), *Directeur de l'Administration pénitentiaire au Ministère de l'Intérieur*..	Intérieur, etc.....	**Rue Fortuny, 17.**
BOUTIN (C. ✻), *Directeur général des Contributions directes au Ministère des Finances*...............	Finances, etc.....	**Rue de Rivoli, 174.**
DE LIRON D'AIROLES (C. ✻), *Directeur du Mouvement général des fonds au Ministère des Finances*.....	Finances, etc.....	**Rue du Bac, 30.**
PRIOUL (C. ✻), *Contrôleur général de l'Administration de l'Armée, Directeur du Contrôle au Ministère de la Guerre*	Finances, etc.....	**Au Ministère de la Guerre.**

NOMS	SECTIONS	ADRESSES
MM.		
CATUSSE (O. ❋), *Directeur général des Contributions indirectes au Ministère des Finances*	Finances, etc.....	Au Ministère des Finances.
FOURNIER (C. ❋), *Commissaire général de la Marine, Directeur de la Comptabilité générale au Ministère de la Marine*	Finances, etc.....	Au Ministère de la Marine.
Général DE SAINT-GERMAIN (C. ❋), *sous-chef d'état-major général du Ministre de la Guerre*....	Finances, etc.....	Au Ministère de la Guerre et avenue Duquesne, 32.
DUMAY (O. ❋), *Directeur des Cultes*..............	Intérieur, etc.....	A la Direction des Cultes et rue des Ecuries-d'Artois, 42.
BARD (❋), *Directeur des Affaires civiles et du Sceau au Ministère de la Justice et des Cultes*	Législation, etc...	B. Saint-Michel, 72.
BOUFFET (O. ❋), *Directeur de l'Administration départementale et communale au Ministère de l'Intérieur* ..	Intérieur, etc.....	Au Ministère de l'Intérieur et rue de Miromesnil, 46.
GUILLAIN (O. ❋), *Directeur des routes, de la navigation et des mines au Ministère des travaux publics.*	Travaux publics, etc.	Au Ministère des Travaux publics.
TIPHAIGNE (C. ❋), *Directeur général de l'Enregistrement, des Domaines et du Timbre au Ministère des Finances*	Finances, etc.....	R. du Marché-Saint-Honoré, 5.
GAY (C. ❋), *Directeur des chemins de fer au Ministère des Travaux publics*	Travaux publics, etc.	Rue de Rennes, 148.
CLAVERY (O. ❋), *Ministre plénipotentiaire, Directeur des affaires commerciales et consulaires au Ministère des Affaires étrangères*...	Législation, etc...	Au Ministère des Affaires étrangères et rue de Milan, 12.

NOMS	SECTIONS	ADRESSES

MAITRE DES REQUÊTES, SECRÉTAIRE GÉNÉRAL DU CONSEIL D'ÉTAT

M. Abel FLOURENS (✻) .... | Rue Prony, 64.

MAITRES DES REQUÊTES .

MM.

NOMS	SECTIONS	ADRESSES
VACHEROT	Législation, etc...	R. de la Pompe, 172.
DE SALVERTE (✻)	Intérieur, etc.....	Avenue Marceau, 54.
LE VAVASSEUR DE PRÉ-COURT (✻)	Commissaire du Gouvernement..	R. de Logelbach, 5.
VERGÉ (✻)	Finances, etc.....	Quai d'Orsay, 11.
GERVAIS DE ROUVILLE (✻).	Contentieux......	Rue de Monceau, 64.
Francisque BONTHOUX (✻).	Intérieur, etc.....	Rue Montaigne, 15.
Camille KRANTZ (✻)......	Travaux publics, etc.	Rue de Turin, 24.
HÉBRARD DE VILLE-NEUVE (✻)	Intérieur, etc.....	Rue du Cirque, 15.
VARAGNAC (✻)	Législation, etc...	R. de l'Université, 35.
VALABRÈGUE (✻....... ..	Commissaire du Gouvernement..	R. de Vaugirard, 41.
BAILLY (✻).............	Contentieux......	Rue de Lille, 73.
Camille LYON (✻)........	Finances, etc.....	Rue Daunou, 18.
Léon GRÉVY.............	Contentieux......	Av. du Trocadéro, 4.
JAGERSCHMIDT (✻).......	Commissaire du Gouvernement..	Rue Jouffroy, 79.

NOMS	SECTIONS	ADRESSES
MM.		
COLSON (✱)	Travaux publics, etc.	Rue de Rennes, 65.
AUBURTIN (✱)	Travaux publics, etc.	R. du Mont-Thabor, 6.
MARCEL (✱)	Finances, etc.	R. du Général-Foy, 28.
VACHERIE	Finances, etc.	Rue Godot-de-Mauroy, 24.
BAUDENET	Contentieux	R. de Villersexel, 6.
BIENVENU MARTIN (✱)	Intérieur, etc.	Av. Henri-Martin, 50.
CHAUVEL-BIZE	Contentieux	Rue de Saint-Pétersbourg, 29.
DE MOUY	Intérieur, etc.	Rue du Faubourg-Saint-Honoré, 215.
GUERET-DESNOYERS	Travaux publics, etc.	Quai Voltaire, 25.
DORNOIS	Finances, etc.	Rue Volney, 1.
SAINT-PAUL	Contentieux	Pl. des États-Unis, 8.
BÉNAC (✱)	Travaux publics, etc.	Rue de Milan, 11 bis.
CH. MOURIER (✱)	Contentieux	Rue de Lisbonne, 30.
LABICHE	Contentieux	Rue Caumartin, 67.
Louis VIGNON ✱	Législation, etc.	R. de Tocqueville, 32.
ROMIEU	*Commissaire du Gouvernement.*	Pl. Malesherbes, 22.

NOMS	SECTIONS	ADRESSES

AUDITEURS DE 1re CLASSE

MM.

NOMS	SECTIONS	ADRESSES
Paul BLONDOT (✳)........	Intérieur, etc.....	Rue de La Boétie, 13.
TARDIT..................	Finances, etc.....	B. Malesherbes, 99.
SIMON (✳).....	Intérieur, etc.....	R. de la Trémoille, 28.
Paul ARRIVIÈRE (✳)......	Législation, etc...	B. Malesherbes, 52.
DEVILLERS..............	Finances, etc.....	A Alger.
ROUME.................	Travaux publics.etc.	R. Boileau, 7 (Auteuil).
EYMOND................	Contentieux......	B. Haussmann, 80.
Ernest MEYER..........	Contentieux......	Rue de Naples, 33.
CHAREYRE.............	Contentieux......	R. de l'Université, 1.
Marcel TRÉLAT.........	Législation, etc...	Rue de Seine, 6.
FUZIER................	Contentieux......	Rue Jouffroy, 100.
Henri CHARDON........	Travaux publics.etc.	B. Saint-Michel, 81.

NOMS	SECTIONS	ADRESSES

AUDITEURS DE 2e CLASSE

MM.

NOMS	SECTIONS	ADRESSES
Jean DEJAMME	Intérieur, etc.	Av. de Tourville, 26.
NOEL	Intérieur, etc.	Rue Labruyére, 50.
FLEURY RAVARIN	Finances, etc.	B. Malesherbes, 92.
DAUTRESME (✳)	Travaux publics, etc.	Rue Matignon, 14.
WURTZ	Contentieux	Rue de Berlin, 40.
TARDIEU	Contentieux	Quai du Louvre, 30.
LACROIX	Contentieux	Rue Prony, 47.
Jean CLOS	Travaux publics etc.	Rue du Bac, 109.
SCHMIDT	Contentieux	Rue de Rivoli, 186.
SILHOL	Intérieur, etc.	R. de Courcelles, 69.
MOULLÉ	Intérieur, etc.	Rue Sainte-Beuve, 6.
Pierre LAROZE	Travaux publics, etc.	Rue du Faubourg-Saint-Honoré, 182.
François ROUSSEL	Travaux publics, etc.	Rue du Regard, 22.
Georges TEISSIER	Finances, etc.	Rue Médicis, 13.
CHAPSAL	Contentieux	Rue Jacob, 46.
NOULENS	Législation, etc.	R. de Miromesnil, 15.
SOULIÉ	Contentieux	B. Malesherbes, 60.
ARNAUD	Contentieux	R. Saint-Sulpice, 38.
LAGRANGE	Contentieux	C. Cardinal-Lemoine, 6.
DEGOURNAY	Contentieux	R. de Commailles, 6.
Théodore TISSIER	Finances, etc.	Rue Beaurepaire, 28.
CHARDENET	Législation, etc.	R. de Commailles, 6.
CAPPERON	Contentieux	Rue Madame, 56.

PRÉSIDENT DE SECTION HONORAIRE

M. FLOURENS (O. ✻), *Député*, rue de la Pompe, 129.

CONSEILLERS D'ÉTAT HONORAIRES

MM.

WELCHE (C. ✻), avenue d'Antin, 67.

DELARBRE (G. O. ✻), *Trésorier général de la Caisse des invalides de la Marine*, rue Auber, 14.

DECRAIS (C. ✻), *Ambassadeur de la République française près S. M. l'Empereur d'Autriche, roi de Hongrie.*

DUBOST, *Député*, avenue Malakoff, 57.

CLAMAGERAN (✻), *Sénateur*, avenue Marceau, 57.

TIRMAN (G. O. ✻), *Gouverneur général civil de l'Algérie*, à Alger.

BÉRAL (✻), *Sénateur*, rue Boursault, 1.

PAUL DUPRÉ (✻), *Conseiller à la Cour de cassation*, rue François Ier, 62.

BERTOUT (C. ✻), rue Montalivet, 10.

ALBERT DELMAS (O. ✻), *Conseiller maître à la Cour des comptes*, rue Saint-Honoré, 370.

MAITRES DES REQUÊTES HONORAIRES

MM.

GRIOLET (O. ✻), *Vice-Président du Conseil d'administration de la Compagnie du chemin de fer du Nord*, avenue Henri-Martin, 97.

VALLON (✻), *Administrateur, Membre du Comité de direction de la Compagnie du chemin de fer du Nord*, rue Jean-Goujon, 14.

ALICOT, avenue de Messine, 14.

MATHEUS, rue Beaujon, 18.

HENRI DUCOS (✻), *Préfet du Jura.*

DÉDEBAT (✻), *Receveur-Percepteur du XIIe arrondissement de Paris*, rue de La Rochefoucauld, 32.

LIONEL LAROZE (✻), *Directeur du Cabinet et du Personnel au Ministère de la Justice*, rue de la Boétie, 59.

GAUWAIN (✻), *Sous-Gouverneur du Crédit Foncier*, r. de la Planche, 9.

COMPOSITION DES SECTIONS
DU CONSEIL D'ÉTAT

SECTION DE LÉGISLATION,
DE LA JUSTICE ET DES AFFAIRES ÉTRANGÈRES

M. TÉTREAU, *Président.*

CONSEILLERS D'ÉTAT EN SERVICE ORDINAIRE

MM. COURCELLE SENEUIL.   MM. Camille SÉE.
Hippolyte DUBOY.   JACQUIN.
COLONNA CECCALDI.

CONSEILLERS D'ÉTAT EN SERVICE EXTRAORDINAIRE

M. BARD.   M. CLAVERY.

MAITRES DES REQUÈTES

MM. VACHEROT.   M. Louis VIGNON.
VARAGNAC.

AUDITEURS DE 1re CLASSE

M. Paul ARRIVIÈRE.   M. Marcel TRÉLAT.

AUDITEURS DE 2e CLASSE

M. NOULENS.   M. CHARDENET.

M. SALIN, *Secrétaire.*

SECTION DU CONTENTIEUX

M. BERGER, *Président.*

CONSEILLERS D'ÉTAT

MM. BRAUN.
CHANTE-GRELLET.
Georges BOUSQUET.

MM. SCHNERB.
MARGUERIE.
MAYNIEL.

CONSEILLERS D'ÉTAT DÉSIGNÉS POUR FAIRE PARTIE DE L'ASSEMBLÉE PUBLIQUE DU CONSEIL D'ÉTAT STATUANT AU CONTENTIEUX

MM. TÉTREAU, *Président* ......} de la Section de Législation, de la Justice
JACQUIN ....} et des Affaires étrangères.

Georges COULON, *Président*) de la Section de l'Intérieur, des Cultes, de
SAISSET-SCHNEIDER .....} l'Instruction publique et des Beaux-Arts.

DUVAL.................} de la Section des Finances, de la Guerre,
Vice-Amiral CONRAD .....} de la Marine et des Colonies.

CHAUCHAT ....} de la Section des Travaux publics, de l'A-
ROUSSEAU ....} griculture, du Commerce, de l'Industrie et des Postes et des Télégraphes.

MAITRES DES REQUÊTES

MM. GERVAIS DE ROUVILLE.
BAILLY.
Léon GRÉVY.
BAUDENET.

MM. CHAUVEL-BIZE.
SAINT-PAUL.
Ch. MOURIER.
LABICHE.

MAITRES DES REQUÊTES, COMMISSAIRES DU GOUVERNEMENT

MM. LE VAVASSEUR DE PRÉCOURT
VALABRÈGUE.

MM. JAGERSCHMIDT.
ROMIEU.

AUDITEURS DE 1re CLASSE

MM. EYMOND.
Ernest MEYER.

MM. CHAREYRE.
FUZIER.

AUDITEURS DE 2ᵉ CLASSE

MM. WURTZ	MM. SOULIÉ.
TARDIEU.	ARNAUD.
LACROIX.	LAGRANGE.
SCHMIDT.	DEGOURNAY.
CHAPSAL.	CAPPERON.

M. DARNAULT, *Secrétaire.*

SECTION DE L'INTÉRIEUR, DES CULTES, DE L'INSTRUCTION PUBLIQUE ET DES BEAUX-ARTS

M. GEORGES COULON, *Président.*

CONSEILLERS D'ÉTAT EN SERVICE ORDINAIRE

MM. LAMÉ FLEURY.	MM. CAZELLES.
DU MESNIL.	SAISSET-SCHNEIDER.
ROUSSEL.	

CONSEILLERS D'ÉTAT EN SERVICE EXTRAORDINAIRE

MM. BUISSON.	MM. DUMAY.
Louis HERBETTE.	BOUFFET.

MAITRES DES REQUÊTES

MM. DE SALVERTE.	MM. BIENVENU MARTIN.
Francisque BONTHOUX.	DE MOUY.
HÉBRARD DE VILLENEUVE.	

AUDITEURS DE 1ʳᵉ CLASSE

M. PAUL BLONDOT.	M. SIMON.

AUDITEURS DE 2ᵉ CLASSE

MM. JEAN DEJAMME.	MM. SILHOL
NOEL.	MOULLÉ.

M. DE GISLAIN, *Secrétaire.*

SECTION DES FINANCES,
DE LA GUERRE, DE LA MARINE ET DES COLONIES

M. BLONDEAU, *Président.*

CONSEILLERS D'ÉTAT EN SERVICE ORDINAIRE

MM. Général MOJON.
PAUL DISLERE.

MM. MARQUÈS DI BRAGA.
DUVAL.

CONSEILLERS D'ÉTAT EN SERVICE EXTRAORDINAIRE

MM. PALLAIN.
BOUTIN.
DE LIRON D'AIROLLES.
PRIOUL.

MM. CATUSSE.
FOURNIER.
Général DE SAINT-GERMAIN.
TIPHAIGNE.

MAITRES DES REQUÊTES

MM. VERGÉ.
CAMILLE LYON.
MARCEL.

MM. VACHERIE.
DORNOIS.

AUDITEURS DE 1re CLASSE

M. TARDIT.

M. DEVILLERS.

AUDITEURS DE 2e CLASSE

MM. FLEURY RAVARIN.
GEORGES TEISSIER.

M. THÉODORE TISSIER.

M. WOLSKI, *Secrétaire.*

SECTION DES TRAVAUX PUBLICS, DE L'AGRICULTURE, DU COMMERCE, DE L'INDUSTRIE ET DES POSTES ET TÉLÉGRAPHES

M. Alfred PICARD, *Président.*

CONSEILLERS D'ÉTAT EN SERVICE ORDINAIRE

MM. CHAUCHAT.
CHABROL.
Léon BÉQUET.

MM. ROUSSEAU.
COTELLE.

CONSEILLERS D'ÉTAT EN SERVICE EXTRAORDINAIRE

MM. TISSERAND.
NICOLAS.

MM. GUILLAIN.
GAY.

MAITRES DES REQUÈTES

MM. Camille KRANTZ.
COLSON.
AUBURTIN.

MM. GUERET DESNOYERS.
BÉNAC.

AUDITEURS DE 1re CLASSE

M. ROUME.

M. Henri CHARDON.

AUDITEURS DE 2e CLASSE

MM. DAUTRESME.
Jean CLOS.

MM. François ROUSSEL.
Pierre LAROZE.

M. HÉBERT, *Secrétaire.*

ADMINISTRATION ET BUREAUX
DU CONSEIL D'ÉTAT

M. ABEL FLOURENS (✳), *Maître des Requêtes, Secrétaire général du Conseil d'État*, rue **Prony**, 64.

M. DARNAULT (✳), *Secrétaire de la Section du Contentieux*, **rue de Rennes, 101.**

SECRÉTARIAT GÉNÉRAL

M. ERNEST FOSSEYEUX (A. ✳), *Chef du 1er bureau et du Secrétariat général*, rue **des Bernardins, 36.**

1er BUREAU

1er *Service.* — AFFAIRES DU CONSEIL D'ÉTAT. — PROCÈS-VERBAUX DU CONSEIL. — CORRESPONDANCE GÉNÉRALE. — PERSONNEL. — COMPTABILITÉ. — IMPRESSIONS. — DISTRIBUTIONS. — INSCRIPTIONS POUR LES CONCOURS DE L'AUDITORAT.

M. GUSTAVE RAAB D'OERRY (A. ✳), *Sous-Chef*, rue de **Rennes, 89.**

2e *Service.* — ENREGISTREMENT GÉNÉRAL ET DÉPART.

M. EDMOND DIONIS, *Sous-Chef*, rue **Mayet, 10.**

2e BUREAU
EXPÉDITIONS.

MM. ....., *Chef.*

REGNAUT (A. ✳), *Sous-Chef*, rue **Saint-Honoré, 398.**

SERVICE DES PROCÈS-VERBAUX ANNEXES

M. CHEVALLIER, *Rédacteur-Sténographe*, rue de la **Montagne-Sainte-Geneviève, 11.**

BIBLIOTHÈQUE ET ARCHIVES

MM. VATTIER (✳), *Bibliothécaire-Archiviste*, rue **d'Assas, 80.**

BELLOT (A. ✳), *Sous-Archiviste*, rue **Fontanes, 4, à Courbevoie (Seine).**

SERVICE DU MATÉRIEL

M. BOURGEOIS, *Agent du matériel*, au **Palais-Royal.**

SECTIONS

SECTION DE LÉGISLATION, DE LA JUSTICE ET DES AFFAIRES ÉTRANGÈRES

M. SALIN (I. ✾), *Secrétaire de la Section*, rue des Saints-Pères, 50.

SECTION DU CONTENTIEUX

MM. DARNAULT (✳), *Secrétaire de la Section*, rue de Rennes, 101.
QUENTIN (A. ✾), *Chef de bureau*, rue du Sommerard, 2.
CAILLE, *Sous-Chef*, avenue Henri-Martin, 111 (villa Lamartine).
CHERADAME (✿), *Sous-Chef*, rue Amelot, 46.

SECTION DE L'INTÉRIEUR, DES CULTES, DE L'INSTRUCTION PUBLIQUE ET DES BEAUX-ARTS

M. DE GISLAIN (✳), (A. ✾), *Secrétaire de la Section*, r. du Val-de-Grâce, 11.

SECTION DES FINANCES, DE LA GUERRE, DE LA MARINE ET DES COLONIES

MM. WOLSKI, *Secrétaire de la Section*, avenue de l'Observatoire, 43.
GARONNE, *Sous-Chef de bureau*, rue Hautefeuille, 1.

SECTION DES TRAVAUX PUBLICS DE L'AGRICULTURE, DU COMMERCE, DE L'INDUSTRIE ET DES POSTES ET TÉLÉGRAPHES

M. HÉBERT, *Secrétaire de la Section*, rue du Cherche-Midi, 4 ter.

SERVICE DE SANTÉ

MM. CUFFER, *Médecin du Conseil d'État*, rue Basse-du-Rempart, 66.
DURAND-FARDEL, *Médecin adjoint*, rue du Faub.-St-Honoré, 166.

TABLEAU

DES AVOCATS AU CONSEIL D'ÉTAT
ET A LA COUR DE CASSATION

MM·· AGUILLON, rue Richepanse, 10.

ARBELET, rue du Four-Saint-Germain, 43.

AUGER (A. ✿), rue de Berlin, 18.

BARRY, rue de Grenelle-Saint-Germain, 34.

BAZILLE (✻), rue de l'Université, 167.

BESSON, rue de Vaugirard, 77.

BOIVIN-CHAMPEAUX, rue des Pyramides, 10.

BONNET, boulevard Saint-Germain, 198.

BOUCHIÉ DE BELLE, rue de Miromesnil, 16.

BRUGNON (✻), *ancien Président de l'Ordre*, rue de Rivoli, 248.

CARTERON, rue de Miromesnil, 20.

CHAUFFARD (✻), boulevard Saint-Germain, 282.

CHAUFTON, rue Godot-de-Mauroy, 20.

CHOPPARD, boulevard Saint-Germain, 240 bis.

CLÉMENT, rue d'Offémont, 22.

CORDOEN, rue de Miromesnil, 99.

DANCONGNÉE (✻), boulevard Malesherbes, 69.

DARESTE, quai d'Orsay, 1.

DEFERT, rue Bonaparte, 33.

DEMONTS, rue Saint-Honoré, 368.

MM·· DEVIN, rue La Boétie, 39.

DURNERIN, quai du Marché-Neuf, 4.

FOSSE (✻) (I. ✿), quai Voltaire, 33.

GAUTHIER, place de Laborde, 10.

GODEY, place Malesherbes, 3.

GOSSET (✿), rue de Lille, 52.

DE LALANDE, rue des Saints-Pères, 12.

LECOINTE, passage Saulnier, 9.

LEFORT (A. ✿), rue Blanche, 54.

LÉGÉ (Saint-Ange), rue de la Chaussée-d'Antin, 64.

LEHMANN (✻), rue Marignan, 16.

LELIÈVRE, rue Solferino, 6.

LESAGE (Paul) (✻), (I. ✿), rue de l'Isly, 5.

LE SOUDIER, boulevard Saint-Michel, 73.

LE SUEUR, rue de Châteaudun, 16.

LESUR, place de la Madeleine, 7.

MAYER (Gaston) (✿), avenue Montaigne, 3.

MIMEREL, boulevard Saint-Germain, 205.

MORET, rue de Tournon, 13.

MORILLOT, rue Richelieu, 60.

MOUTARD-MARTIN, rue d'Anjou-Saint-Honoré, 3.

NIVARD (O. ✻), boulevard de Courcelles, 64.

PANHARD (A. ✿), rue de Penthièvre, 31.

PASSEZ, rue Saint-Guillaume, 19.

PERIER (Arsène) (I. ✿), *Président de l'Ordre*, rue Garancière, 7.

PERIER (Charles), rue Magellan, 1.

PÉROUSE, boulevard Saint-Germain, 119.

MM PERRIN, rue de Châteaudun, 53.

PERRIQUET, rue Saint-André-des-Arts, 60.

RAMBAUD DE LAROCQUE, rue de Lille, 97.

DE RAMEL (✱), (A. ✿), rue de Bourgogne, 37 bis.

RENAULT-MORLIÈRE, rue de l'Université, 69.

RIGOT, rue de Babylone, 53.

ROBIQUET (I. ✿), rue Madame, 70.

ROGER-MARVAISE, rue de la Victoire, 96.

ROULLIER, rue Saint-Honoré, 229.

SABATIER, rue Saint-Simon, 2, et boul. Saint-Germain, 215.

SAUVEL, rue Taitbout, 80.

TRÉZEL, avenue de l'Opéra, 18.

DE VALROGER (✱), *ancien Président de l'Ordre*, rue du Bac, 32.

CONSEIL DE L'ORDRE

MM PÉRIER (Arsène) (I. ✿)............ *Président.*

FOSSE (✱), (I. ✿).................. 1er *Syndic.*

GOSSET (✿)..................... 2e *Syndic.*

RIGOT......................... *Secrétaire-Trésorier.*

CARTERON........ ....

BESSON ....

DEVIN........................

NIVARD (O. ✱)................. *Membres du Conseil.*

SAUVEL.......................

DARESTE......................

BUREAU DE L'ASSISTANCE JUDICIAIRE

PRÈS LE CONSEIL D'ÉTAT

MM. GRIOLET (O. ✽), *Maitre des Requêtes honoraire au Conseil d'État,* **Président,** avenue Henri-Martin, 97.

ALICOT, *Maitre des Requêtes honoraire au Conseil d'État,* **avenue de Messine, 14.**

BARRY, *Avocat au Conseil d'État et à la Cour de cassation,* **rue de Grenelle-Saint-Germain, 34.**

BAUNY DE RÉCY, *Chef de Bureau à la Direction générale de l'Enregistrement, des Domaines et du Timbre,* **rue Cassette, 23.**

BIDOIRE, **rue de Courcelles, 38.**

COLLIN (✽), *Administrateur honoraire de l'Enregistrement, des Domaines et du Timbre,* **rue Mondovi, 7.**

DANCONGNÉE (✽), *Avocat au Conseil d'État et à la Cour de cassation,* **boulevard Malesherbes, 69.**

DARNAULT (✽), *Secrétaire de la Section du Contentieux, secrétaire délégué,* **rue de Rennes, 101.**

TABLE ALPHABÉTIQUE

INDEX BIBLIOGRAPHIQUE

Aucoc (Léon)........... Le Conseil d'État avant et depuis 1789. 1 vol. in-8°; 1876.

Bavoux.............. Conseil d'État, Conseil royal, Chambre des pairs. 1 vol. in-8°; 1838.

Delarbre............. Le Conseil d'État sous la constitution de 1875. 1 vol. in-8°; 1876.

Sirey................ Du Conseil d'État selon la charte constitutionnelle. 1 vol. in-4°; 1818.

Paris. — Soc. d'Imp. Paul Dupont, 4, rue du Bouloi (Cl.) 8.3.91.

www.ingramcontent.com/pod-product-compliance
Lightning Source LLC
LaVergne TN
LVHW020154030726
842520LV00003B/723